ELEGIR LA TIERRA

El viaje de iniciación de la humanidad *a través* de la destrucción y el colapso hacia una comunidad planetaria madura

Duane Elgin

Prefacio por Francis Weller
Traducido por Ana Navarro Martínez y Manuela Vulcano

Diseño del libro e infografías: Birgit Wick, www.WickDesignStudio.com
Fotografía de la portada: Karen Preuss

Gráfico de la página 56: Emily Calvanese
Fuente: Georgia y Avenir Next
Primera edición en inglés: marzo 2020
Segunda edición en inglés: enero 2022

Traducido por Ana Navarro Martínez y Manuela Vulcano: noviembre 2023

ISBN (Spanish paperback): 979-8-9896738-2-7

ISBN (Spanish ePub): 979-8-9896738-3-4

Recomendaciones de *Elegir la Tierra*

«Esta obra maestra de Duane Elgin es la llamada de atención a la Tierra más poderosa y completa que existe. Un libro lleno de pasión, elocuencia y sabiduría».
—Alexander Schieffer, profesor y coautor de *Integral Development*.

«Nunca había leído un libro sobre la crisis climática escrito por un "hombre blanco americano" que me haya conmovido y aportado tanto».
—Dra. Rama Mani, coordinadora y organizadora del World Future Council.

«*Elegir la Tierra* aporta una visión valiente y esperanzadora de la próxima etapa "holística" de la civilización humana».
—Dr. Bruce Lipton, biólogo, conferenciante y autor de *La biología de la creencia*.

«Los seres humanos tenemos una tercera opción: respetar los límites ecológicos y regenerar la Tierra por el bienestar de todos».
—Vandana Shiva, activista medioambiental, intelectual y autora de *Manifiesto para una democracia de la Tierra*.

«Duane Elgin ha llevado a cabo un duro trabajo que a nadie le gustaría tener que haber hecho. Leer *Elegir la Tierra* te cambiará para siempre».
—Sandy Wiggins, construcción sostenible, negocios conscientes y economía ecológica.

«Este libro está en sintonía con nuestras preocupaciones y prioridades. Un cordial saludo».
—Antonio Guterres, secretario general de Naciones Unidas.

«*Elegir la Tierra* describe el único camino viable: un camino tumultuoso de iniciación hasta la madurez como miembros de un mundo vivo».
—Eric Utne, fundador de *Utne Reader* y autor de *Far Out Man*.

«Se trata de uno de los libros más importantes de nuestro tiempo y probablemente sea un documento esencial sobre los peligros del cambio climático. Todos los políticos y directores generales deberían leerlo».

—Christian de Quincey, filósofo, profesor y autor de *Naturaleza esencial*.

«La sabiduría panorámica de Duane Elgin en *Elegir la Tierra* es vital en esta época de crisis complejas y entrelazadas que requieren soluciones coherentes e interconectadas. Un libro pionero y necesario».

—Dr. Kurt Johnson, biólogo, líder interespiritual, profesor y autor.

«La vida en la Tierra tiene una deuda de gratitud con Duane por despertarnos a la urgencia y las posibilidades regeneradoras de *Elegir la Tierra*».

—John Fullerton, exdirector gerente de JP Morgan y fundador de Capital Institute.

Dedicado a

Ana Navarro Martínez y Manuela Vulcano
*Cuya generosa colaboración, excelente habilidad y
meticulosidad han hecho posible la edición en español.*

Andrew Morris
*Cuyo inspirador liderazgo ha reunido a unas
traductoras de gran talento
para materializar la edición española.*

Coleen LeDrew Elgin
*Cuyo amor, colaboración e inagotables esfuerzos
han hecho posible la existencia de este libro.*

Roger y Brenda Gibson
*Por su papel fundamental en el lanzamiento de
Choosing Earth Project*

Índice

PREFACIO

En el umbral: dolor, iniciación y transformación

por Francis Weller

«En un momento oscuro, el ojo empieza a ver»

— Theodore Roethke

Vivimos tiempos turbulentos en nuestro maravilloso planeta. La pretensión de inmunidad se desmorona a medida que comprendemos hasta qué punto nuestras vidas se encuentran entrelazadas unas con otras: con los bosques de algas y los glaciares que se derrumban; con los incendios forestales y el aumento del nivel del mar; con los refugiados y los sueños anhelantes de los jóvenes de todo el mundo. Sentimos el desequilibrio que sacude al mundo como un temblor continuo a lo largo de la falla sísmica de nuestra vida psíquica.

Muy pocas cosas se sienten estables. Es como un sueño febril. Quizá hemos alcanzado el umbral iniciático necesario para despertarnos. Sea lo que sea que está sucediendo, vamos a tener que poner mucho de nuestra parte para poder atravesar las aguas turbulentas en las que nos encontramos. No sabemos qué está por venir, pero una cosa es segura: *es el momento de actuar con valentía*. Es el momento de despertar y, con humildad, ocupar nuestro lugar en este asombroso planeta. El futuro se expresa sin piedad a través de nosotros.

James Hillman, el eminente psicólogo de la perspectiva arquetípica, escribió: «El mundo y los dioses están muertos o vivos según la condición de nuestra alma»[1]. En otras palabras, la vitalidad del voluptuoso mundo animado y nuestro encuentro con lo sagrado dependen de unas almas plenamente vivas. Un alma despierta se entrelaza con el mundo vivo: su belleza, su atractivo y sus encantos; sus penas y sus miserias. Ante la situación del mundo y de nuestra vida, debemos detenernos y preguntarnos: *¿en qué condiciones se encuentra nuestra alma?* Desde cualquier punto de vista, la situación actual es desesperada, vacía, voraz, miserable y descorazonadora. En el idioma de algunas culturas tradicionales, podríamos considerar nuestra época como una época de «pérdida del alma». Perder el alma es sentirse vacío de ilusión, de goce y de pasión. Es sentirse desconectado de la relación revitalizadora con el mundo vivo, quedarse atrapado en un mundo inerte. Supone la pérdida de la tradicional relación establecida con las múltiples capas de la Tierra: con el sinfín de criaturas, con la asombrosa variedad de colores y aromas. En su lugar, elegimos un anhelo frenético por el poder y las posesiones materiales. Esta es la realidad predominante para la mayoría de la sociedad blanca, tecnológica, tardocapitalista. La pérdida del alma nos aplana, nos deja vacíos, siempre ansiando más: más poder, más objetos, más riqueza, más control. Olvidamos lo que de verdad necesita el alma.

He dedicado cerca de cuarenta años de mi vida a seguir los movimientos del alma, sobre todo a través de los estratos del dolor. En mi consulta como psicoterapeuta y en muchos talleres he visto la amplia variedad de desgracias que llevamos en el corazón. Traumas precoces, muertes, divorcios, suicidios de familiares y amigos, adicciones, enfermedades... El «tamaño del pañuelo» se ha hecho dolorosamente evidente. Cada vez con más frecuencia, la gente me cuenta sus problemas, que no tienen tanto que ver con sus pérdidas personales, como con el mundo actual, cada vez más complicado y reducido. El alma acumula las penas del mundo. Por extraño que parezca, esto me da esperanza.

La carga de estas miserias individuales y colectivas es suficiente para rompernos el corazón, y nos obliga a mirar hacia otro lado y buscar consuelo en la anestesia y la distracción. Sin embargo, cuando nos acercamos unos a otros y compartimos nuestras historias en rituales de duelo, algo empieza a cambiar. Al dar visibilidad a nuestras penas y ponerlas en común en una comunidad compasiva, el dolor puede convertirse en alegría, en un amor valiente hacia todo lo que nos rodea. El amor y la pérdida siempre han estado entrelazados. Al aceptar el dolor, liberamos nuestro amor a un mundo que espera.

Algo se agita en las profundidades de los tiempos. El negacionismo colectivo está comenzando a resquebrajarse. Ya no podemos seguir obviando que el mundo está cambiando de forma radical. Cada fibra de nuestro cuerpo puede sentir cómo todo se desmorona y padecemos el dolor, que nos oprime el corazón. Serán nuestras penas compartidas, agitadas por el amor que le tenemos a este singular e irremplazable planeta, el mecanismo que active la respuesta colectiva frente a la flagrante degradación de nuestro mundo. Según las palabras de Robin Wall Kimmerer: «Si el duelo es un camino hacia el amor, lloremos juntos por el mundo que estamos destruyendo y así podremos amarlo hasta devolverle su plenitud»[2].

La larga oscuridad

Elegir la Tierra de Duane Elgin es un libro exigente que nos pide cumplir la ardua tarea de enfrentarnos a las olas de destrucción, confusión, caos y pérdida que están por venir. El autor nos invita a participar en la transición más complicada que la humanidad tendrá que atravesar jamás. Es una invitación que esperábamos no recibir. Su llegada anuncia que el planeta ya ha cambiado de manera radical e irreversible, y ahora depende de nosotros responder. Y aun así, escondidas entre este umbral de tiempo, se encuentran las semillas para una posible maduración de la humanidad en una comunidad planetaria. Sin embargo, el autor no deja lugar a dudas: la travesía va a ser larga, y conseguir estos cambios evolutivos nos llevará decenios, incluyendo las generaciones que están por venir. Dicho esto, a ti que tienes este libro entre manos solo te puedo pedir que aguantes, aunque sea difícil, aunque tu corazón se rompa un millón de veces. En palabras de la erudita budista y ecofilósofa Joanna Macy: «El corazón que se abre puede contener el universo entero».

Elgin no ofrece indicaciones para solucionar lo que está sucediendo, no nos anima a volver a un pasado mejor, ni sugiere que nos rindamos ante el desastre. De forma conmovedora, reconoce que debemos *atravesar* este periodo de iniciación colectiva para asumir nuestro papel como adultos responsables y colaborar en la creación de una comunidad saludable y vibrante que abarque a todos los seres. Es una lectura exigente. A medida que vayas asimilando la información, la cronología y el dolor que se exponen, vas a experimentar muchos sentimientos. Continúa leyendo. El futuro no está decidido y entre todos podemos moldearlo.

Este descenso nos traslada a una nueva geografía. En este territorio inexplorado, encontramos un paisaje que nuestra alma ya conoce: pérdida, sufrimiento, muerte, vulnerabilidad, miedo. Vivimos tiempos de decadencia, de cambios y de finales, tiempos de derrumbe y colapso. No es el momento de elevarnos y crecer. No es el momento de tener confianza y confort. No. Nos resguardamos en las profundidades. «Fondo» es el concepto clave. Desde el punto de vista del alma, tocar fondo es encontrar la tierra sagrada. Nos movemos por los corredores del alma.

Estamos entrando en lo que podríamos llamar «la larga oscuridad». No digo esto con tono de desánimo, ni con desesperanza. Al contrario, reconozco y valoro el trabajo necesario que solo puede suceder en la oscuridad. Es el reino del alma; de susurros y de sueños; de misterio y de imaginación; de muerte y de ancestros. Es un territorio imprescindible, tan inevitable como necesario, que ofrece espacio para una gestación del alma que, de forma gradual, moldee nuestra vida interior. Hay cosas que solo pueden suceder en las tinieblas. Piensa en la red salvaje de raíces y microbios, micelios y minerales que hacen posible aquello que vemos a la luz del día; o en las extensas redes dentro de nuestro cuerpo que transportan nutrientes, oxígeno y pensamientos a nuestra vida corpórea. Todo eso sucede en la oscuridad.

En general, no asociamos la caída con algo digno y necesario. La mayoría vivimos en la cultura del ascenso. Nos encanta que las cosas vayan más y más y más arriba. Cuando empiezan a caer sentimos pánico, incertidumbre e incluso terror. ¿Cómo podemos enfrentarnos a estos tiempos impredecibles con coraje y confianza? Coraje para mantener el corazón abierto y confianza en que algo valioso nos espera en el descenso. De nuevo, ¿qué podemos hacer para ver lo sagrado que habita en la oscuridad?

Para recordar esto, debemos conocer los entresijos del alma. Según descendemos en el desconocimiento colectivo, debemos aprender una nueva forma de mirar. Debemos recordar aquellas habilidades del alma que nos van a ayudar a navegar a través de la larga oscuridad. Es el momento de practicar la *escucha profunda*, gracias a la cual reconoceremos la sabiduría en los demás y en una Tierra que sueña. Cuando escuchamos en profundidad, se revela ante nosotros aquello que quiere existir. Como se cuestiona la escritora y poeta feminista negra Alexis Paulin Gumbs: «¿Cómo podemos escuchar a través de las especies, a través de la extinción, a través del perjuicio?»[3].

Las cualidades y las disciplinas que tenemos que practicar de forma colectiva incluyen las siguientes:

- La *moderación* proporciona un respiro, una pausa, un momento para reflexionar, lo cual permite que las cosas se revelen tal y como son. La moderación facilita la maduración antes de entrar en acción.

- La *humildad* honra la reciprocidad y nos pone los pies en el suelo, un gesto que nos hace conscientes de la relación con el mundo vivo.

- La *incertidumbre* nos recuerda que vivimos en el desconocimiento, en un periodo inconcreto, en continua evolución. No sabemos qué va a pasar, y esta certeza nos mantiene humildes y vulnerables. Y por último,

- La *renuncia*, enraizada en la verdad fundamental de impermanencia. Nos preparamos para nuestra propia desaparición además de ser testigos del mundo en constante movimiento. Se nos recuerda el continuo proceso de cambio.

Cada una de estas cualidades nos ayuda a cultivar nuestra presencia en las tinieblas de la larga oscuridad. Una de las habilidades fundamentales que tenemos que cultivar en estos tiempos de incertidumbre es nuestra capacidad para lidiar con el dolor. Incluso nuestra confianza básica en el futuro se ha visto sacudida a medida que nos despertamos a la crisis climática emergente y la erosión del tejido social. Como resultado, nos enfrentamos a una verdad vital: estamos entrando en una iniciación hostil.

Una iniciación hostil

La incertidumbre ha entrado en nuestros hogares y ha encontrado su lugar en nuestra vida. Lo que una vez fue estable y predecible ahora se tambalea, y nos encontramos cayendo por una pendiente hacia lo desconocido, rodeados de inseguridad, miedo y dolor. Muchos de mis clientes confiesan que su principal preocupación es la situación del mundo actual. Los síntomas ya no se limitan a las realidades internas: nuestra historia personal, nuestras heridas y traumas. El paciente es, en estos momentos, el propio planeta, que manifiesta síntomas de colapso, depresión, ansiedad, violencia y adicción, a través del vasto cuerpo que es la Tierra, resonando en nuestro espacio psíquico profundo, alterándolo todo.

Las semillas verdes de la iniciación se encuentran escondidas entre nuestra experiencia colectiva de sufrimiento.

A diario nos llegan noticias sobre el último y escalofriante informe climático, sobre los abusos que sufren los miembros de la familia humana y de otras especies, sobre tragedias a lo largo y ancho del planeta. Nuestra psique está inundada. Como individuos, somos incapaces de procesar semejante nivel de sufrimiento y pérdida. No estamos preparados para vivir en un estado permanente de trauma colectivo. Estamos diseñados para procesar los retos y las penas de nuestra comunidad o nuestras propias experiencias con el sufrimiento. Para aprender a digerir esta realidad emergente mucho más amplia, es necesario el apoyo de la comunidad, además de rituales que nos ayuden a conectar con nuestras almas, así como una historia cautivadora que nos invite a soñar con las posibilidades.

Sin esas conexiones profundas, seguiremos recurriendo a estrategias de evitación y haciendo un esfuerzo sobrehumano para sortear los momentos dolorosos.

Según procesamos el contenido de *Elegir la Tierra*, entendemos que nos encontramos en caída libre a través de una iniciación hostil, en la que nuestros paisajes externos e internos están cambiando de forma radical; de manera simultánea a nivel personal y colectivo y que nos conecta unos a otros. Todas las personas que nos encontramos en el día a día: en la tienda, en la cola de la gasolinera, paseando a su perro... están entrelazadas en este espacio liminal entre el mundo conocido y el extraño y emergente mundo nuevo. ¡Aguanta!

El trabajo profundo de las iniciaciones tradicionales tenía por objetivo desalojar una vieja identidad. El proceso estaba diseñado para producir una intensidad y un calor suficientes que permitiese cocinar el alma y preparar a los iniciados para ocupar su lugar en el cuidado y mantenimiento de los demás. Nunca se trataba del individuo. No buscaba la mejora personal o convertirlos en alguien mejor. No. La iniciación era un acto de sacrificio por el bien mayor de la comunidad a la cual pertenecía el iniciado y con la que tenía una obligación. Se les preparaba para aceptar su papel de mantener la vitalidad y el bienestar del poblado, del clan, del valle, de sus antepasados y de las generaciones futuras.

Estamos destinados a que los encuentros iniciáticos nos cambien por completo. No queremos salir de este periodo turbulento igual que entramos, ni a nivel individual ni colectivo. En este momento de la historia tenemos que responder al cambio radical. Este periodo de iniciación hostil es consecuencia de múltiples crisis: inestabilidad económica, agitación cultural y política, desplazamientos de refugiados a gran escala, injusticia racial y de género, escasez de comida y agua, incertidumbre ante el acceso a la sanidad, entre otras. Apuntalar cada una de ellas supone el colapso de nuestros sistemas ecológicos. Según la realidad se aproxima y la supuesta separación con la naturaleza cada vez es menor, empezamos a reconocer que nuestro sentido de quiénes somos está entretejido con las barreras de coral, las mariposas monarca, el atún azul y los bosques milenarios. Su declive es el nuestro. En palabras de Elgin: «El ecocolapso conlleva el egocolapso». El planeta Tierra como «envase» se está rompiendo, y con ello la ficción de separación. Esta iniciación hostil implica la muerte de nuestra identidad colectiva adolescente. Es hora de madurar.

Y ahora, ¿qué? ¿Cómo navegamos esta marea de incertidumbre? ¿Cómo nos movemos por el mundo ante la falta de normalidad? El miedo puede sacudirnos y activar patrones ancestrales de supervivencia. Esto se hace evidente con el resurgimiento de antiguos hábitos como la búsqueda de culpables, la proyección, el odio y la violencia. Estos patrones ayudarán a algunos a evitar el descenso de manera temporal, pero esas estrategias no nos ayudarán a cruzar el trémulo umbral hacia una civilización planetaria. Para eso, necesitamos amplificar la potencia del adulto. Como en cualquier iniciación genuina, tenemos que madurar y asentarnos plenamente en una identidad robusta, enraizada en el alma. Debemos volvernos enormes, capaces de hacer espacio a todo aquello que llegue hasta las puertas de nuestro corazón.

Un aprendizaje en la desolación

La iniciación colectiva nos va a obligar, de forma inevitable, a enfrentarnos a niveles extremos de pérdida y dolor. Elgin lo deja muy claro. La desaparición de especies que estamos viviendo va a causar un deterioro abrumador de la biodiversidad de la Tierra en los próximos decenios. La cifra de muertes humanas se multiplicará a medida que la disponibilidad de agua y comida disminuya y la dificultad de acceso a los recursos cause un aumento de la violencia a nivel local. La desigualdad económica provocará niveles de sufrimiento desconocidos a miles de millones de personas. *El dolor será la clave en el futuro próximo.* Las posibilidades que tenemos de navegar la oleada de pérdida van a depender de nuestra capacidad de cultivar esta habilidad esencial. Debemos emprender este aprendizaje en la desolación.

El aprendizaje empieza en el momento en que comprendemos que el sufrimiento forma parte de la vida. Asumirlo no es fácil, pero hacerlo nos permite abrir el corazón a un amor más profundo por la vida y por el mundo del que formamos parte. Un sencillo gesto por el que comenzar es recoger los fragmentos de dolor que se encuentran esparcidos en nuestro propio hogar. Debemos aprender a albergar la pena en la cálida morada que proporciona el corazón. Con ello, aprendemos a convivir con la omnipresencia del dolor. Entonces invitamos a uno, dos, unos pocos seres queridos, a reunirnos y compartir con ellos las olas de tristeza que van llegando a la orilla. «Nuestra habilidad para amar y reconfortar se multiplica ante el dolor de los demás; nuestro dolor más incontenible se libera cuando otros lo presencian»[4].

El dolor es más que una emoción; es una capacidad inherente al ser humano. Si no queremos acabar viviendo en los márgenes de nuestra propia vida con la esperanza de esquivar la inevitable relación con la pérdida, debemos aprender a trabajar con nuestro dolor. Los rituales de duelo nos hacen madurar como seres humanos. Este da significado y profundidad a la psique. Por suerte, tenemos la capacidad de transformar la tristeza en algo curativo para nuestra alma y la del mundo.

Una de las prácticas esenciales durante nuestro aprendizaje es la habilidad para apoyarnos entre nosotros en tiempos de desamparo y trauma. Esta capacidad se ha perdido, en gran medida, bajo el peso del individualismo y de la privatización, sobre todo en las culturas occidentales industrializadas. Este cambio afecta en especial a nuestra forma de procesar y metabolizar las experiencias con la pérdida y las emociones intensas. Sin la intimidad y la confianza que nos proporciona el sostén de la comunidad, los tiempos que vivimos pueden atravesar nuestro interior, desgarrándonos y dejándonos aterrorizados e inseguros para salir adelante.

El trauma es cualquier situación, puntual o prolongada, que sobrepasa nuestra capacidad mental para procesar la experiencia.

Aquello a lo que nos enfrentamos en estos momentos es demasiado intenso para que lo podamos contener, integrar o comprender en toda su magnitud. Nuestra capacidad para dar sentido a lo que estamos viviendo está saturada ante la carga emocional, y nos sentimos sobrepasados y solos. La falta de un entorno sólido adecuado, capaz de apoyarnos en estos tiempos, genera experiencias traumáticas. Dicho de otra manera, el dolor por sí mismo no es traumático. El dolor en soledad, sí lo es. Este periodo de rápidos y desoladores cambios a nivel planetario nos recuerda que estamos juntos y que podemos ofrecer a los demás el espacio de apoyo necesario para procesar nuestras penas compartidas.

Pero ¿qué hay de los traumas que nos afectan desde el exterior? En este caso, Elgin plantea una nueva forma de afrontar la escala global. Propone el concepto de «estrés planetario traumático crónico» (CTPS, por sus siglas en inglés) y escribe: «La diferencia entre el síndrome de estrés postraumático y el estrés planetario traumático crónico, es que, en lugar de ser un episodio relativamente breve y contenido, el trauma dura toda la vida y afecta a nivel planetario. No hay escapatoria. La carga del trauma colectivo se filtra en la mente y el alma de la humanidad». ¡No hay escapatoria! Tanto si somos capaces de reconocer los traumas más amplios o no, nuestra mente almacena la alteración. ¿Cómo no íbamos a hacerlo? Nuestra vida, nuestro cuerpo, nuestra alma están entrelazadas de manera irremediable con la belleza y las desgracias del mundo. Como señala Elgin, sin contención, los traumas crónicos del planeta van a dejarnos «muy heridos, tanto a nivel psicológico como social». Un elemento clave en nuestro aprendizaje en la desolación, es la capacidad de crear espacios con la robustez suficiente para sostener las intensas energías de nuestro dolor más crudo.

Cada episodio traumático arrastra consigo un duelo. La pérdida está entrelazada en el tejido del trauma, y los escenarios propuestos por Elgin para los próximos decenios están plagados de trauma y desolación.

¿Cómo respondemos cuando las circunstancias a las que nos enfrentamos son tan abrumadoras? ¿Cómo contenemos todo lo que sentimos cuando la fuente de nuestro sufrimiento está fuera de nuestro control? ¿Cómo recalibramos nuestra vida interior para curar nuestra psique en tiempos de trauma? A continuación, se tratan algunas propuestas para cuidar el alma en tiempos de trauma, ¿y quién no vive en tiempos traumáticos?

1. **Practica la autocompasión.** La autocompasión nos ayuda a conservar la vulnerabilidad con cariño y ternura, y a permanecer sensibles y receptivos. Los tiempos de gran incertidumbre nos exigen ser generosos con nosotros mismos para poder contrarrestar los efectos que el trauma puede provocar en el aspecto emocional. Este debe ser nuestro objetivo principal: asimilar todo lo que experimentemos con compasión y ofrecer un lugar seguro para alojar el miedo y el dolor.

2. **Afronta tus sentimientos.** No existe ninguna estrategia que nos permita sortear o evitar las emociones difíciles con las que nos vamos a encontrar. Es imprescindible afrontar el sufrimiento. No solo debemos sufrir el dolor y la pena, esperando que los malos tiempos pasen, también debemos afrontarlos y sentirlos en toda su intensidad. Es un acto que requiere coraje. Sin embargo, sin la compasión y el apoyo adecuados, no podremos abrirnos a las dolorosas emociones que nos esperan.

3. **Deléitate con la belleza.** El trauma causa un impacto profundo en nuestra vitalidad y suele generar un estado de letargo y anestesia. Durante un tiempo, este estado de

anestesia nos protege de enfrentarnos a las crudas y punzantes emociones que suelen acompañar al trauma, pero también adormece nuestros sentidos y su relación con todo lo que nos rodea. El atractivo de la belleza nos ayuda a abrir el corazón. Pena y belleza, mano a mano. El alma tiene la necesidad fundamental de disfrutar de la belleza, una fuente primordial de alimento que siempre renueva el sentido de vitalidad y asombro.

4. **Paciencia.** Sanar tras un trauma lleva tiempo. La paciencia nos ayuda a recomponer las vulnerables piezas de nuestra alma, desgarrada por el trauma. Curar un hueso lleva tiempo; remendar el alma lleva mucho más. Sé paciente con tu proceso. La profunda sabiduría del alma sabe de la importancia de ir despacio. Para recuperar el equilibrio en el mundo del alma, es imprescindible alejarse del ritmo frenético de la vida moderna. La paciencia es una disciplina, una práctica que consuela al alma herida y vulnerable, y nos permite cosechar los beneficios de nuestros esfuerzos.

Un despertar gradual, un mundo emergente

El largo aprendizaje en la desolación crea un espacio capaz de acogerlo todo: la pérdida y la belleza; la desesperación y el anhelo; el miedo y el amor. Nos hacemos inmensos. Poco a poco, la firme determinación de afrontar la pesada carga del dolor hace que nuestro corazón se ablande y sentimos la conexión con el amplio mundo sensible en expansión. El tiempo que pasamos en las profundidades nos ayuda a crear una intimidad con la Tierra y el cosmos. Regresamos a nuestro hogar. La distancia con los demás se acorta. Nuestra identidad se vuelve permeable, y sentimos una hermandad creciente con la comunidad humana y no humana. Una nueva veneración por la vida emerge al sentir la presencia viva de la Tierra como un organismo dentro un cosmos viviente.

Es el amanecer de un posible futuro para la Tierra. Una humanidad madura emerge, pero es delicada, vulnerable y frágil. Entramos en la adultez temprana, aunque no nos hemos desarrollado lo suficiente para soportar demasiada presión. Los umbrales son tenues, inestables e impredecibles. Según entramos en lo que Elgin llama «la gran transición», es necesario que, una y otra vez, regresemos a la humildad. Lo que la humanidad ha sufrido durante la larga oscuridad debe ser recolectado con paciencia en este momento. Nuestra tarea es proteger esta sensibilidad emergente y transmitirla a las próximas generaciones. Cada nueva generación puede reforzar esta conciencia en evolución y añadir su propia comprensión, sus prácticas, sus rituales, sus historias hasta que se convierta en una presencia sólida en consonancia con el cosmos cambiante.

A medida que maduramos como especie adoptamos, cada vez más, una relación recíproca con la Tierra. Es nuestra labor reforzar los valores y las prácticas que ayuden a sostener el cuerpo de este espléndido mundo. Valores como el respeto, la contención, la gratitud o el coraje pueden ayudar a consolidar nuestra capacidad para defender y proteger aquello que amamos. El respeto y la humildad nos recuerdan que nuestras vidas se mezclan con todas las formas de vida. Lo que afecta a una hebra del tejido, afecta a todas. Estamos aquí para formar parte del proceso continuo de creación, para ofrecer nuestra imaginación, nuestro afecto y nuestra devoción en el mantenimiento del mundo.

Elgin deja clara esta necesidad: debemos cultivar una colectividad robusta de adultos, cuya principal lealtad sea hacia este mundo creador de vida del que dependemos. Tenemos que sentir nuestra fidelidad hacia las cuencas de los ríos, los flujos migratorios, las comunidades marginadas y hacia el alma del mundo. Debemos sentir los cimientos de nuestra propia existencia y la realidad de nuestras vidas, salvajes y exuberantes. La iniciación templa el alma al extraer su esencia escondida y crea la medicina que podemos ofrecerle a este asombroso mundo. ¡Nos necesita!

Con la iniciación, maduramos y nos preparamos para participar en el cuidado del cosmos. Es el núcleo de nuestra existencia como especie. Nuestra finalidad cosmológica es mantener vivo el sueño del mundo. Hay belleza, dignidad y grandiosidad en esa llamada. Cada vez está más claro que esta idea debe impregnar el corazón y el alma de las próximas generaciones. En esencia, lo que se espera de nosotros es que consagremos nuestra vida, que practiquemos la veneración en nuestros actos. Esta es la primera verdad que debe calar en los huesos de quien experimenta la iniciación planetaria. Además, la iniciación supone medicina para el alma. Se nos pide que entreguemos los dones que teníamos para ofrecer. La iniciación también libera el yugo de la civilización y nos muestra el camino para reclamar nuestra verdadera naturaleza interior. El control ejercido sobre nuestra psique domesticada se relaja y podemos entrar en un mundo multicéntrico donde todo posee alma y es una forma de expresión. Y la última verdad que trae la iniciación: de nosotros se espera que construyamos un hogar para que aquellos que se sienten invisibles o desconectados tengan un lugar al que pertenecer y donde sean bienvenidos.

Aquellos de nosotros que tenemos el privilegio de haber vivido una vida larga, tenemos la obligación de ponernos frente a frente con las generaciones que nos siguen, aquellos cuyo futuro hemos puesto en peligro con nuestra dejadez hacia el planeta. Veo la estupefacción, la rabia y el desconsuelo en la mirada de tantos y tantos. No sé qué decir, solo puedo decir que os veo. Reconozco vuestra pena y vuestro desánimo, vuestra indignación y confusión. Vuestra confianza en un futuro posible disminuye día tras día. La esperanza intrínseca que teníais en un futuro boyante de posibilidades desaparece y se desvanece ante vosotros. Siento la tristeza inmensa de vuestros corazones. Lo veo en los momentos que compartimos. Está grabado en vuestro rostro, en vuestras palabras. Lo siento. Quiero que sepáis que muchos de nosotros estamos haciendo todo lo posible para encontrar la salida a través de este angosto camino, para poder ofreceros el mundo que os merecéis.

También puedo ver vuestra pasión y vuestro compromiso en la lucha por una vida que tenga sentido y belleza, pertenencia y alegría. Veo vuestro anhelo por crear una cultura viva, en consonancia con las formas y los ritmos de la naturaleza. Veo vuestra creatividad e imaginación salvaje, capaz de mirar las cosas desde una perspectiva que mi generación jamás habría sido capaz. Sois poderosos entre tanto dolor. Desde bien pronto habéis tenido que cargar con tanto, y es posible que el impulso iniciatorio se haya activado en vosotros incluso antes de estar listos. O quizá no. Es probable que seáis vosotros aquellos capaces de encontrar el camino en la oscuridad colectiva del alma.

Un humano nuevo, una Tierra nueva

Es un privilegio poder vivir este periodo de la historia colectiva. Somos nosotros los que atravesamos estos tiempos de cambio. Los que podemos elegir colaborar en la reparación de la Tierra y en la creación de una cultura planetaria viva. Los que vivimos este momento de posibilidades incalculables, en el que podemos restaurar el pacto sagrado con el mundo y los seres vivos. Los que podemos responder ante estas circunstancias y participar en la remodelación del planeta. La Tierra, sin embargo, está dañada sobremanera y su restauración requerirá paciencia. Responder a la obligación sagrada de repararla es la impronta de nuestra iniciación.

Todos los seres humanos vamos a experimentar la difícil iniciación de esta época. Nadie estará exento de los efectos del deterioro climático o de las tensiones y las presiones a nivel económico, político y social.

La iniciación no es opcional. La pregunta pendiente es si vamos a elegir participar en este proceso de iniciación. ¿Seremos capaces de mirar más allá de nuestro propio interés y pensar como una comunidad planetaria? De cualquier manera, vamos a sufrir profundos cambios. Si decidimos aceptar los retos de un periodo de cambio, al resurgir habremos madurado y estaremos listos para participar en lo que el «geoteólogo» Thomas Berry llamó «el sueño de la Tierra». Las señas identitarias de este nuevo yo incluyen a una persona más conectada con las responsabilidades que con los derechos, más consciente de las múltiples implicaciones que de los privilegios. Nos iniciaremos en un amplio abanico de intimidades, con el poblado, con los cúmulos de estrellas, con los viejos y nudosos robles, con los niños de mirada asombrada, con nuestros antepasados y con la fragante Tierra.

No se puede alcanzar a describir la importancia de esta decisión. Cuando tomamos parte en la difícil tarea de hacer un cambio radical, nos estamos lanzando de una forma trascendental a proporcionar los remedios esenciales para nuestro mundo amenazado. Esto quiere decir que tenemos que aprender a vivir con los medios que la Tierra nos ofrece.

«Elegir la Tierra» significa elegir la simplicidad, la comunidad, la reconciliación y la participación. Estos son gestos que todos podemos practicar, desde ya. Podemos recordar nuestras «satisfacciones primarias», los elementos constituyentes de una vida interior saludable. Estos elementos se han ido desarrollando durante cientos de miles de años y han ido modelando nuestra vida psíquica hasta crear un sentido de disfrute y placer. Cuando satisfacemos estos requisitos, no ansiamos el dispositivo más moderno, ni el coche último modelo o la próxima forma de anestesia emocional. Conseguimos liberarnos de la toxicidad del consumismo y del materialismo. Vivimos sencillamente y sencillamente existimos. Para sentirnos satisfechos necesitamos contacto que nos reafirme y nos alivie, necesitamos sostén en tiempos de duelo y dolor. También necesitamos jugar, y compartir la comida con los demás, de forma tranquila y acompañada de conversaciones sinceras. Necesitamos noches oscuras, salpicadas de estrellas, en las que las palabras no sean necesarias; y por supuesto, necesitamos los placeres de la amistad y las risas despreocupadas.

Es necesaria una vida ritual que nos conecte con el mundo invisible en momentos cruciales como cruzar el umbral de la iniciación, cuidar en los momentos de enfermedad o celebrar la gratitud colectiva por las bendiciones de esta vida. Necesitamos una conexión continua, íntima y sensual con el salvaje pulso de la naturaleza. El corazón y los oídos necesitan deleitarse con las historias, los bailes y la música. Ansiamos la atención de los ancianos comprometidos y prosperamos en una comunidad asentada en un sistema de inclusión basado en la igualdad. Esto es lo que deseamos de verdad.

Descendamos juntos hacia la vasta oscuridad de este tiempo y descubramos qué se aloja allí, entre las sombras, anhelando nuestra devota atención. Como dice la poeta, hay tanto en ciernes; tanto deseo de expresión. Todavía nos queda un largo viaje, uno en el que nos convertiremos en algo inimaginado, dando vida a un nuevo ser, una presencia biocósmica.

Es el momento de soñar lo que podría ser. Muchos de nosotros no alcanzaremos la otra orilla de la larga oscuridad. Pero algunos lo harán. Como escribe Duane Elgin: «En este momento planto las semillas de la posibilidad, sin expectativas de vivir para verlas florecer en un nuevo verano o de participar en la recolección de sus frutos en un otoño lejano. Sin embargo, confío en la sabiduría de la Tierra y de la familia humana para sacar adelante una nueva cosecha de vida». Esta es la bendición de un anciano. Vivimos por lo que podría ser, sabiendo que nunca llegaremos a saborear los frutos.

El único camino para alcanzar la salida es atravesarlo, y la única forma de hacerlo es juntos. Esta es una iniciación colectiva. Este es el periodo de gestación de una posible comunidad planetaria. Nosotros, los ancianos, somos las matronas, los guías hacia una vida futura. Es un buen momento para vivir.

— Francis Weller
Cuenca Hidrográfica del río Rusia
Bioregión Shasta

PARTE I

Un mundo en gran transición

«No heredamos la Tierra de nuestros antepasados; la tomamos prestada de nuestros hijos».

— Proverbio nativo americano

Iniciación y transformación de la humanidad

A menudo, olvidamos que somos naturaleza. La naturaleza no es algo separado de nosotros. Por lo tanto, cuando decimos que hemos perdido la conexión con la naturaleza, hemos perdido la conexión con nosotros mismos.

— Andy Goldsworthy

Si has leído el emocionante prefacio escrito por mi buen amigo Francis Weller, ya sabrás que los habitantes de la Tierra hemos entrado en un periodo de gran transición: un periodo de iniciación colectiva en el que experimentaremos grandes pesares que despertarán nuevos potenciales. Atravesamos un doloroso nacimiento como especie en nuestro camino de crecimiento hacia la madurez colectiva. *Elegir la Tierra* está dirigido a aquellas personas maduras y resilientes preparadas para profundizar y explorar un mundo que experimenta una transición sin precedentes.

Cuando miro hacia el futuro, veo con claridad dos hechos: en primer lugar, el futuro es profundamente incierto, pues depende en gran medida de las decisiones individuales y colectivas que tomemos en este momento. En segundo lugar, el mundo del pasado ya no existe. No podemos volver a «la vieja normalidad» porque nunca existió una «normalidad». No eran normales los niveles desmesurados de consumo, la extinción de especies, el deshielo de los casquetes polares, la muerte de los océanos, las intensas sequías, los incendios descontrolados, la profunda alienación, la desigualdad extrema, etc. La gran pérdida y la gran transición han comenzado. No hay vuelta atrás. No hay posibilidad de reconstrucción. No podemos volver a congelar los casquetes polares ni recrear el clima favorable de los últimos diez mil años. No podemos volver a llenar los antiguos acuíferos, ahora secos. No podemos restaurar la compleja ecología del pasado en un abrir y cerrar de ojos y traer de vuelta a miles de especies de animales y plantas. No podemos detener el aumento del nivel del mar, incluso aunque las emisiones de CO_2 cesen en este momento. No podemos deshacer el sobrepaso, consecuencia del consumo desmesurado y el agotamiento de los recursos del planeta. Ya está en marcha una profunda iniciación que nos va a sacudir y transformar hasta la médula. Al otro lado, más allá de las tragedias que nosotros mismos hemos creado, nos esperan grandes promesas y posibilidades.

Estamos creando un rito de paso. No es momento de vacilar y amedrentarnos. Tenemos que levantarnos y avanzar juntos, con valentía, como si nuestra vida dependiera de ello, porque lo hace. Y, aun así, muchos todavía dudan. Si recurrimos al ritmo al que se producían cambios en el pasado como medida adecuada para estimar los próximos años, podemos creer de forma errónea que todavía nos queda tiempo. Pero no es así: el ritmo de cambio se está acelerando. Las tendencias han alcanzado tal fuerza que se retroalimentan unas a otras hasta converger en una inmensa ola de cambio que está arrasando el mundo del pasado. El ritmo de cambio del pasado ya no es una medida válida para predecir el futuro. El tiempo se ha agotado. Nuestra existencia depende de que seamos capaces de mirar el mundo en profunda transición con nuevos ojos.

También podemos tener dudas si pensamos que las nuevas tecnologías nos evitarán la incomodidad de tener que hacer modificaciones fundamentales en nuestra forma de vida. Sin embargo, las fuerzas de cambio son tan profundas y poderosas que vamos a necesitar toda nuestra creatividad tecnológica, *y mucho más*. La tecnología por sí misma no nos va a salvar. Los retos a los que nos enfrentamos exigen una forma nueva y radical de relacionarnos con cada faceta de nuestra vida: la comida que comemos, los medios de transporte que usamos, los niveles y patrones de consumo, el trabajo que hacemos, las viviendas que habitamos, la educación que recibimos y la manera como tratamos a las personas de diferente raza, sexo, orientación cultural y sexual. Tenemos que reconfigurar nuestra vida a nivel individual y colectivo. La magnitud de los cambios necesarios es prácticamente inconcebible. Los editores de la respetada revista *New Scientist* ofrecieron esta valoración sobre la tarea ante la que nos encontramos:

> Este es, probablemente, el mayor proyecto al que la humanidad se ha enfrentado jamás: comparable a ambas guerras mundiales; el programa Apolo, mandar al hombre a la Luna; la Guerra Fría, con la carrera nuclear de por medio; la abolición de la esclavitud, que incluyó una guerra civil; el proyecto Manhattan; la construcción del ferrocarril y la puesta en marcha del saneamiento y la electrificación, todo a la vez. Dicho de otra forma, tendremos que llevar al límite nuestra capacidad creativa con la esperanza de un futuro mejor, si no para nosotros, al menos para las próximas generaciones[5].

Pero ¿cómo se consigue esto? ¿Cuál es el camino realista para conseguir un cambio de tal magnitud? En este libro exploramos ese viaje.

La gente todavía me pregunta: ¿por qué mirar hacia delante? ¿Por qué pensar en un futuro tan oscuro? ¿No puede el futuro arreglarse solo? ¿Por qué no ser felices, cordiales y vivir en el ahora? No podemos predecir qué va a pasar, la vida está llena de sorpresas. ¿Cómo podemos prever el futuro? Si nos dedicamos a pensar en qué nos deparará el futuro, ¿no dejamos de vivir el presente? Solo somos simples mortales incapaces de cambiar lo que está pasando, entonces, ¿para qué preocuparnos?

¿Por qué mirar hacia delante? ¿Cuál es el beneficio? He aquí la razón: vivimos en un mundo interdependiente y transparente, en el que nuestro destino está ligado al destino del planeta. Ante esta realidad, animo a la gente a mirar hacia delante de forma libre y creativa. Elegir el futuro de manera consciente nos permitirá:

1. prevenir la **extinción funcional** de la humanidad y de gran parte de la vida sobre la Tierra;

2. evitar caer presos de la oscuridad eterna que supone un mundo regido por el **autoritarismo;**

3. crecer y dirigirnos con madurez y libertad hacia un mundo en **transformación.**

La opción de ignorar el futuro no es intrascendente. La idea de «dejar que el futuro se solucione por sí mismo» corresponde a una mentalidad adolescente. El mundo nos exige madurar y alcanzar la adultez temprana, además de ocuparnos del bienestar de todas las formas de vida. El futuro no es impenetrable: en nuestra mente y en nuestra intuición lo podemos alcanzar y moldear. Si lo visualizamos, podremos decidir; sin embargo, si lo ignoramos, nos pillará desprevenidos y nuestra respuesta será superficial. Si la respuesta no tiene la profundidad suficiente, la avalancha de cambios que se van a producir nos arrasará.

Soy consciente de que mirar en las profundidades del cambio que está por llegar pone a prueba nuestra psique y nuestra alma. No es el momento de ser débil. No es el momento de pasar desapercibido y distanciarse del mundo. Es el momento de vivir la inmensidad del ser como ciudadanos de un cosmos viviente y de elegir de forma consciente nuestro futuro en la Tierra.

Me remonto al pasado para dar perspectiva: hace medio siglo, en 1972, cuando trabajaba como miembro sénior de la Comisión Presidencial sobre Crecimiento Poblacional y el Futuro en Estados Unidos , empecé a explorar en profundidad los retos del futuro[6]. Nuestro trabajo consistía en analizar los siguientes treinta años y evaluar cómo y dónde viviría la población en continuo crecimiento. A la vez, se publicó el libro fundamental *Limits to Growth,* y nuestra comisión comenzó a explorar el círculo cerrado que supone la ecología global. El proyecto de la comisión presidencial reveló, además de los límites del crecimiento de la economía de consumo de nuestro país, la incapacidad de nuestro gobierno para, siquiera, pensar en hacer una transición hacia un futuro sostenible.

Cuando la comisión terminó el proyecto, empecé a trabajar para el grupo de investigación sobre los escenarios del futuro, dentro del comité de expertos del Stanford Research Institute (hoy en día llamado SRI). Una historia personal ilustra mejor la falta de respuesta del gobierno ante las graves amenazas a nuestro futuro. La primera vez que oí hablar del calentamiento global como una amenaza para la existencia humana fue en 1976, mientras trabajaba como investigador social sénior en un proyecto de un año de duración para la National Science Foundation en SRI International[7]. Formaba parte de un equipo pequeño que se ocupaba de estudiar futuras amenazas que pudiesen acabar con nosotros de manera inesperada. Como parte de este proyecto, asistí a una reunión informativa sobre el cambio climático en el Departamento de Energía en Washington D. C. Allí nos avisaron que, si la actual tendencia de acumulación de CO_2 continuaba, en 40 o 50 años supondría un grave problema de calentamiento global en el planeta. A pesar de lo agorero del aviso, los funcionarios del Departamento de Energía se opusieron a que incluyésemos el calentamiento global en nuestro informe. Su razonamiento era que no suponía una crisis en los siguientes 50 años, y había tiempo más que suficiente para que los políticos preparasen una respuesta. No solo no incluimos el calentamiento global en nuestro informe, sino que los funcionarios del gobierno a cargo de nuestro trabajo decidieron que el informe era demasiado controvertido para hacerse público, y lo mantuvieron fuera del alcance de los políticos y de la población.

Hoy, casi medio siglo después, vemos los resultados de décadas de dejadez: como pronosticamos, el mundo está en peligro, con el clima cambiando de forma dramática y sin ninguna respuesta contundente por parte de los gobiernos. Esta experiencia me ha hecho perder la esperanza en que las instituciones (los gobiernos, las empresas, los medios de comunicación y las instituciones educativas) respondan con la velocidad necesaria para afrontar los retos a los que nos enfrentamos. Como apunté en otro informe para el consejero científico del presidente, el tamaño y la complejidad de la burocracia no permiten responder a las amenazas de esta época tan complicada con la velocidad y la creatividad necesarias[8]. Por esa razón, deposito todas mis esperanzas en los habitantes de la Tierra. Confío en que seremos capaces de organizarnos a nivel local y global, y juntos podremos aprender y elegir el camino hacia un futuro sostenible y significativo.

Estas experiencias me empujaron a abandonar el grupo de investigación sobre los escenarios del futuro del SRI en 1977 y decidí escribir sobre el tema de la simplicidad en mi libro *Voluntary Simplicity*. Comencé practicando meditación en solitario durante medio año con la intención de aunar todo lo que había aprendido, tanto los aspectos externos como internos de mi vida, y volver al mundo como una persona completa. La meditación intensiva me aportó una nueva perspectiva sobre el futuro de la humanidad. Además, comprendí que la década de 2020 sería el momento en el que la humanidad se viese obligada a dar un giro determinante en su evolución como especie[9]. Partiendo de esta idea, desde 1978 me he dedicado a escribir y dar charlas sobre la década del 2020 como el momento clave en el que la humanidad tendría que dar un giro radical y elegir un nuevo camino hacia el futuro. La década decisiva finalmente ha llegado.

Para mí, asimilar la finalidad, el ritmo y la profundidad del cambio de nuestro mundo en una transición sin precedentes ha sido muy revelador. La tristeza ha sido mi fiel compañera, la angustia mi maestra. La intensidad e inmensidad del sufrimiento creciente en el mundo me han hecho sentir insignificante, con la certeza de que esta marea de pena nos romperá el corazón, pero a la vez nos va a abrir a una humanidad superior. Aunque escribir ha sido una parte importante de mi viaje vital, este ha sido un reto cargado de emociones, mucho más allá de lo que las palabras puedan expresar. Mi escritorio se ha convertido en un altar a la desolación a medida que reconozco y acepto todo lo que va a desaparecer a lo largo de la gran transición que la humanidad va a experimentar.

Cada vez que doy un paso atrás para mirar con perspectiva todo lo que está sucediendo, soy consciente de que escribo este libro desde la posición privilegiada de un hombre blanco habitante de un país occidental altamente industrializado. Aunque mis orígenes se sitúan en una pequeña comunidad agrícola en Idaho, he vivido la mayor parte de mi vida adulta en un entorno urbano industrial moderno. Y, aun así, cuando intento encontrar mi lugar en nuestro mundo en profunda transición, siempre acabo volviendo a mis raíces en el campo. En este momento planto las semillas de la posibilidad, sin expectativas de vivir para verlas florecer en un nuevo verano o participar en la recolección de sus frutos en un otoño lejano. Sin embargo, confío en la sabiduría de la Tierra y de la familia humana para sacar adelante una nueva cosecha de vida.

Estamos creando un rito de paso como especie, pero ¿qué tipo de paso y hacia dónde? ¿Es posible que el tamaño de la pérdida que imaginamos sea el catalizador para alcanzar un beneficio inimaginable? ¿Es posible que el calentamiento global en el que nos encontramos forje un ser humano nuevo, una aleación rica en vida y potencial? Este libro gira en torno a estas cuestiones.

A través de una mirada confiada, *Elegir la Tierra* explora el colapso y la transformación del mundo que hemos construido en los últimos diez mil años. El primer paso de la transición hacia una nueva vida es reconocer la destrucción y la debacle de nuestro mundo. Es vital que nos enfrentemos al colapso y aceptemos esta realidad como una parte fundamental de nuestra iniciación en la edad adulta como especie. El duelo y la pena que experimentamos nos despiertan a una profunda transformación. Debemos dejar atrás el pasado, pues el mundo ya ha comenzado a descomponerse —está desgastado y se desmorona— y tenemos que prepararnos para la debacle y el colapso. En palabras de Marian Williamson: «Algo maravilloso le sucede a la gente cuando su mundo ha sido destruido: una humildad, una nobleza y una inteligencia superior emergen en el momento exacto en el que las rodillas tocan el suelo».

El rito de paso de la humanidad nos conducirá a una nueva forma de entender la realidad que habitamos, nuestra naturaleza como seres de una dimensión terrestre y cósmica; y hacia el extraordinario viaje evolutivo en el que nos hemos embarcado. *Elegir la Tierra* es elegir la vida. La destrucción y el colapso del planeta implican la aterradora realidad de que los humanos podríamos arrasar la biosfera hasta convertirnos en una especie funcionalmente extinta. La propia destrucción contiene el potencial para transitar un periodo de iniciación y una nueva era de posibilidad. Juntos podemos elegir una senda en la que el bienestar de todas las formas de vida sea posible. Juntos podemos transitar el camino de la pérdida, el dolor y la pena. Podemos tocar fondo y entonces, con humildad, levantarnos y comenzar la gran transición.

Es imprescindible identificar en qué punto de nuestro viaje evolutivo nos encontramos. Hemos alcanzado un umbral crítico del que ya no hay vuelta atrás, así que solo nos queda avanzar. Adaptarnos a la situación actual tal y como está significa el estancamiento evolutivo y el declive como especie. Si optamos por no transitar estos tiempos difíciles y madurar de forma colectiva, dejaremos un legado de ruinas para la Tierra y nos aseguraremos la extinción funcional como especie. Actuar o morir. *Si no maduramos, no tenemos futuro.* Transitar la adolescencia hacia una adultez temprana nos permitirá descubrir potenciales que ni siquiera conocíamos. La alternativa es aferrarnos a una visión superficial y reducida de la humanidad y de la travesía, y abandonar todo progreso evolutivo. ¿Vamos a permitir que el legado de nuestra especie se limite a unas pocas décadas de confort consumista para unos pocos afortunados? ¿No es descorazonador pensar que el *Homo sapiens* acabe siendo una forma de vida fallida por haber estado demasiado preocupado por sus necesidades materiales y no haber sido capaz de madurar? Sabemos que somos mejores que todo eso, no te desanimes.

No podemos alcanzar las cumbres si no conocemos las profundidades. Cuando todo parezca perdido, cuando creamos que no hay nada que perder, entonces podremos dejar atrás el pasado y alcanzar nuevas alturas y potenciales. Nos encontramos ante un momento decisivo para nuestro planeta. Es un momento de grandeza para nuestra especie: debemos asumir la madurez colectiva como una comunidad planetaria. Nada volverá a ser lo mismo. Solo cuando el dolor nos haya transformado podremos avanzar hacia un mundo nuevo. Ante nosotros aparece una nueva perspectiva de la identidad humana y del viaje evolutivo, que nos atrae hacia un futuro lleno de posibilidades. Un camino de crecimiento evolutivo es a la vez un regalo y una elección. Este periodo de decisiones colectivas conlleva profundas consecuencias que nos acompañarán durante miles de años. No hay forma de esquivar la transición: hay que vivirla. Somos responsables de lo que está pasando y tenemos que recorrer estos tiempos de forma consciente, creativa y con valentía. El viaje que emprendemos es determinante, por lo que dedicar nuestra vida a un porvenir transformador bien vale la pena. La apuesta es arriesgada, pero el premio es incalculable.

Cultivar la resiliencia en un mundo en transformación

La magnitud de los retos a los que nos enfrentamos puede resultar abrumadora. Una manera de empoderarnos es a través de las pequeñas acciones del día a día.

1. **Elige vivir:** Elige actividades que te hagan sentir vivo, como pasear en la naturaleza, bailar, jugar, crear música y arte, cuidar tus relaciones y acercarte a los animales. Crea un altar de gratitud. Honra a las plantas, los animales, los lugares y las personas a través de afirmaciones y oraciones. Conviértete en un modelo de gratitud y vitalidad para la gente joven.

2. **Cultiva tus «dones verdaderos»:** Todas las personas tenemos «dones verdaderos» y «dones relativos»[10]. Los dones relativos son aquellas habilidades en las que somos relativamente buenos. Con frecuencia, nos ganamos la vida con ellos. Los dones verdaderos, sin embargo, nos permiten expresar nuestras habilidades y talento innatos: aquello en lo que destacamos de forma natural. Desarrollar tus dones verdaderos te permitirá vivir de forma más plena y conectada con el mundo.

3. **Desarrolla la consciencia:** La calidad de tu conciencia es de suma importancia para navegar este mundo cambiante. Cultiva el nexo mente-alma a través de la meditación, el yoga, la oración, el diálogo y otras prácticas de atención plena. Más que nunca, participa en la vida de forma consciente.

4. **Infórmate a nivel local:** Conoce el ecosistema de tu zona. Aprende sobre los árboles, las flores, los pájaros y otros animales que habitan en tu región. Sé capaz de reconocer los alimentos de producción local. Explora y experimenta la naturaleza cuando sales a dar un paseo. Encuentra maneras de colaborar con los ecosistemas, la agricultura y el comercio local.

5. **Protege y restaura la naturaleza:** Pon en práctica pequeñas acciones que ayuden a restaurar la naturaleza y los milagros de la vida. Ten curiosidad y aprende cómo puedes proteger el mundo natural que te rodea. La naturaleza no puede defenderse por sí misma, alza la voz por la preservación y la restauración de las plantas, los árboles y los animales.

6. **Llora las pérdidas:** Crea un altar en tu hogar de imágenes y objetos, con el fin de asumir aquello que estamos perdiendo (los árboles, las flores, los animales, las estaciones, los lugares, etc.). Organiza un ritual sencillo de despedida junto con otras personas, y que cada una comparta su duelo,

aquello que ha olvidado o perdido. Habla desde el corazón, canta canciones, lee poesía y comparte creaciones artísticas.

7. **Practica la reconciliación:** Identifica tus fortalezas y explora qué implican apoyándote en un grupo de personas en quien confíes. Muestra curiosidad y compasión por las diferencias de sexo, raza, nivel económico, religión y orientación sexual.

8. **Elige la simplicidad:** Compra menos cosas, dona más, elige alimentos de la base de la cadena alimentaria, viaja menos en avión, reduce o cambia tus viajes diarios al trabajo y comparte tus recursos con aquellos que lo necesiten. Cultiva amistades significativas, comparte comidas sencillas, pasea por la naturaleza, crea música y arte, aprende a bailar, desarrolla tu vida interior.

9. **Organiza un grupo de estudio:** Da un paso atrás y observa nuestro mundo en este momento de transición sin precedentes. Usa este libro y el material de estudio de la página web de *Choosing Earth* www.ChoosingEarth.org para aprender junto a otras personas interesadas. No te lances a solucionar los problemas o a buscar culpables y deja espacio para la expresión de los sentimientos. Explora formas de integrar este conocimiento.

10. **Apoya a los demás:** Anima y ayuda a las personas y a las comunidades más afectadas por el cambio climático, por el racismo, por la extinción de especies, por las desigualdades y por el agotamiento de los recursos. Haz de tu vida una declaración de cuidados, al proteger la ecología local. Participa de forma voluntaria en organizaciones que ofrezcan servicios: un comedor social, un albergue o una asociación que practique la jardinería y agricultura regenerativa.

11. **Cultiva la comunicación:** Conviértete en la voz de la Tierra y del futuro de la humanidad. Contribuye con publicaciones

informativas, blogs, artículos, vídeos, pódcast y radio, alza la voz y aporta tu punto de vista sobre el futuro que peligra. Ayuda a estimular la imaginación de la sociedad sobre las opciones que tenemos de maduración, reconciliación, comunidad y simplicidad.

12. **Practica el activismo compasivo:** Únete a otras personas que también trabajen en favor de la transformación profunda. A través de internet, busca organizaciones que compartan tus intereses. Busca una comunidad, local o global, que te ayude a ofrecer tus «dones verdaderos» al mundo en estos momentos críticos. Comparte tu tiempo, tu amor, tus talentos y tus recursos.

13. **Responsabiliza a las instituciones:** De forma pública, exige responsabilidades a las grandes instituciones (las empresas, los medios de comunicación, los gobiernos y las instituciones educativas) para que reconozcan y respondan a las amenazas críticas a las que se enfrentan la Tierra y el futuro de la humanidad. Lograr que las instituciones rindan cuentas puede ser complicado pues todos formamos parte de las instituciones, y, por tanto, nosotros también somos responsables.

Hay pequeñas acciones en nuestra vida personal que, aunque parezcan insignificantes, nos proporcionan una base sólida y nos hacen un ejemplo a los ojos de los demás.

Nunca dudes de que un grupo reducido de ciudadanos reflexivos y comprometidos puedan cambiar el mundo. De hecho, es lo único que lo ha logrado.
— Margaret Mead

Igual de importante es el optimismo visionario como el realismo inquebrantable. Las encuestas globales muestran que la mayoría de la población reconoce de alguna manera los peligros y las dificultades ante las que nos encontramos. En 2021 se llevó a cabo una encuesta que evaluaba el punto de vista de diez mil jóvenes de entre 16 y 25 años en diez países de todo el mundo. Los resultados mostraron una profunda preocupación por el futuro[11]. Para tres cuartas partes de las personas encuestadas el futuro es aterrador y más de la mitad (el 56 %) consideraron que la humanidad está condenada. Dos tercios de los participantes afirmaron sentirse tristes, asustados y ansiosos. Cerca de dos tercios dijeron que los gobiernos han traicionado y han fallado a los jóvenes. La mayoría pensaba que la humanidad ha fracasado en el cuidado del planeta (el 83 %). Es una valoración de la situación actual impactante. Los jóvenes de todo el mundo están perdiendo la confianza en el mundo que van a heredar. Desde su perspectiva, se ha producido una ruptura profunda con la historia de la humanidad y no se sienten cómodos en nuestro mundo en proceso de cambio.

Otra encuesta realizada a nivel global en 2021 incluyó a más de un millón de personas en cincuenta países. El sondeo Voto Popular por el Clima es la mayor encuesta de opinión pública que existe sobre el cambio climático. El 59 % de los participantes de esta encuesta a gran escala consideraron que existe una emergencia climática y el mundo debería hacer «todo lo necesario» para afrontar esta crisis global[12]. Somos muy conscientes de que el destino de la Tierra pende de un hilo.

Aunque nos enfrentamos a una emergencia climática grave, las amenazas que se presentan van más allá del clima: toda la red que conecta la vida está en peligro. Ya ha comenzado la extinción generalizada, que tiene consecuencias sobre la vida animal y vegetal sobre la tierra, y en los océanos. La producción agrícola disminuye a la vez que la población humana aumenta y esta disparidad ya está causando escasez de comida en el mundo. A su vez, las hambrunas provocan migraciones masivas hacia lugares con mayor disponibilidad de recursos. La incapacidad de los países y de los gobiernos para gestionar la ingente cantidad de refugiados climáticos provoca crisis sociales. Las plantas y los animales se están extinguiendo porque no son capaces de adaptarse a los cambios en el clima y los ecosistemas. La selva amazónica se está transformando en un conjunto de ecosistemas deteriorados formados por matorrales y arbustos.

Aproximadamente la mitad de la población sobrevive con el equivalente a dos dólares o menos al día. El nivel de sufrimiento que genera este periodo de gran transición afecta de manera desproporcionada a la gente pobre, a los pueblos indígenas y a las personas de color. Las desigualdades extremas de riqueza y bienestar son fuente de conflicto, pues aquellos que menos tienen tratan de salir de la pobreza por cualquier medio. Más allá de la crisis climática, nos encontramos ante una crisis sistémica. El tejido de la vida se está desgarrando y se encuentra profundamente dañado.

Más de una vez, la comunidad terrestre ha recibido aviso sobre estas tendencias peligrosas. El aviso más claro y contundente nos llegó hace décadas. En 1992, más de 1600 científicos sénior de todo el mundo, incluidos la mayoría de los Premios Nobel en Ciencias entonces vivos, firmaron un documento inédito titulado «La advertencia de los científicos del mundo a la humanidad»[13]. En su manifiesto declaraban que «los seres humanos están en rumbo de colisión con el mundo natural [...] que puede modificar el mundo vivo, incapaz de soportar la vida en la forma en que la conocemos». Esta es su advertencia:

> Los abajo firmantes, miembros de rango de la comunidad científica mundial, damos aquí una advertencia a toda la humanidad sobre lo que enfrentaremos en el futuro. Se requiere un gran cambio en la forma en que manejamos a la tierra y a la vida en ella, con el fin de evitar una vasta miseria en la humanidad y la mutilación irreparable de nuestro hogar global en el planeta[14]. [Énfasis añadido]

Al releer esta conclusión, mis pensamientos vuelven una y otra vez a las palabras clave de su advertencia, donde los científicos afirman que, si los grandes cambios no se producen bajo nuestra gestión de la Tierra, el planeta sufrirá una «mutilación irreparable» Esas dos últimas palabras reverberan en todo mi ser. ¿Qué quiere decir «mutilación irreparable» para las innumerables generaciones que vendrán? ¿Quedará la Tierra desfigurada, dañada de manera permanente, amputada y mutilada para siempre? ¿Nuestro legado para las generaciones futuras no va a ser más que el fallo en la planificación y protección del planeta?

Hace más de treinta años que se publicó esta rotunda advertencia. Nuestra respuesta a la grave amenaza a la que se enfrenta la humanidad ha sido dolorosamente lenta y puede resumirse de la siguiente forma: *tardía e insuficiente*. Hemos permitido que las tendencias críticas nos sobrepasen, dejándonos atrás. El ritmo de destrucción es mayor que el de la reparación mediante la respuesta colectiva. Vamos desfasados respecto a la realidad. La ecología de la Tierra lleva más de medio siglo deteriorándose y lo que era una destrucción gradual ha pasado a ser un colapso incontenible. La situación nos supera y nos desborda. Debemos prepararnos tanto para el colapso como para el progreso evolutivo.

Ante nosotros tenemos la tarea de despertar y responder juntos y con madurez a un mundo en gran transición. No solo es el ritmo de cambio lo que nos desborda, sino también la escala y la complejidad de este. Nos enfrentamos a una cantidad de conflictos cada vez mayor: la creciente alteración del clima; la escasez de agua; la caída en la producción agrícola; el aumento de las desigualdades de riqueza y bienestar; el aumento en las cifras de refugiados climáticos; la extinción generalizada de especies animales y vegetales; la muerte de los océanos, contaminados por plásticos; y la expansión de la burocracia de un tamaño y complejidad abrumadoras. Nuestro mundo gira sin control. Es de vital importancia que encontremos nuevas formas de vivir y de existir en la Tierra.

El colapso es inevitable.
Transitar el colapso es una elección.

Los seres humanos hemos cruzado todos los límites y la inercia de la situación es demasiado grande para esquivar la destrucción y el colapso. Nos encontramos en una situación de profundo sobrepaso: estamos robándole a las generaciones futuras y acabando con el bienestar de todos los seres vivos. No podemos seguir así por mucho tiempo. Si continuamos robándole al futuro, el único destino posible es el colapso de los sistemas humanos y de los ecosistemas. Sin embargo, si presenciamos de forma colectiva el mundo de devastación que crece de manera exponencial, juntos podemos elegir un futuro más favorable para todas las formas de vida. La alternativa no son más que ruinas y la extinción funcional de los seres humanos en la Tierra.

Conseguir semejante nivel de cambio es una situación sin precedentes que requiere nada menos que una revolución en el esfuerzo colectivo de la humanidad. Sin embargo, ni siquiera esta descripción tan contundente consigue ilustrar la profundidad necesaria de los cambios. Necesitamos transformar de manera radical el uso y la producción de energía para evitar un nivel de calentamiento global catastrófico. Según las estimaciones de los científicos, la comunidad humana debería detener el aumento de las emisiones de combustibles fósiles en 2020 y reducirlas a la mitad en 2030 y, de nuevo, disminuirlas a la mitad en 2040 para alcanzar el cero neto de emisiones de carbono en el año 2050[15]. Para mediados de este siglo todo el planeta debería eliminar su huella de carbono o, al menos, compensarla. Esto significa que:

- En el año 2050 ningún hogar, negocio o industria utilizará gas o petróleo para calentarse, y si lo hacen, deberán compensar su huella de carbono.

- Ningún vehículo utilizará diésel o gasolina.

- Todas las centrales eléctricas de carbón y gas dejarán de funcionar.

• Incluso si conseguimos generar toda nuestra electricidad a partir de fuentes de emisión cero como las energías renovables o la energía nuclear, la electricidad equivale a menos de un tercio del consumo actual de combustibles fósiles. Por lo tanto, aquellas industrias que consumen de forma mayoritaria combustibles fósiles, especialmente las que producen acero y cemento, deberán funcionar con energías renovables.

Aunque la reconstrucción completa de la infraestructura energética en las próximas décadas es vital si queremos tener un futuro viable, sigue siendo una medida insuficiente. Además, es necesaria una profunda transformación en todos los aspectos de la vida: la comida que comemos; las habilidades que adquirimos; el trabajo que hacemos; los hogares y las que comunidades en las que vivimos; los mensajes que producimos y recibimos en los medios de comunicación; la conversación del nivel al global; los valores que compartimos de equidad económica y justicia social; la iniciativa desde las instituciones (políticas, religiosas, los medios de comunicación, las organizaciones sin ánimo de lucro); etc. *El único camino posible para evitar la mutilación irreversible de la Tierra es construir una sociedad, una economía, una cultura y una consciencia renovadas.*

¿Cómo podemos implementar una transformación en nuestro estilo de vida de tal magnitud y complejidad que nos permita vivir en equilibrio con los límites de la naturaleza? En la actualidad, los habitantes de los países y las regiones más ricas de la Tierra consumen muchos más recursos del planeta de los que les corresponden. Este consumo desmesurado priva a las demás personas de su parte correspondiente, y las condena a la pobreza y a sufrir de forma desproporcionada las consecuencias del clima. La desigualdad es tan discriminatoria y desequilibrada que no puede sostenerse por mucho tiempo. Para aquellos que tienen un estilo de vida hiperconsumista, va a ser un verdadero reto limitar el abuso que hacen de los recursos y compartir la riqueza con aquellos con menos posibilidades económicas. La supervivencia de la humanidad requiere una revolución en el estilo de vida en la que los ricos elijan formas de vivir que en la práctica se alejen del uso de los limitados recursos de la Tierra y favorezcan el bienestar de aquellos que tienen menos bienes.

Un cambio transformador en la manera de vivir va más allá de la justicia moral o la equidad: es esencial para evitar una guerra de clases por los recursos. Si vamos a trabajar juntos como una comunidad humana, aquellos que están acostumbrados a ocupar posiciones de autoridad y poder (por su clase, su sexo, su raza, su situación geográfica, su edad, su capacidad, su educación, etc.) deben dar un paso adelante para ser la voz y mejorar las condiciones de vida de la mayoría global (las poblaciones empobrecidas, las comunidades indígenas y otros grupos castigados y oprimidos). Solo entonces será posible hacer cambios significativos a nivel sistémico, incluida la redistribución de los recursos que libere a la mayoría de vivir bajo la presión de la supervivencia, que solo les permite centrarse en sus necesidades más inmediatas.

Además de la preocupación por su magnitud, las alarmas se disparan ante el ritmo del cambio, especialmente con relación a las alteraciones del clima. En el pasado, los científicos pensaban que para que la configuración del clima cambiase, tendrían que pasar siglos, incluso miles de años. Fue una profunda conmoción comprobar que un cambio de gran calado puede ocurrir «en el transcurso de décadas o incluso menos tiempo»[16]. Por ejemplo, hace unos 11 800 años, tuvo lugar un periodo de enfriamiento global, llamado el Dryas Reciente (causado probablemente por un asteroide que atravesó la atmósfera), seguido de un periodo de calentamiento abrupto, que se estima en 10 °C en cuestión de años[17]. Aunque no se prevén cambios de temperatura tan rápidos, este ejemplo muestra nuestra vulnerabilidad si ignoramos las variaciones históricas. Las instituciones gubernamentales y políticas serían incapaces de responder a un cambio climático tan brusco. La mayoría de estos organismos están diseñados para perpetuar el pasado, no para moverse con agilidad hacia un futuro en transformación[18].

Además de la magnitud y el ritmo, también tenemos que reconocer la profundidad del cambio necesario en este tiempo de gran transición. «Elegir la Tierra» significa elegir una nueva forma de relacionarnos con la Tierra, es decir, elegir una nueva forma de relacionarnos con el conjunto de la vida. Hemos creado las condiciones que nos obligan a analizar nuestro comportamiento de forma más consciente y a elegir el camino que se abre ante nosotros como individuos y como especie. La destrucción de la vida en la Tierra significa la destrucción de nuestra psique colectiva. *El ecocolapso implica el egocolapso.* En este momento es imperativo hacer cambios fundamentales en la psique colectiva. No podemos reparar la Tierra sin curarnos nosotros y nuestra relación con el resto de la vida. Gus Speth, antiguo director del Consejo de Calidad Ambiental ha descrito con claridad la naturaleza del reto al que nos enfrentamos:

> Siempre he pensado que los principales problemas medioambientales eran la pérdida de la biodiversidad, el colapso de los ecosistemas y el cambio climático. Pero me equivocaba. Los principales problemas medioambientales son el egoísmo, la avaricia y la apatía [...] Y para lidiar con ellos necesitamos una transformación espiritual y cultural, y los científicos no sabemos cómo hacerlo[19].

Aunque los políticos y los medios de comunicación presentan lo que está pasando como una crisis ecológica, la situación va mucho más allá. No solo nos estamos dando de bruces contra una «pared ecológica» o los límites físicos de la capacidad de la Tierra para mantener a la humanidad, sino que ante nosotros también se ha levantado una «pared evolutiva»: nos enfrentamos a nosotros mismos, a la percepción y a los comportamientos que nos han llevado hasta el sobrepaso y el colapso. Una pared evolutiva plantea una crisis de identidad a la humanidad: ¿qué somos como especie? ¿En qué tipo de viaje evolutivo nos encontramos? ¿Tenemos el potencial interior para afrontar las exigencias del mundo exterior?

¿Podemos alcanzar la madurez y desarrollar una relación sanadora y saludable con la Tierra?

Si no progresamos para enfrentarnos a los retos internos y externos de nuestro tiempo, estamos destinados a seguir los pasos de más de veinte grandes civilizaciones que cayeron a lo largo de la historia, como Roma, el antiguo Egipto, la civilización védica, el Imperio tibetano, el minóico, la Grecia clásica o los Imperios olmeca, maya y azteca, entre muchos otros. Nuestra vulnerabilidad se hace patente cuando reconocemos la destrucción y desintegración de estas grandes sociedades antiguas. Sin embargo, la situación actual es única en un aspecto clave: la civilización humana ha alcanzado la escala global y abarca la Tierra como un sistema interdependiente. *El círculo se ha cerrado. Las civilizaciones de la Tierra están entrelazadas y la amenaza es la caída simultánea de todas ellas.* No existen antecedentes en la historia de la humanidad que puedan prepararnos para una caída súbita del conjunto de civilizaciones, estrechamente conectadas, en todo el planeta.

En estos tiempos de transición, estamos sometidos a fuerzas que tiran en direcciones contrarias. Si solo nos centramos en las fuerzas que se mueven en una dirección, pero olvidamos las que se mueven en dirección opuesta, nuestro viaje corre un grave peligro. Para visualizar este proceso, imagina que dispones de un trozo de cuerda. Si empujas hacia delante, la cuerda se amontona, se enrolla y forma nudos. Imagina ahora que también tiras del otro lado de la cuerda: ya no se amontona, sino que puede seguir avanzando en línea recta, de forma progresiva. De la misma manera, si comprendemos y respetamos las fuerzas contrarias que dirigen estos tiempos, podemos seguir adelante sin quedarnos atrapados en el proceso.

Si solo tenemos en consideración la implacable fuerza que ejerce la crisis climática combinada con otras tendencias adversas, nuestros esfuerzos provocarán nudos complejos. En ese caso, es fácil que quedemos anclados en la confusión y en el desánimo. Sin embargo, si damos profundidad a nuestra visión e incluimos la fuerza contraria, que es el poder de la oportunidad, entonces veremos la posibilidad de avanzar a una velocidad sorprendente. El poder de la oportunidad no elimina los enormes retos a los que nos enfrentamos. En cambio, si reconocemos y aprovechamos la poderosa fuerza de la necesidad por un lado y el poder de la oportunidad por otro, encontraremos el coraje, la compasión y la creatividad necesarios para afrontar las dificultades de la transición.

Para ver este tiempo de gran transición con más claridad podemos recurrir a una visión sistémica integral con tres perspectivas:

- **Con amplitud:** Amplía tu campo de visión más allá de los factores individuales. Considera la variedad de tendencias como parte de un sistema integrado: la alteración del clima, el aumento de la población, las migraciones de refugiados, el agotamiento de los recursos, la extinción de las especies, el aumento de la desigualdad, etc. Ampliar las miras nos proporciona una visión mucho más clara del cambio que nos perdemos si centramos la atención en un solo ámbito.

- **En profundidad:** Mira en profundidad, más allá del mundo exterior e incluye las dimensiones internas de cambio. Observa cómo la psicología, los valores, la cultura, la consciencia y los paradigmas están evolucionando. El mundo exterior es un reflejo del estado del mundo interior. Al desarrollar nuestro mundo interior desarrollamos nuestra capacidad para que el mundo exterior también evolucione.

- **En el tiempo:** Mira hacia un futuro lejano, mucho más allá de los próximos cinco o diez años. Las tendencias a corto plazo son inciertas y ambiguas, pero se ven mucho mejor cuando son extrapoladas a un futuro lejano, en el que su impacto es más preciso y nítido.

Figura 1: Con amplitud, en profundidad y en el tiempo

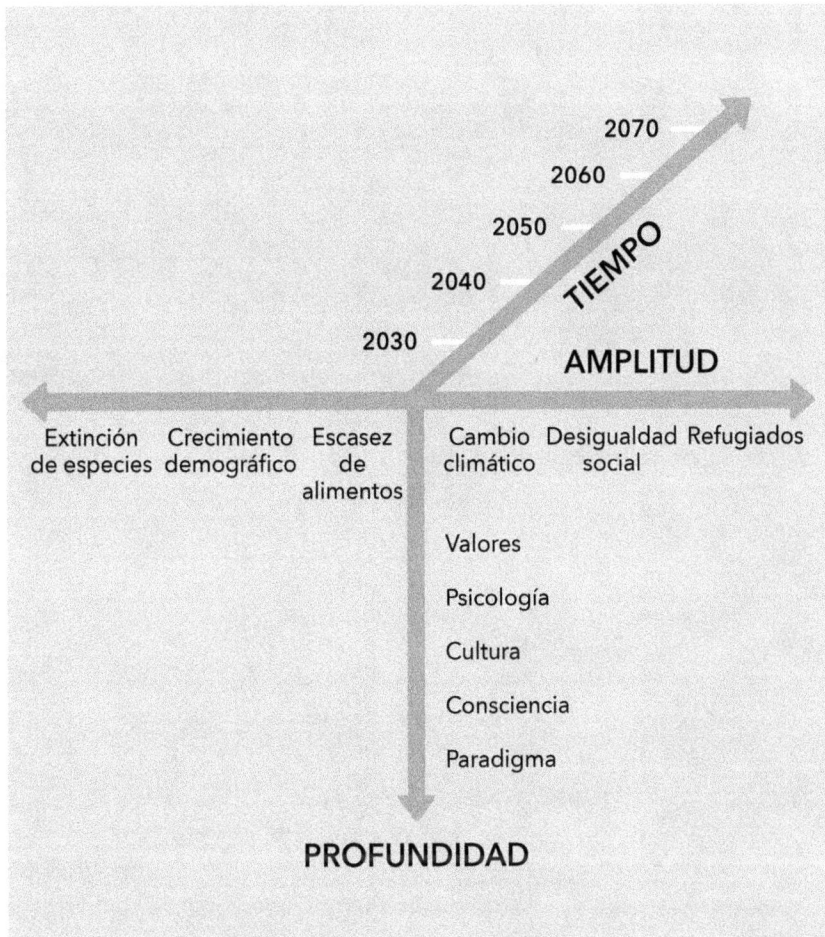

Cuando miramos de forma más amplia, profunda y en el tiempo, vemos con más claridad el momento decisivo de la historia en el que hemos entrado y cómo podemos avanzar de forma consciente a través de este tiempo de gran transición. Esta visión integral de los sistemas nos muestra que podemos elevarnos hacia una nueva forma de vida o enfrentarnos a la caída libre hacia el colapso y la ruina. Debemos tomar decisiones extraordinarias. No dentro de décadas o cientos de años, sino ahora. El tiempo se ha agotado.

PARTE II

Tres futuros para la humanidad

«Las fuerzas que escapan a tu control pueden quitarte todo lo que posees excepto una cosa, tu libertad de elegir cómo vas a responder a la situación».

— Victor Frankl

«Todos somos peregrinos que vagan por un país desconocido, nuestro hogar».

— Fray Giovanni, 1513

Extinción, autoritarismo, transformación

Es importante que sepamos reconocer las posibilidades y la vulnerabilidad de nuestro futuro en esta época tan singular. Nos encontramos en un intervalo de la historia extraordinariamente atípico: un punto determinante en nuestro viaje colectivo; un espacio de tiempo entre el pasado y el futuro, en el cual las decisiones que tomemos hoy tendrán un gran impacto en la vida de incontables generaciones futuras. No podemos predecir el rumbo de la humanidad por una simple razón: nuestro futuro depende de las decisiones conscientes que tomemos o dejemos de tomar, de forma individual y colectiva. Nuestro viaje evolutivo será una travesía consciente de sí misma o un descenso hacia las tinieblas. Nos encontramos en un punto decisivo de la historia: un periodo que será recordado por siempre, tanto si alcanzamos la madurez como especie y como civilización siendo conscientes de nuestras responsabilidades como si descendemos hacia la destrucción y la oscuridad.

Nuestro destino no tenía que ser responder a una crisis que nos exige actuar con urgencia. Hace medio siglo, en la década de los 70, la humanidad dejó pasar la oportunidad de adaptarse poco a poco a un futuro que iba a cambiar de forma radical. Fue entonces cuando, por primera vez, se identificaron las amenazas a las que nos enfrentamos en la actualidad. Hemos agotado el margen de tiempo extra a un precio muy alto, tan solo para mantener el *statu quo* durante unas pocas décadas[20]. Ya es demasiado tarde para elegir el camino del cambio gradual.

Ya no hay margen de maniobra para una adaptación progresiva y si no hacemos cambios drásticos e inmediatos en nuestra forma de vida, tendremos que enfrentarnos a las graves consecuencias. Dentro de unas pocas décadas grandes áreas de nuestro planeta serán inhabitables. Cada vez serán más habituales las sequías, las inundaciones y las tormentas extremas. La hambruna y las enfermedades van a sacudir a la humanidad desde lo más profundo. Cientos de millones de refugiados climáticos se desplazarán en busca de un lugar para vivir. La extinción masiva de animales y plantas mermará para siempre la ecología de la Tierra. Las opciones de futuro son cada vez más limitadas. Ya no hay tiempo para cambios graduales.

En los siguientes párrafos exploro las tres trayectorias principales que representan las opciones más claras para el futuro. Es importante comprender que *las tres parten de las mismas tendencias y condiciones subyacentes: un proceso dinámico llamado «colapso»*. Doy mucha importancia a los términos «destrucción» y «colapso» y me gustaría aclarar su significado. Ambos términos se suelen usar como intercambiables, pero se pueden entender de forma diferente:

- La **destrucción** significa que las conexiones entre los sistemas clave fallan o se rompen. Las cadenas de aprovisionamiento dejan de funcionar durante largos periodos. Se producen cortes de electricidad. Hay cortes intermitentes de agua y su calidad es dudosa. Los servicios de policía y de bomberos no pueden pagar a sus trabajadores y dejan de funcionar de forma periódica. La destrucción hace referencia a la desintegración de sistemas completos en sus partes fundamentales. A pesar de alterar y dañar la salud, el empleo y el acceso a los servicios esenciales, también proporciona oportunidades para crear nuevas maneras de vivir. Al alterar el estado natural de las cosas, la destrucción da pie a la reconstrucción desde nuevas perspectivas, que pueden ser más saludables y resilientes. La destrucción puede ser un catalizador para la creatividad y estimular la innovación, por ejemplo, a través de la restauración y el reacondicionamiento de las comunidades con economías locales que favorezcan estilos de vida más resilientes.

- El **colapso** es mucho más grave que la destrucción porque describe el proceso de declive hacia la ruina de las comunidades, las ciudades y las civilizaciones. Cuando se produce el colapso, la sociedad falla por completo: la vivienda, los transportes, las redes de agua y saneamiento, entre otros, se vuelven caóticos. El colapso es el fallo catastrófico de los sistemas *y* de sus componentes: los deja hechos escombros; un vertedero con todo tipo de sistemas inservibles: el transporte, las comunicaciones y los servicios cívicos. El colapso impide establecer unos cimientos sólidos (físicos, económicos, psicológicos, sociales y espirituales) para reconstruir un futuro prometedor de bienestar sostenible e inclusivo.

A continuación, propongo dos ejemplos gráficos de lo que podría significar para el mundo el colapso. En primer lugar, Venezuela. Lo que en su día fue uno de los milagros económicos de América del Sur gracias a una de las reservas de petróleo más grandes del mundo, se enfrenta desde hace unos años al colapso de su economía, con consecuencias devastadoras:

> Además, los desesperados empleados de la petrolera y los delincuentes han desmantelado el equipamiento imprescindible (vehículos, bombas y cables de cobre) para llevarse cualquier cosa e intentar ganar dinero. [...] Venezuela está postrada en la cuestión económica, rendida por la hiperinflación y un historial de mala gestión. El hambre generalizada, los conflictos políticos, una devastadora escasez de medicamentos que, junto con el éxodo de más de un millón de personas en los últimos años, han llevado al país (que supo ser la envidia económica de muchos de sus vecinos) a una crisis que se desborda de sus fronteras[21].

En segundo lugar, una descripción del colapso de Haití, donde las bandas controlan una gran parte del país:

> Con más de un tercio de los 11 millones de habitantes de Haití necesitados de alimentos, las bandas criminales han paralizado los envíos de combustible, lo que ha detenido

la actividad económica, el acceso a comida y la asistencia sanitaria. El gobierno no reacciona y se encuentra de forma continua en lucha contra las bandas que han tomado el control de vecindarios completos y de las principales carreteras. Una epidemia de secuestros se extiende sin control. El caos reina en casi todos los aspectos de la vida diaria. Por todas partes se denuncian matanzas, violaciones en grupo y ataques incendiarios violentos en los barrios[22].

Con la *destrucción*, los componentes de la vida permanecen intactos solo lo suficiente para poder ser recompuestos en nuevas configuraciones que puedan funcionar y, en ocasiones, incluso mejor que antes. Sin embargo, el *colapso* requiere la construcción de nuevos sistemas funcionales a partir de los escombros de unas infraestructuras en ruinas, unas instituciones hechas añicos y una ecología devastada.

La devastación a consecuencia de una guerra ilustra la capacidad de recuperación tras un colapso sistémico *siempre y cuando* el ecosistema funcional permanezca intacto. Un ejemplo claro es el periodo tras la Segunda Guerra Mundial, cuando se reconstruyeron las naciones desde los escombros. Alemania sufrió una devastación generalizada y el colapso de su economía, la sociedad y sus infraestructuras. Y, aun así, tras el periodo de posguerra se produjo una rápida reconstrucción. Lo que este ejemplo busca ilustrar es que el término «colapso» describe la destrucción casi completa de un país, de la economía o la sociedad, pero no significa el fin. Lo que emerge del proceso dinámico del colapso depende, sobre todo, de la capacidad de las personas para movilizarse de forma ágil y constructiva. De un modo similar, el camino que al final emerja de un colapso a nivel planetario va a depender sobre todo de la capacidad los ciudadanos de la Tierra de movilizarse con respuestas rápidas y creativas para construir un nuevo futuro.

Como yo lo imagino, tras el colapso y la ruptura de las naciones, el poder se repartirá entre un conglomerado inimaginable de grupos y comunidades, todos movilizados por su propia supervivencia. Podría surgir un entramado de comunidades y competencias sin una figura de referencia. Algunos podrían tener más poder bélico y acceso a armas poderosas, mientras que otros dispondrían de mayor capacidad económica gracias a su acceso a recursos y a personas capacitadas. Algunas comunidades podrían autogestionarse y organizarse, mientras que otras se encontrarían bajo el control de unos pocos «señores» y sus ejércitos. Es posible que la situación general sea de continuo regateo y comercio, lucha y consenso. La fragmentación será tal que nadie podrá alzarse sobre los demás y tomar el control total. La lucha por el poder en un mundo que demanda diferentes habilidades creará un crisol para el descubrimiento de nuevas formas de vivir. La destrucción y el colapso proporcionan las condiciones idóneas para una intensa experimentación. La competición feroz entre comunidades podría generar la aleación de un nuevo humano y sentar las bases para construir sociedades más grandes y regenerativas.

La naturaleza dinámica del colapso pone en relieve varias cuestiones: *¿los habitantes de la Tierra serán capaces de dar un paso adelante y detener la destrucción de la biosfera antes de que el planeta sea inhabitable?* Con el fin de preparar el terreno previo a una investigación más profunda, a continuación, se resumen de manera breve tres futuros posibles de la evolución del colapso:

- **Extinción funcional:** A consecuencia del calentamiento global sin control, se genera un clima inhabitable que causa la extinción de la mayoría de las formas de vida, combinado además con el colapso de las civilizaciones causado por la hambruna, las enfermedades y los conflictos. La devastación de los ecosistemas terrestres junto con la ruina catastrófica de las civilizaciones podría empujar a la humanidad a los límites de la existencia. Esta última podría considerarse «funcionalmente extinta» aunque siguiese viviendo en los límites de la supervivencia. La población y las capacidades estarían tan mermadas que dejaríamos de tener valor evolutivo. De hecho, la humanidad podría pasar de la extinción funcional a la extinción *total* si causamos tal alteración del clima en la Tierra que supere la capacidad de tolerancia biológica. En resumen, podríamos cocinarnos hasta morir y convertirnos en una especie extinta.

- **Autoritarismo:** Esta podría ser una alternativa arrolladora si la humanidad diera un paso atrás durante las primeras etapas del colapso planetario y aceptase formas de control muy invasivas. La inteligencia artificial podría favorecer formas más sofisticadas de monitoreo y control que reduzcan la severidad del colapso limitando de forma extrema las interacciones sociales. Las civilizaciones reguladas al extremo podrían establecerse como las predominantes, con un control estricto sobre los ciudadanos por parte de una autoridad que concentra el poder. Por consiguiente, la población pasaría a estar en manos de unos pocos.

- **Transformación:** Sería una posibilidad si la población estuviese preparada para adaptarse con agilidad y moverse hacia un futuro más sostenible, inclusivo y compasivo; con un alto nivel de madurez colectiva y una vida colaborativa. Con anticipación e imaginación podríamos llegar a moderar las consecuencias más extremas del colapso, además de despertarnos a una madurez que nos permita apoyar diferentes expresiones de inspiración y así construir un futuro válido y regenerativo.

Surgen tres ideas clave. En primer lugar, *las tres trayectorias comienzan con la destrucción y el colapso*. La diferencia no se encuentra en las tendencias que en un principio provocan el colapso, sino en cómo nos movilizamos en respuesta a esas tendencias en progresión. En segundo lugar, el colapso no es una condición individual. Es un proceso dinámico de cuya recuperación podemos emerger. Hasta el momento, la Tierra ha sufrido cinco extinciones masivas y la vida se ha recuperado tras cada una de ellas, por lo general, tras un periodo de millones de años. El desastre que ha causado la humanidad en la Tierra no implica el fin de la vida, pero podría significar un tiempo de recuperación medido en la escala de decenas de miles o incluso millones de años. Por otra parte, esto supondría la probable extinción de la humanidad, como ya sucedió en el pasado con los dinosaurios y muchas otras formas de vida. En tercer lugar, las tres posibles trayectorias se desarrollarán, en mayor o menor medida, en las próximas décadas de esta turbulenta transición, lo que nos lleva a una cuestión determinante: *¿cuál de los tres escenarios será el predominante en el tránsito hacia el futuro?* Tras esta introducción, vamos a explorar de forma breve cada una de las posibles trayectorias.

Futuro I: Extinción

El mundo tiene que despertar ante el peligro
inminente al que nos enfrentamos como especie.
—Inger Andersen, Directora Ejecutiva del Programa de Naciones Unidas para el Medioambiente

En esta trayectoria, el mundo continúa indiferente a la realidad, negando los grandes peligros que crecen a gran velocidad y se retroalimentan, provocando una crisis sistémica grave. La mayor parte del mundo desarrollado en lo material permanece absorta en un trance colectivo de consumismo, entregado a la idea de que somos individuos independientes, separados de la naturaleza y del universo. Aunque pueden emerger diversos movimientos que buscan transformar la sociedad y restaurar la ecología, son demasiado pequeños y débiles para alterar el estado de ensimismamiento y negación de la mayoría. El resultado es que somos incapaces de reconocer los peligros que acechan y vamos directos hacia el colapso y la extinción funcional. De nuevo, «colapso» no es una condición individual, sino un proceso dinámico que aumenta con gravedad creciente. Mi visión del espectro del colapso incluye cinco etapas, que van desde la destrucción inicial hasta la extinción total.

1. **Destrucción generalizada:** Los diferentes sistemas se deshacen y se destruyen. Las cadenas de abastecimiento de bienes y servicios se rompen. Cada vez funcionan peor los servicios esenciales como los cuerpos de policía y bomberos, el saneamiento, la educación y la sanidad. La temperatura continúa aumentando, las especies mueren, se producen migraciones masivas y la escasez de agua es crítica. La destrucción puede servir como un catalizador para una adaptación creativa, por lo que en esta etapa todavía existe potencial para retroceder y desarrollar formas más viables de vivir en la Tierra.

2. **Colapso en marcha:** Las cadenas de abastecimiento y los sistemas más importantes han dejado de funcionar en todo el mundo. Los ecosistemas fallan, los océanos ya no pueden albergar vida, la producción agrícola cae en picado y el hambre y las migraciones no dejan de aumentar. Todavía existe potencial para la regeneración de los sistemas humanos y los ecosistemas, pero cada vez es más costoso e inasequible. Aunque este escenario implica una herida profunda en el futuro de la Tierra y de la humanidad, todavía hay posibilidades de recuperación de este periodo tan destructivo.

3. **Colapso total:** Al profundo colapso de los sistemas humanos se le suma el daño irreparable a la biosfera. Es imposible regenerar los ecosistemas del pasado. En este caso, la reconstrucción parte de unos cimientos ecológicos y humanos dañados en profundidad, en un intento por crear una biosfera saludable a partir de los escombros.

4. **Extinción funcional:** Los humanos ya no somos una especie viable. El recuento espermático cae al mínimo y no somos

capaces de reproducirnos como especie. Las pandemias se suceden sin control, acabando con cualquier sostén para la supervivencia. El calentamiento global hace de la Tierra un lugar hostil y, en gran medida, inhabitable. El ecosistema general está devastado y mutilado hasta el punto de ser irreconocible. Existen grupos de humanos, pero su presencia es insignificante y los pocos que han sobrevivido están en constante lucha por la supervivencia en medio de las ruinas.

5. **Extinción total:** Los niveles crecientes de CO_2 elevan la temperatura a extremos que imposibilitan la vida en la Tierra para los humanos y otras especies de animales y plantas. Aparte del colapso en el recuento espermático de los humanos, diferentes fuerzas contribuyen al colapso y la extinción a gran escala, como la guerra nuclear generalizada; los sistemas de inteligencia artificial que se escapan del control humano; la ingeniería genética que produce variedades de especies de humanos hostiles a los humanos «normales»; o la desaparición de insectos polinizadores, con la consecuente extinción de plantas y diversas especies de animales[23]. Los esfuerzos por prevenir la extinción total fuerzan la ingeniería genética al extremo, para crear humanos de diseño, con alta tolerancia a las temperaturas extremas y resistentes a múltiples enfermedades[24]. Las armas de bioterrorismo pueden utilizarse para someter a la humanidad, con la amenaza de liberar patógenos si no se produce una redistribución masiva de la riqueza. Estos patógenos pueden descontrolarse y terminar de diezmar la población de la Tierra[25]. Tan solo quedarían fragmentos de vida, pero nuevas formas de vida podrían desarrollarse a partir de ellos tras decenas de miles o millones de años[26].

En un mundo que se dirige hacia el colapso total, podrían surgir dos formas de adaptación:

1. la adaptación *competitiva* o enfoque basado en la supervivencia, caracterizado por grupos enfrentados en una virulenta lucha permanente por los elementos básicos de la vida; y

2. la adaptación *compasiva* o enfoque basado en la bondad, caracterizado por ecocomunidades implicadas en el esfuerzo por una supervivencia pacífica y la restauración colaborativa de la ecología local.

Aunque el camino de la adaptación compasiva puede funcionar en las etapas iniciales del colapso, a medida que la lucha cruenta y los conflictos por los escasos recursos dominan el mundo, es probable que estas comunidades más amables sean atacadas y aplastadas por bandas bien armadas cuyo objetivo es hacerse con los bienes más preciados: la comida, las semillas, las plantas, los animales y las herramientas. Cuando la pelea por la supervivencia se haya extendido, será un verdadero reto conseguir aunar a la gente de forma civilizada y cooperativa. Podemos sacar una conclusión a partir de esta trayectoria: *debemos hacer todo lo posible para evitar caer en el colapso total, en el que las guerras por la supervivencia son la norma y las iniciativas por la transformación quedan relegadas.*

Para ilustrar cómo el colapso lleva a la extinción funcional, analicemos el ejemplo de la isla de Pascua. Cuando los primeros colonos polinesios llegaron hacia el año 500 a. C., la isla de Pascua era un paraíso cubierto de bosques, rico en fauna y flora, con un clima moderado y un suelo volcánico fértil. A medida que la población local prosperaba, su número pasó de unos pocos cientos a unos 7000 habitantes, que consumieron con rapidez los recursos de la isla más allá de su capacidad regenerativa. Las pruebas arqueológicas muestran que hacia el año 800 la destrucción de los bosques ya estaba en marcha, esto es, unos 300 años tras la llegada de los primeros colonos. Hacia el 1500, los bosques y las palmeras ya habían desaparecido, pues los habitantes deforestaron el terreno para destinarlo a la agricultura y usaron los árboles que quedaban para fabricar canoas, hacer fuego y construir sus hogares. El profesor de medicina de la UCLA Jared Diamond describe cómo la vida animal fue erradicada en la isla de Pascua.

> La destrucción de la fauna de la isla fue igual de extrema que la de los bosques: sin excepción, todas y cada una de las especies de aves autóctonas se extinguieron. Hasta el marisco se explotó en exceso, de manera que la gente acabó comiendo unos caracoles negros de menor tamaño. Los huesos de las marsopas desaparecieron prácticamente de los vertederos hacia el año 1500, ya nadie podía pescar marsopas, pues no quedaban árboles para la construcción de las grandes canoas que utilizaban para adentrarse en el mar[27].

La biosfera sufrió una devastación por encima de su capacidad de recuperación a corto plazo. Cuando los bosques se agotaron, la pesca en el océano se hizo imposible y los animales desaparecieron a consecuencia de la caza, los habitantes comenzaron a enfrentarse entre ellos. La autoridad central fue derrocada y la isla se sumió en el caos, con grupos rivales que vivían en cuevas y competían entre ellos por la supervivencia. Al final, según las palabras de Diamond, «los isleños se volvieron hacia la principal fuente disponible hasta entonces no utilizada: *los seres humanos*, cuyos huesos se volvieron habituales [...] en basureros de la isla de Pascua de épocas posteriores. Las tradiciones orales de los isleños están obsesionadas con el canibalismo». La única fuente de alimentos silvestres cuya disponibilidad quedó inalterada fueron las ratas. Para 1700 el tamaño de la población se había reducido entre una cuarta y una décima parte. Cuando un explorador holandés visitó la isla el domingo de Pascua de 1792, lo que encontró fue una tierra baldía desprovista de vegetación y fauna. Cook describió a los habitantes de la isla como «pequeños, enjutos, tímidos y pobres»[28].

Las similitudes entre la isla de Pascua y la Tierra son enormes: la primera era una isla rebosante de vida en medio de un vasto océano de agua. La Tierra es una isla rebosante de vida en medio del vasto océano que es el espacio. El ejemplo de la isla de Pascua debería resultarnos claro a niveles aterradores, pues como concluye Diamond, la isla de Pascua es la Tierra a pequeña escala:

> Cuando los habitantes de la isla de Pascua se vieron en dificultades no había ningún lugar al que pudieran huir ni al que pudieran recurrir en busca de ayuda; tampoco nosotros, los modernos terrícolas, podemos recurrir a ningún otro lugar si se agudizan nuestros problemas. [...] Si bastaron solo varios millares de isleños de Pascua utilizando únicamente herramientas de piedra y su propia fuerza muscular para destruir su medioambiente y, con ello, hacer desaparecer su sociedad, ¿cómo miles de millones de personas con herramientas de metal y la fuerza de las máquinas no consiguen hacerlo peor en la actualidad?[29].

Como muestra el ejemplo de la isla de Pascua, los humanos ya hemos demostrado, a pequeña escala, nuestra capacidad para destruir la biosfera de manera irreparable y caer en el colapso funcional.

Futuro II: Autoritarismo

En esta trayectoria, reconocemos los peligros de una extinción causados por una crisis sistémica y, para controlarlos, la humanidad sacrifica libertades individuales y derechos humanos a cambio de la seguridad que prometen las sociedades y comunidades autoritarias. Las democracias son, por lo general, complejas y lentas, mientras que los gobiernos autoritarios actúan de forma ágil y con escasa preocupación por la opinión de los ciudadanos. En caso de crisis, esto simplifica la toma de decisiones y permite actuar con rapidez. Entre las desventajas de un gobierno autoritario se encuentran: la opresión de las minorías, la supresión de libertades como la de asociación o expresión y la limitación de la innovación creativa. Estas sociedades también conllevan mayores tasas de enfermedad mental y disminución de la actividad física y de la esperanza de vida[30].

Para controlar a la población de cerca, las dictaduras digitales utilizan tecnologías informáticas muy potentes que integran en una amplia variedad de campos (la economía, lo social, la medicina, la educación, el empleo, etc.). En esta trayectoria, el mundo evita el colapso más devastador mediante la estricta limitación de casi todos los aspectos de la vida, lo que consigue frenar el descenso hacia el caos. Las tendencias del colapso ecológico, social y económico son sometidas a un estricto control y pueden detenerse antes de que se produzca el colapso ruinoso que nos lleve a la extinción funcional. Es un futuro de restricciones y conformismo.

Un ejemplo que se cita con frecuencia es el de China, donde se ha creado una dictadura digital mediante el uso de puntuaciones de «crédito social». Esto se combina con sistemas de reconocimiento facial y otras tecnologías que monitorean y controlan a los ciudadanos, junto con una batería de castigos y recompensas[31]. Los teléfonos móviles y el acceso a internet constan de un número único que los hace rastreables. El abanico de infracciones que disminuyen la puntuación de confianza social abarca desde faltas menores (cruzar la calle de forma imprudente o jugar a videojuegos demasiado tiempo) hasta infracciones mayores (como fomentar las noticias falsas, «tener ideas infectadas con pensamientos nocivos» y la actividad criminal). Las opciones de castigo van desde la humillación pública, con la publicación del nombre y la fotografía, hasta la limitación de las oportunidades laborales, menores oportunidades educativas para ti o tus hijos, acceso limitado a medicina de calidad, menor velocidad de internet y mucho más. Entre los premios se encuentran mejores opciones laborales, mejores opciones de viaje (como avión en lugar de autocar), descuentos en las facturas de electricidad, facilidades en el acceso a hoteles e incluso mejores emparejamientos en sitios web de citas. El desarrollo de la inteligencia artificial permite que los castigos y los premios de cada individuo sean calculados de forma continua, con el fin de crear una sociedad con una supervisión, unas reglas y un control estrechos. El gobierno ejerce un férreo control sobre la opinión pública y del discurso mediante la prohibición de ciertos temas en las fuentes de noticias y la promoción de «temas prosociales»; el monitoreo generalizado de las conversaciones de internet o la limitación selectiva de reuniones en persona de más de tres individuos; entre otros. El resultado es una sociedad observada, escudriñada y controlada al extremo, que vive dentro de los límites de la ecología a expensas de sus libertades.

Es importante destacar que China no es el único país en el camino del autoritarismo digital. El planteamiento del gobierno Chino de «la gran muralla digital» para internet, se está extendiendo a otros países como Rusia, la India, Tailandia, Vietnam, Irán, Etiopía y Zambia[32]. Incluso en algunos de tradición democrática como Estados Unidos, una proporción significativa de la población (en 2021 se estimó que hasta el 20 % de sus ciudadanos) aceptaría sacrificar ciertas libertades civiles a cambio de soluciones autocráticas que pudiesen asegurar la ley y el orden en caso de fractura social[33].

Aunque ya existen diversas naciones con gobiernos autoritarios consolidados, es difícil predecir si serán capaces de resistir a largo plazo en un planeta que está alcanzando niveles destructivos de cambio climático, escasez de agua y alimentos, extinción de especies y otros aspectos propios del camino hacia el colapso sistémico. Los países que ahora gobiernan con mano de hierro podrían desmoronarse y dar paso a feudos que rivalizan por mantener el control autoritario a pequeña escala. O incluso peor: podrían caer en dictaduras absolutistas, dirigidas por líderes individuales, narcisistas y con pocos escrúpulos a la hora de tomar decisiones.

Futuro III: Transformación

La trayectoria transformadora comienza igual que las demás: la destrucción persiste y genera un proceso dinámico de colapso. Sin embargo, antes de acabar en la extinción funcional o rendir nuestras libertades al autoritarismo, los habitantes de la Tierra podríamos reconocer el enorme peligro ante el que nos encontramos y alejarnos de esos dos destinos. En su lugar, podríamos transitar el camino que nos lleva hacia un mundo en transformación ¡Es más fácil decirlo que hacerlo! Una trayectoria transformadora necesita mucho más que energía renovable, un cambio en la alimentación, coches eléctricos y el equivalente a familias de un solo hijo. También necesitamos fuerzas poderosas de crecimiento evolutivo para transformar una crisis sistémica en un mundo al servicio del bienestar de todas las formas de vida.

La última parte de este libro (Parte IV) consiste en la descripción extensa de esas fuerzas poderosas, prácticas e inspiradoras que son necesarias para crear una Tierra en transformación. A continuación, hago un breve resumen de ellas:

Siete fuerzas inspiradoras

1. **Elegir la vitalidad:** Cambiamos la mentalidad de separación y explotación en un universo inerte por un pensamiento de comunidad y cuidados en un universo vivo. Vivir en el ahora junto con el propio hecho de estar vivos se convierte en nuestra fuente de significado y propósito.

2. **Elegir la consciencia:** Al mirar nuestro paso por la vida con una consciencia reflexiva y atención a lo que nos rodea, podemos salir de la burbuja del materialismo y participar en la vida de una forma compasiva.

3. **Elegir la comunicación:** Al utilizar herramientas para establecer una comunicación del nivel local al global, creamos un sentimiento de comunidad que fluye en esa dirección y alcanzamos el consenso en nuestro camino hacia el futuro.

4. **Elegir la madurez:** Al evolucionar desde una mentalidad adolescente y egoísta a una madurez en la que nos preocupamos y nos implicamos con el bienestar de todas las formas

de vida, creamos las bases psicológicas para un futuro en transformación.

5. **Elegir la reconciliación:** Al reconocer el racismo estructural, las desigualdades extremas de riqueza y bienestar, la división por cuestión de género y la discriminación en general, podemos buscar una solución y un espacio compartido en el que prevalezcan la cooperación y la colaboración.

6. **Elegir la comunidad:** Al buscar la seguridad y el sentimiento de pertenencia en un mundo en colapso, reconstruimos las comunidades desde la base y redescubrimos el sentimiento de hogar dentro del mundo.

7. **Elegir la simplicidad:** Al dejar de lado el consumismo sin control como nuestro objetivo en la vida, nos decantamos por una simplicidad en la que agradecemos el mero hecho de estar vivos y elegimos vivir en equilibrio con el bienestar de todas las formas de vida

Esto no es una invención. Todas y cada una de estas fuerzas inspiradoras han sido reconocidas. El reto es activar y movilizar las que están presentes en nosotros y a nuestro alcance. Para que se produzca una transformación profunda y duradera es vital la sinergia de estos dos tipos de cambios: por un lado, los cambios materiales (como la proliferación de la energía solar, nuevos patrones de alimentación, la reducción del tamaño familiar, nuevas formas de trabajar, etc.) y, por otro lado, los cambios invisibles (como la maduración como especie, la concienciación, la reconciliación, etc.). La intersección de este conjunto de cambios generará un periodo de transición dinámico y turbulento a medida que la inercia del pasado se convierta en una nueva dinámica para un futuro en transformación. En la superficie, podría parecer que son tiempos de confusión y caos; sin embargo, las corrientes de cambio trabajan a un nivel más profundo, entrelazando e inspirando al mundo para alcanzar un nivel superior de coherencia, potencial y propósito.

La trayectoria transformadora emerge del colapso y, para que el crecimiento evolutivo pueda hacerse visible al mundo, la paciencia y la persistencia son imprescindibles. Aunque esta trayectoria es muy exigente, pues demanda un nuevo nivel de madurez, de reconciliación y de consciencia por parte de la humanidad, todavía estamos a tiempo para elegirla.

Reconocer los diferentes campos en los que los humanos llevan tiempo colaborando con éxito puede ayudarnos:

- *Meteorología*: el sistema de previsión meteorológica a nivel global combina a diario datos de más de cien países para proporcionar información en todo el mundo.

- *Sanidad*: muchos países a lo largo y ancho del planeta han colaborado para erradicar enfermedades como la viruela, la polio y la difteria.

- *Viajes*: los acuerdos de aviación internacional aseguran el correcto funcionamiento del transporte aéreo global, mientras que la cooperación entre países ha permitido que un consorcio de naciones construya la Estación Espacial Internacional.

- *Comunicaciones*: la Unión Internacional de Telecomunicaciones (UTI, por sus siglas en inglés) distribuye el espectro electromagnético para que no se produzca ruido en las señales de televisión y de radio o en los teléfonos móviles.

- *Justicia*: Está surgiendo un sistema ético global a medida que las cortes y los tribunales del mundo responsabilizan a los jefes de estado por sus políticas genocidas, la tortura y los crímenes contra la humanidad.

- *Medioambiente*: A pesar de la demora en la acción climática, las naciones del mundo han alcanzado acuerdos muy importantes en cuestiones climáticas, como prohibir los CFC que dañan la capa de ozono de la atmósfera.

Estos ejemplos de la colaboración exitosa en la comunidad humana proporcionan un contexto muy sólido desde el que mirar al futuro: ilustran la capacidad de la humanidad para elevarse a una madurez superior y trabajar de forma conjunta y efectiva.

Situar las tres trayectorias posibles una junto a la otra, nos ayuda a ver las similitudes y las diferencias. La principal diferencia entre estos tres posibles futuros no son las tendencias subyacentes sino las decisiones que los humanos tomemos. Ninguna de las tres trayectorias es más probable que las demás, y que prevalezca una u otra va a depender de nuestras decisiones conscientes o aquellas que, de manera inconsciente, dejemos de tomar. Por lo tanto, una trayectoria de transformación que nos haga crecer no es una predicción, sino la descripción plausible de una decisión colectiva y un cambio en la consciencia, que podríamos llevar a cabo como sociedad global en respuesta a la destrucción y al colapso dinámico.

Una de nuestras principales capacidades como especie es la de mirar más allá, anticipar lo que podría suceder y responder con agilidad. Si usamos la imaginación colectiva para visualizar el mundo inhabitable que estamos creando, no es necesario vivir ese futuro como una realidad tangible para aprender la lección. Podemos integrar las enseñanzas a partir de un mundo imaginado y elegir de forma consciente una trayectoria diferente. Hemos comenzado a imaginar vívidamente los futuros en los que no queremos habitar. A su vez, no es necesario que el calentamiento global derrita los casquetes polares y que las ciudades costeras se inunden para que despertemos y decidamos que ese no es el futuro que deseamos. No es necesario que matemos a millones de especies de animales y plantas antes de decidir que una biosfera depauperada y estéril no es el futuro que elegimos. No es necesario que nos rindamos al mandato autoritario y la dictadura digital antes de decidir que las libertades humanas son los bienes más preciados para una evolución consciente. Si ponemos en marcha la imaginación colectiva y visualizamos con más claridad las trayectorias que se abren ante nosotros, podemos avanzar de forma consciente hacia un futuro distinto, y no tras años de retraso y ensimismamiento.

Figura 2: Tres trayectorias para la humanidad

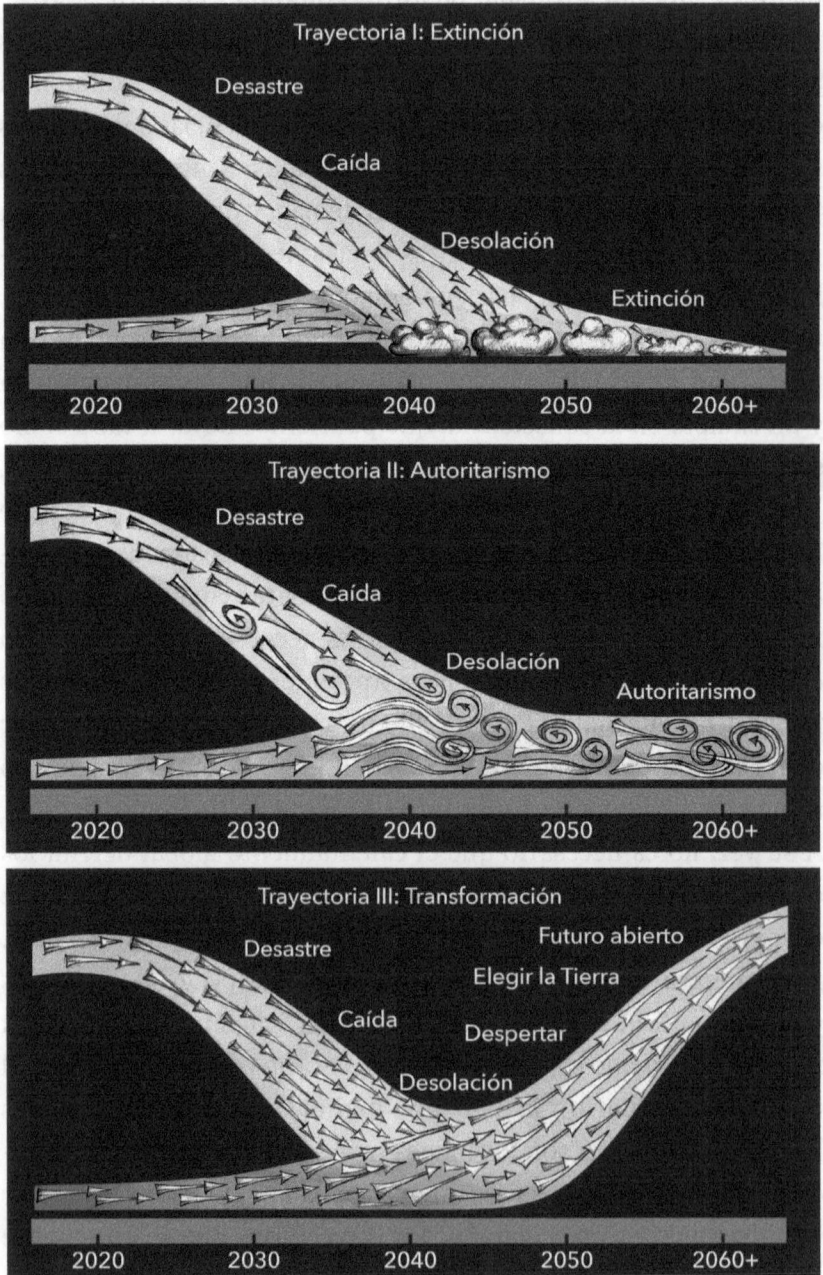

Trayectoria I: Extinción
Desastre
Caída
Desolación
Extinción
2020 | 2030 | 2040 | 2050 | 2060+

Trayectoria II: Autoritarismo
Desastre
Caída
Desolación
Autoritarismo
2020 | 2030 | 2040 | 2050 | 2060+

Trayectoria III: Transformación
Desastre
Futuro abierto
Elegir la Tierra
Caída
Despertar
Desolación
2020 | 2030 | 2040 | 2050 | 2060+

PARTE III

Etapas de iniciación y transformación

La Tierra vista desde la sonda espacial Voyager desde unos 6000 millones de kilómetros

Echemos otro vistazo a ese puntito. Ahí está. Es nuestro hogar. Somos nosotros. Sobre él ha transcurrido y transcurre la vida de todas las personas a las que queremos, la gente que conocemos o de la que hemos oído hablar y, en definitiva, de todo aquel que ha existido. En ella conviven nuestra alegría y nuestro sufrimiento, miles de religiones, ideologías y doctrinas económicas, cazadores y forrajeadores, héroes y cobardes, creadores y destructores de civilización, reyes y campesinos, jóvenes parejas de enamorados, madres y padres, esperanzadores infantes, inventores y exploradores, profesores de ética, políticos corruptos, *superstars*, «líderes supremos», santos y pecadores de toda la historia de nuestra especie han vivido ahí, sobre una mota de polvo suspendida en un haz de luz solar.

— Carl Sagan

Resumen De Los Escenarios De La Iniciación De La Humanidad De 2020 A 2070

Década de 2020. El gran desastre: destrucción

Las grandes instituciones comienzan a resquebrajarse y desmoronarse. La **economía** mundial se fragmenta y falla en todos los niveles: local, nacional y global. La **ecología** terrestre, la marina, la fauna y la flora corren grave peligro. Todos los sistemas **sociales** también fallan: la población deja de creer en ellos, pierden legitimidad y aumentan las divisiones. Las instituciones **académicas** se alejan cada vez más de las necesidades educativas de los estudiantes para vivir de una forma efectiva en nuestro planeta en proceso de cambio. Los **medios de comunicación** fomentan el consumismo y explotan el miedo y la distracción. Las instituciones **religiosas** dejan de ser una fuente de búsqueda de significado y entendimiento en un mundo en descomposición.

Década de 2030. El gran colapso: caída libre

El mundo se encuentra en situación de profundo sobrepaso. Las exigencias que ha hecho la humanidad a la biosfera han superado el sostén que esta ofrece gracias a su capacidad regeneración y renovación. No podemos continuar con los patrones del pasado. Los hilos que conectan a las diferentes civilizaciones se rompen y caemos hacia el colapso. El complejo aparato de un mundo que vive muy por encima de sus medios materiales obliga a la humanidad a enfrentarse a una ecología que colapsa con serios cambios climáticos, extinciones masivas de animales y plantas, la disminución de la producción de alimentos, el aumento de las hambrunas y las enfermedades, conflictos generalizados, y mucho más.

Década de 2040. La gran iniciación: desolación

El colapso del mundo acarrea profundos sentimientos de pérdida, tristeza, duelo y culpabilidad. El cambio climático, la extinción de especies, el agotamiento de los recursos y las migraciones masivas, entre otros, son fuente de conflictos que se extienden por todo el planeta. El mundo está fuera de control, lo que causa una gran mortandad y un terrible sufrimiento, pues millones de humanos, animales y plantas perecen en todo el planeta.

Década de 2050. La gran transición: adultez temprana
De forma colectiva despertamos a la realidad de un sistema planetario que colapsa. Nuestras opciones son rendirnos ante la extinción funcional de la vida humana o avanzar hacia la madurez colectiva. Reconocemos la responsabilidad común de trabajar por el bienestar de la vida humana: pobres y ricos, en el norte y el sur y más allá de la raza, entre otros. Los movimientos de regeneración crecen a todas las escalas: ecoaldeas, ciudades de transición y ecocivilizaciones; y comenzamos a construir los cimientos para una nueva forma de habitar la Tierra.

Década de 2060. La gran liberación: elegir la Tierra
De la inmensidad de las pérdidas emerge una nueva madurez humana y la determinación colectiva de comunicación y colaboración para encontrar nuevas formas de vivir en el planeta. Mediante conversaciones a nivel de especie, elegimos la Tierra como nuestro hogar y nos comunicamos de nuevas maneras con el fin de sortear la curva evolutiva y dejar atrás la destrucción en busca de un futuro inspirador. A lo largo y ancho del planeta se producen grandes esfuerzos de innovación y restauración.

Década de 2070. El gran viaje: un futuro abierto
Comienzan a emerger una consciencia a nivel planetario y una especie-civilización. Cuando reconocemos la posibilidad de elevarnos como especie o caer juntos, elegimos ascender hacia un nuevo sentimiento de humanidad como una comunidad global. Se abre ante nosotros una nueva trayectoria para restaurar la integridad de la vida en la Tierra.

Escenario de transformación completo

Dejamos de lado las tres posibles trayectorias y pasamos a tratar el futuro en transformación en profundidad. Las trayectorias de «extinción» y «autoritarismo» son de sobra conocidas pues ya las vemos emerger en el mundo. Sin embargo, un futuro en transformación es diferente porque representa un paso evolutivo hacia lo desconocido. Dado que nunca nos hemos aventurado en esta trayectoria, no tenemos una idea predeterminada sobre ella. Sus cimientos son la combinación del poder de las fuerzas inspiradoras que conocemos de manera individual, pero que nunca hemos imaginado, convergiendo en una fuerza colectiva de evolución. A continuación, un párrafo de mi libro *The Living Universe* (2009) ofrece una pequeña muestra de una visión transformadora del futuro:

> El sufrimiento, el malestar y la angustia de estos tiempos serán el fuego purificador que queme los viejos prejuicios y hostilidades para limpiar el alma de nuestra especie. No espero un único momento especial en el que la reconciliación se extienda sobre el planeta; en cambio, oleadas de catástrofe ecológica reforzarán periodos de crisis económica, y ambos se verán amplificados por episodios de agitación civil. Las crisis y los conflictos no escalarán de forma lineal y progresiva, sino que habrá periodos de reconciliación momentánea, seguidos por épocas de desintegración y, de nuevo, reconciliación. En el proceso de dar a luz una civilización sostenible, la humanidad avanzará y retrocederá en ciclos de contracción y relajación. Solo cuando estemos extenuados al extremo, quemaremos las barreras que nos separan de nuestra totalidad como una gran familia humana. Con el tiempo, comprenderemos que tenemos la difícil elección de quedarnos con una civilización herida de gravedad (incluso muerta) o alumbrar una familia humana y una biosfera dañadas, pero, aun así,

sanas. Cuando entendamos y aceptemos la responsabilidad de esta elección ineludible, podremos trabajar para descubrir un sentimiento común de realidad, identidad y finalidad social. Descubrir este nuevo sentimiento común será una tarea exigente al extremo. Tan solo cuando hayamos agotado toda esperanza de soluciones parciales, estaremos dispuestos a avanzar con la mente y el corazón abiertos hacia un futuro de desarrollo basado en el apoyo mutuo. En última instancia, al atravesar la iniciación podremos madurar como especie y dejar atrás nuestra actitud adolescente para alcanzar la adultez temprana y, de manera consciente, hacernos responsables de nuestra relación con la Tierra, con el resto de las formas de vida y con el universo[34].

Este párrafo no describe con detalle la naturaleza de los cambios transformadores ante los que nos encontramos. Para crear un escenario más sólido del futuro, a continuación, describo cada década de tres maneras distintas:

1. Un **resumen** de la década. Es fácil perderse en los detalles, por eso el resumen ofrece una visión general de cada una.

2. Una revisión de **las tendencias predominantes** más importantes de cada década. Esta es la información más objetiva y contundente de las fuentes más fiables que he podido encontrar, con la idea de desarrollar una visión detallada de los principales retos a los que nos vamos a enfrentar. Las tendencias predominantes son el esqueleto, o marco analítico, para el crear el escenario.

3. Un **escenario**, o historia, que describe cómo se desarrolla la década. Esta es la «carne» de una descripción más subjetiva acerca de ese desarrollo. Las tendencias detalladas se entretejen en una narrativa realista sobre el futuro.

Basándome en las mejores estimaciones científicas disponibles, he identificado ocho tendencias predominantes que son comunes a cada década:

1. Calentamiento global y alteración del clima

2. Escasez de agua

3. Escasez de alimentos

4. Refugiados climáticos

5. Extinción de especies

6. Población mundial

7. Crecimiento o destrucción de la economía

8. Desigualdades económicas

Mientras que las investigaciones sobre el futuro suelen tener en cuenta solo algunas de las tendencias predominantes, yo he considerado las ocho y la interacción entre ellas a lo largo de las próximas décadas. Además, desarrollo los *siete factores inspiradores*: la «carne» que rellena las descripciones del esqueleto. Al combinar estos quince factores predominantes, el escenario que surge es rico en detalles. Este abordaje no garantiza «las respuestas correctas» sobre el futuro, sin embargo, ofrece una aproximación ordenada que permite desarrollar una visión realista de la trayectoria de crecimiento que podría emerger tras estas décadas oscuras.

Es importante reconocer que la división del escenario en incrementos de diez años es arbitraria. El mundo es un lugar complicado y desordenado, que no divide su progresión en décadas de desarrollo perfectas y convenientes. Además, hemos entrado en un momento turbulento y caótico de la transición planetaria en el que intervienen elementos inesperados, como la aparición repentina de la pandemia global de covid, que pueden hacer saltar por los aires todas las expectativas. Por eso hay una buena razón para tener cautela al dividir el futuro en décadas ordenadas.

Puesto que la confianza en los datos sobre las tendencias disminuye a medida que examinamos en profundidad el futuro, las primeras décadas se sustentan en cifras y análisis científicos más sólidos. Como ya se ha mencionado, *las tres trayectorias, extinción, autoritarismo y transformación comienzan con las mismas fuerzas predominantes.* La diferencia entre ellas no son las tendencias originales, sino la respuesta de la comunidad humana a dichas tendencias. *El futuro en transformación se abre porque levantamos la mirada y nuestro corazón despierta para que, como especie, alcancemos un propósito y un potencial más elevados.*

Explorar un escenario transformador es un ejercicio de imaginación social exigente, que requiere compasión, persistencia y paciencia. *Es un trabajo difícil.* Debemos poner en marcha cada una de nuestras facultades para crear una imagen clara del futuro, una visión que incluya tanto las penas y las pérdidas como los factores inspiradores, tales como la maduración y el despertar colectivos, que permitan convertir la adversidad implacable en una oportunidad realista. Aunque analizar los próximos cincuenta años es un verdadero reto, ofrece el potencial para visualizar una iniciación profunda y un ritual de paso para nuestra especie.

Quiero detenerme un momento para reconocer tu valentía al decidir leer este libro. Lees en representación de todas las formas de vida. Doy por hecho que eres una persona con una inteligencia curiosa y un corazón compasivo. Doy por hecho que te preocupas por la vida, por la gente, por la naturaleza y por la Tierra. Doy por hecho que, de forma intuitiva, sientes cómo el futuro llama a aquellos que están despiertos en el presente para ser testigos de lo que se está desarrollando en la Tierra. Ser parte de este tiempo en transformación sin precedentes es un regalo para el futuro. Hasta hace muy poco, no mucha gente era consciente de la dinámica de colapso en la que se encuentra la civilización humana y que está creando una iniciación profunda para nuestra especie. Ya somos conscientes de la iniciación que está en progreso, y conocer esto puede marcar la diferencia al elegir la trayectoria a seguir. Honro tanto tus sentimientos de pérdida, así como tu gratitud por la vida que continúa. Respeto tu voluntad de ver lo que se está desplegando. Al hacerlo, contribuyes con un nuevo tipo de ser humano que puede servir al bienestar de todas las formas de vida. Gracias por ser un servidor fiel de nuestro futuro en transformación.

Década de 2020. El gran desastre: destrucción

Resumen

En la década de 2020, la gran transición se pone en marcha a medida que la humanidad despierta a la innegable realidad de la crisis aguda mundial a la que se enfrenta. De forma gradual, asumimos que no es un problema aislado, sino que tenemos ante nosotros una crisis sistémica que exige cambios profundos en nuestra forma de vivir en la Tierra. Como colectivo, no llegamos a esta conclusión de forma rápida o fácil. La humanidad entra en una década clave muy dividida. Poco a poco, una parte de la población abre los ojos a la realidad de que la crisis sistémica a la que nos enfrentamos es mucho más grave que la alteración del clima.

Durante esta década, el calentamiento global empeora las sequías, los incendios, las inundaciones y las tormentas en todo el mundo. Ya se han activado medidas para afrontar el aumento de CO_2, pero el ritmo de innovación es mucho más lento del que sería necesario para estabilizar la temperatura global. Vamos camino de la catástrofe climática. La escasez de agua es una fuente de preocupación para casi la mitad de la población mundial. Los acuíferos han sido explotados hasta quedar secos en Estados Unidos, la India y otras partes del mundo. Cada año varios millones de personas se convierten en refugiados climáticos en busca de áreas con mayor disponibilidad de recursos. Las especies animales y vegetales rozan sus límites, incapaces de migrar con facilidad en respuesta al rápido cambio climático. Las cadenas de abastecimiento económicas se están destruyendo.

Las instituciones de todo tipo (económicas, políticas, académicas, sanitarias, etc.) son incapaces de hacer cambios a la velocidad necesaria. La mayoría de los líderes están centrados en proteger su riqueza, su estatus y sus privilegios. Se preocupan más por perpetuar sus instituciones que por proteger el bienestar de todas las formas de vida. La pérdida profunda de confianza en los dirigentes sigue creciendo entre las generaciones más jóvenes. La mayoría sienten que están «condenados» y que su futuro a largo plazo ha sido abandonado a cambio del beneficio a corto plazo de las generaciones previas.

De forma creciente, se cuestiona la mentalidad materialista, consumista y capitalista, pero sigue siendo insuficiente dado el poder económico y político de aquellos que acumulan la riqueza. A nivel global, las diferencias de riqueza son extremas: el 10 % de la población mundial dispone del 76 % del total de la riqueza mientras que el 50 % de la población tiene acceso tan solo al 2 % de esta. En otras palabras, el 10 % del mundo acumula tres cuartas partes de la riqueza total y deja a la mitad inferior de la población mundial tan solo un pequeño porcentaje[35]. En relación con el cambio climático, estas desigualdades no solo muestran la disparidad en el bienestar económico, sino que también reflejan grandes diferencias en las emisiones de CO_2. Los ricos son responsables de la emisión de una cantidad desproporcionada de carbono. Cada vez parece más improbable que nuestro mundo pueda trabajar como un todo integrado y colaborativo mientras existan diferencias tan extremas. Aplicar un impuesto sobre la riqueza y otro sobre las emisiones es importante si queremos hacer una transición hacia un mundo de bajas emisiones de carbono, ofrecer una sanidad y educación adecuadas, y restaurar la salud del planeta. Aunque la necesidad de una mayor equidad es enorme, la resistencia a ella es todavía mayor. Es posible que el sistema económico que sustenta semejante desigualdad colapse bajo el peso de esta alteración. Es insostenible.

La revolución de las comunicaciones continúa a un ritmo acelerado, con conexiones de alta velocidad que se extienden por Estados Unidos y crecen en todo el planeta. Dos tercios de la población total tiene acceso a internet a comienzos de la década, cifras que alcanzan los tres cuartos hacia el final. Sin embargo, el contenido de las comunicaciones está dirigido sobre todo al consumo y promueve una mentalidad adolescente y egoísta, centrada en la inmediatez.

En general, en esta década aumentan los conflictos, a medida que la gente se repliega en grupos en función de la raza, la etnia, la religión, la riqueza y la orientación política. A pesar del avance de la destrucción, la principal preocupación es volver a la antigua normalidad y continuar como de costumbre.

Revisión de las tendencias predominantes en la década de 2020

- **Calentamiento global:** Un aumento de 1,2 °C de la temperatura global (cerca de 2 °F) en el año 2020 es una prueba clara de que una alteración grave del clima está en marcha. A los científicos les preocupa que un aumento de 1,5 °C cause una inestabilidad del clima mayor a la prevista[36]. Las proyecciones más alarmantes estiman que para el final del siglo se habrá producido un aumento de la temperatura catastrófico en el rango de los 3 °C.

  Las implicaciones para el calentamiento global son terribles; por ejemplo, en un informe especial del Panel Intergubernamental sobre el Cambio Climático (IPCC, por sus siglas en inglés) de 2019, se reconocía que la mitad de las megaciudades del mundo, con casi 2000 millones de habitantes, están ubicadas en costas vulnerables. Incluso aunque el aumento de la temperatura global se limitase a 2 °C, la previsión de los científicos es que el aumento del nivel del mar cause <u>daños por varios trillones</u>

de dólares cada año, además de la migración de varios millones de personas desde las regiones costeras[37]. Este informe especial ofrece una imagen funesta del futuro a largo plazo:

Hemos esperado demasiado tiempo para reducir las emisiones y tendremos que lidiar con unos efectos que ya son inevitables. Sin embargo, la diferencia entre reducir de forma drástica las emisiones o continuar normalizando la situación es clara: en el escenario de bajas emisiones, afrontar las consecuencias del cambio climático será costoso, pero posible; no hacer nada tendrá efectos catastróficos irreparables[38].

El nivel del mar continuará subiendo durante cientos, quizá miles, de años, incluso si reducimos las emisiones a cero en este momento[39]. A pesar de las claras señales de aviso de la catástrofe, las emisiones de CO_2 continúan aumentando[40]. Esto genera preocupación ante la posibilidad de crear unas condiciones de «Tierra-invernadero» (*hothouse Earth*, en inglés) como jamás hemos experimentado[41].

Además del aumento de la temperatura, que conlleva el calentamiento de los océanos, el hundimiento de los glaciares y la acidificación del mar, el calentamiento global también conduce a nuevos extremos de los fenómenos meteorológicos: tormentas, lluvias, inundaciones y sequías, que afectan de gravedad a la agricultura y a los hábitats[42]. La previsión es que estos cambios se intensifiquen a lo largo del siglo XXI y en adelante.

El calentamiento global también tiene un impacto directo en la salud. Un informe de la Organización Mundial de la Salud declara: «La crisis climática es una crisis sanitaria [...] que agrava la malnutrición y alimenta la propagación de enfermedades infecciosas como el paludismo. Las mismas emisiones que provocan el calentamiento del planeta son responsables de más de una cuarta parte de las defunciones por infarto de miocardio, accidente cerebrovascular, cáncer de pulmón y neumopatías crónicas»[43].

- **Pandemias:** Por diversas razones, es más probable que las pandemias (enfermedades que se diseminan en todo el mundo) se produzcan en un contexto de calentamiento global.

  1. A medida que las regiones heladas del planeta se derriten por el calentamiento global, se liberan virus que habían permanecido inactivos durante decenas de miles de años. En los periodos glaciales previos, es posible que tanto los humanos como los animales hayan disminuido la resistencia a enfermedades y aumentado la vulnerabilidad a las infecciones.

  2. Nuevas pandemias aparecen a medida que los avances económicos permiten un crecimiento desmesurado de la población, con grandes grupos de gente viviendo junto a animales salvajes, lo que favorece la transmisión de enfermedades zoonóticas.

  3. Gracias a los avances tecnológicos y a las mejoras en la movilidad, la confluencia de personas y animales salvajes por todo el mundo proporciona a los virus una forma de desplazarse por todo el planeta a gran velocidad. El alcance y la velocidad de los viajes en la era moderna dificultan la aplicación y el cumplimiento de periodos de cuarentena.

  4. Los avances tecnológicos favorecen la fabricación y modificación de patógenos por terroristas, con el fin de crear armas biológicas y usarlas como amenazas de pandemia.

Es posible que las pandemias (como la causada por el coronavirus) se conviertan en un problema recurrente en un mundo que se calienta a gran velocidad[44]. Aunque es poco probable que estas sean el catalizador del colapso global de la civilización, ponen en relieve la vulnerabilidad de unos sistemas sociales y económicos estrechamente interconectados como los nuestros. Además, también son un ejemplo convincente de la necesidad de una colaboración madura a nivel planetario. La pandemia del covid le ha abierto los ojos a la humanidad sobre la vulnerabilidad colectiva y demuestra cómo una respuesta contundente de tan solo unas pocas naciones no será suficiente. En este mundo lleno de desplazamientos, las nuevas variantes del virus se pueden diseminar por el mundo en cuestión de semanas. Para detenerlas antes de que esto suceda, es necesario que la mayoría de la población se vacune casi al mismo tiempo: una respuesta global a una amenaza global. El covid está despertando una consciencia colectiva global mientras lidiamos con la respuesta. Sin embargo, hay diferencias determinantes entre la crisis climática y las pandemias. Aunque las últimas nos muestran que todos estamos conectados en la red de la vida en el planeta, es frecuente que las percibamos como algo aislado, cercano e inmediato, como una amenaza personal y a la propia familia. En cambio, la alteración del clima es una amenaza a la sociedad y a la economía mucho más compleja, interconectada en profundidad, distante, vaga y general. Las acciones necesarias para responder a una crisis climática no son sencillas y los beneficios de dichas acciones son más inciertos y menos inmediatos. La ambigüedad y la incertidumbre hacen mucho más difícil alcanzar una respuesta unificada y emprender acciones decisivas en favor del clima. A pesar de estas diferencias, la pandemia del coronavirus ha contribuido a que la humanidad despierte a la realidad de vivir en un mundo en estrecha interdependencia.

- **Escasez de agua:** Aunque la Tierra está cubierta por grandes océanos, solo el 3 % del agua del planeta es dulce, y una gran parte de ella es inaccesible, pues más de dos tercios del agua dulce se encuentra en los glaciares y los casquetes polares, y la restante es agua subterránea. Solo tres décimas partes del 1 %

del agua dulce del planeta se encuentra en lagos y ríos en la superficie. Dado el enorme aumento en la población mundial con formas de vida que requieren mucha agua, esta ya se está convirtiendo en un recurso escaso. Según las estimaciones, en 2020 entre el 30 % y el 40 % de la población experimentó escasez de agua; y para 2025 se estima que 3000 millones de personas vivirán en áreas con escasez de agua y dos tercios de la población mundial habitarán en regiones con estrés hídrico[45]. En 2019, «844 millones de personas, una de cada nueve, no tenían acceso a agua potable y 2300 millones, una de cada tres, no tenían acceso a un retrete»[46]. Más de 2000 millones de personas viven en países que sufren una fuerte escasez de agua, y cerca de 4000 millones de personas padecen una grave escasez de agua durante al menos un mes al año. Los niveles de escasez continuarán aumentando a medida que crezca la demanda de agua y se intensifiquen los efectos del cambio climático[47].

- **Escasez de alimentos:** «En 2019, algo más de 800 millones de personas padecían hambre, el equivalente aproximado a una de cada nueve personas en el mundo»[48]. A pesar de las mejoras significativas en las décadas anteriores, la perspectiva alimentaria es funesta debido a la alteración del clima[49]. Para ilustrar esta afirmación, «según UNICEF, mueren 22 000 niños al día a consecuencia de la pobreza. Y mueren en silencio, en alguno de los pueblos más pobres de la Tierra, lejos del escrutinio y la conciencia del mundo». Además, «se calcula que cerca del 27 % de los niños en los países en vías de desarrollo tienen peso inferior al normal o tienen retraso en el crecimiento»[50]. La demanda global de comida va a ser superior al doble durante los próximos cincuenta años, al sumar a la población mundial otros 2000 o 3000 millones de personas. Una cuestión central en este periodo de tiempo es si la humanidad puede alcanzar y mantener semejante aumento en la producción de alimentos[51]. Otro estudio concluyó que:

Las decisiones que se tomen en las próximas décadas tendrán importantes ramificaciones para el futuro de nuestro planeta y es decisivo lograr unos sistemas alimentarios adecuados. Las prácticas actuales contribuyen al problema, todo en un esfuerzo por producir cantidades récord de comida necesaria para alimentar a la población mundial. [...] Ha sido este progreso el que ha contribuido a la degradación a gran escala del suelo y del agua, a la pérdida de biodiversidad y al aumento de los gases de efecto invernadero. En este momento, la productividad del 23 % del suelo del planeta ha caído y cerca del 75 % del agua dulce se destina a la agricultura[52].

- **Refugiados climáticos**: Entre 2008 y 2015, un promedio de 26,4 millones de personas al año tuvo que desplazarse por desastres relacionados con el clima, según Naciones Unidas[53]. Durante 2020, decenas de millones de personas se encontraban en tránsito.

- **Extinción de especies:** Según las conclusiones de un informe de la ONU, a finales de este siglo, más de un millón de especies de plantas y animales estarán en riesgo de extinción, muchas de las cuales se prevé que se extingan en unas pocas décadas. Según afirmó Robert Watson, un químico británico que ejerció como presidente de la comisión: «La caída en la biodiversidad erosiona las bases de nuestra economía, nuestro sustento, la seguridad alimentaria, la salud y la calidad de vida en todo el planeta»[54]. La integridad de la biosfera está siendo destruida y las pérdidas incluyen insectos, aves, mamíferos y reptiles, así como peces. La perspectiva es funesta.

Los **insectos** del mundo van camino de la extinción, una amenaza que puede provocar «un colapso catastrófico de los ecosistemas de la naturaleza», según la primera revisión científica global[55]. En el análisis se encontró que más del 40 % de las especies de insectos están disminuyendo y un tercio se encuentra en peligro. La tasa de extinción de los insectos es ocho veces más rápida que la de los mamíferos, las aves y los reptiles, y es tal que, «a menos que cambiemos nuestras formas de producción de alimentos, los insectos en su totalidad se habrán extinguido en décadas [...] Las repercusiones para los ecosistemas del planeta son catastróficas, por decirlo suave».

Las **abejas** también están desapareciendo a un ritmo alarmante debido al uso excesivo de pesticidas en los cultivos y la propagación de ciertos parásitos que solo se reproducen en las colonias de estos insectos. *La extinción de las abejas podría significar el fin de la humanidad. Si dejan de existir, es difícil imaginar la supervivencia de los humanos.* De las cien especies de cultivos que nos proporcionan el 90 % de la comida, el 35 % son polinizadas por abejas, pájaros y murciélagos[56].

Otro estudio demostró que las **aves** están desapareciendo en América del Norte: El número de aves en Estados Unidos y Canadá ha caído en 3000 millones, el 29 %, a lo largo del pasado medio siglo[57]. David Yarnold, presidente de la Sociedad Nacional Audubon, describió los hallazgos como «una verdadera crisis». Kevin Gaston, un biólogo conservacionista, indicó que los hallazgos eran una señal de que algo más grande está sucediendo: «Esta es la pérdida de la naturaleza». «Los cielos se están vaciando. En la actualidad hay 2900 millones de aves menos en el cielo que hace 50 años»[58]. El análisis, publicado en la revista *Science*, es el intento más exhaustivo y ambicioso hasta la fecha para aprender qué está sucediendo con las poblaciones aviares. Los resultados han dejado impresionados a los investigadores y a las organizaciones conservacionistas.

Los ecosistemas de los **océanos** están siendo arrasados, con una disminución de la vida marina del 49 % entre 1970 y 2021. La sobrepesca y la contaminación están causando una extinción marina sin precedentes. Un informe destacado aseguraba que todas las especies marinas silvestres, desde el salmón hasta las sardinas, habrán colapsado para el año 2050. Se definió el colapso como la desaparición del 90 % de la abundancia basal de especies[59]. En otro informe se alerta que la caza y la matanza de las especies marinas de gran tamaño alterará los ecosistemas durante millones de años[60].

Así describe el Centro para la Diversidad Biológica la crisis de extinción generalizada:

Las poblaciones silvestres están desapareciendo en todo el mundo. [...] Nuestro planeta se enfrenta a una crisis de extinción global jamás presenciada. Los científicos predicen que más de una millón de especies van camino de la extinción en las próximas décadas. Las poblaciones silvestres en todo el mundo están desapareciendo a un ritmo alarmante y con una frecuencia inquietante [...] Cuando una especie se extingue, una pequeña parte del mundo a nuestro alrededor se deshace. Las consecuencias son profundas, no solo en esos lugares y para esas especies, sino para todos. Las repercusiones de estas pérdidas son tangibles, como la polinización de los cultivos y la purificación del agua, pero también son espirituales y culturales. La gente todavía conserva conexiones emocionales profundas con el mundo silvestre, aunque a veces estas se difuminen entre el ruido y las prisas de la vida moderna. La fauna y la flora han inspirado nuestras historias, mitos e idiomas, y nuestra forma de ver el mundo. La presencia de fauna nos causa placer y nos enriquece, y cada extinción hace de nuestro hogar un lugar un poco más solitario y frío, para nosotros y para las generaciones futuras. La crisis de extinción actual es consecuencia de nuestras acciones[61].

- **Población mundial:** A comienzos de 2020 la población mundial es de unos 7800 millones de habitantes[62]. Aunque es difícil hacer proyecciones para finales del siglo, una media estimada en 2100 es de 11 000 millones de habitantes. Las estimaciones aproximadas indican que para el año 2100 los cinco países más poblados serán los siguientes: la India, con una población de 1200 millones de habitantes; China, con 1000 millones; Nigeria, con cerca de 800 millones (comparable a toda la población de Europa en 2010); Estados Unidos, con 450 millones y Pakistán con 350 millones[63].

Figura 3: Crecimiento de la población mundial: 1750-2100[64]

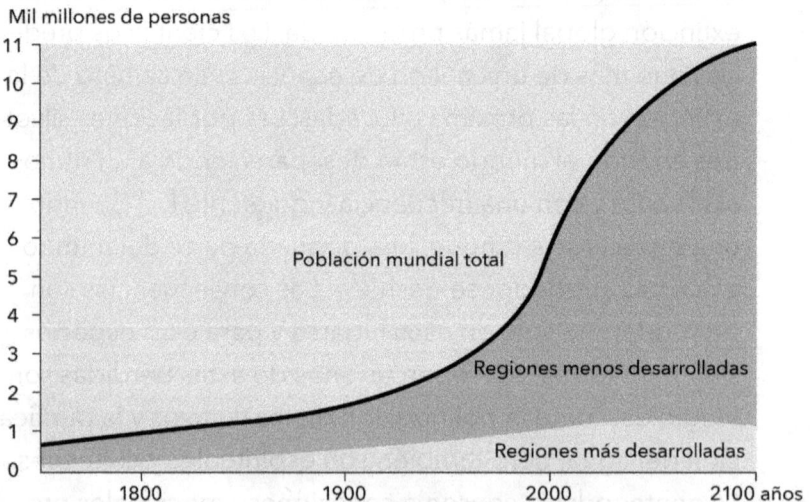

Mil millones de personas

Población mundial total

Regiones menos desarrolladas

Regiones más desarrolladas

Regiones menos desarrolladas: África, Asia (excluyendo Japón), América Latina y el Caribe, y Oceanía (excluyendo Australia y Nueva Zelanda).

Regiones más desarrolladas: Europa, América del Norte (Canadá y Estados Unidos), Japón, Australia y Nueva Zelanda

La estimación de una población global de unos 11 000 millones está lejos de la realidad, sobre todo si no adoptamos cambios profundos y rápidos hacia formas de vida más sostenibles. Dada la capacidad actual de producción de comida y las fuentes de agua, la Tierra puede mantener unos 9000 millones de habitantes *siempre que los recursos se repartan de forma equitativa*. Sin embargo, con la caída actual en la producción agrícola a consecuencia del calentamiento global y la escasez de agua, la capacidad de carga de la Tierra está disminuyendo. Además, una gran parte depende de los patrones de consumo de los países desarrollados en comparación con el resto del mundo. Si toda la población consumiese al mismo nivel que Estados Unidos, la Tierra podría albergar a unos 1500 millones de habitantes. Siguiendo el estilo de vida de la clase media europea, la capacidad de carga aumenta a unos 2000 millones de personas[65]. La Tierra es capaz de aguantar los niveles consumo de Estados Unidos tan solo porque la población de ese país está sacando de la «cuenta de ahorro» de las fuentes no renovables, como el mantillo fértil, el agua potable, los bosques vírgenes, las pesquerías intactas y el petróleo sin explotar.

Nuestra «cuenta de ahorros» está al mínimo y, como especie, tenemos la obligación de ser austeros. Por otra parte, la capacidad de carga de la Tierra no solo depende de la cantidad de habitantes del planeta, sino también de sus niveles y patrones de consumo. A principios de 2020, la comunidad humana consumía los recursos renovables de la Tierra a unas 1,6 veces el ritmo sostenible[66], y eso solo con una población de unos 6000 millones de habitantes viviendo, de forma involuntaria, un estilo de vida de bajas emisiones y consumiendo lo mínimo en comparación con la clase media de Estados Unidos.

Dada la reticencia de las naciones más ricas a sacrificar su estilo de vida hiperconsumista y, puesto que la huella de consumo del planeta se aproxima a gran velocidad a casi el doble de lo que la Tierra puede proveer a largo plazo, parece muy probable se produzca una reducción drástica del número de humanos. ¿El gran sufrimiento que esto va a causar es *inevitable*? ¿Va a ser necesaria una catástrofe de tal magnitud para que la gente de las naciones desarrolladas haga los cambios necesarios en sus niveles y patrones de consumo? ¿Cuánto dolor y sufrimiento es necesario para que la humanidad acepte un nuevo equilibrio y justicia en el consumo global?

• **Crecimiento o destrucción de la economía**: Las seguras redes de actividad económica mundiales comienzan a destruirse. La economía global se descompone, las cadenas de abastecimiento se desmoronan y el flujo y el reparto de bienes es cada vez más impredecible. Los materiales imprescindibles (desde productos de madera hasta chips de ordenador) escasean, los puertos se congestionan, los gastos de envío aumentan y el reparto a los clientes se vuelve inconstante.

Los expertos coinciden en que cerca del 70 % de la actividad económica de Estados Unidos está conectada a la producción de bienes de consumo, lo esperable en una economía basada en el consumismo[67]. Numerosos estudios concluyen que «las emisiones son un síntoma de consumo y, a menos que lo reduzcamos, no disminuiremos las emisiones[68]». Por lo tanto, es probable que el futuro crecimiento económico se frene debido a la necesidad urgente de reducir las emisiones de carbono y con ello los niveles de consumo en general. No importa si habitas en un clima cálido o frío, en un país rico o pobre, una crisis descontrolada de los sistemas de la Tierra va a arrasar toda la economía. Esta investigación surge en un momento en que Naciones Unidas afirma que los efectos del cambio climático se están produciendo a más velocidad y con más fuerza de lo que se había previsto[69]. Los riesgos asociados al cambio climático no se están incluyendo en los precios, lo que disminuye los incentivos necesarios para reducir las emisiones; un error económico con consecuencias catastróficas[70].

Las próximas dos décadas son decisivas. Determinarán si nuestro sustento y el mundo natural sufren un daño grave e irreparable o si, en su lugar, emprendemos un camino más tentador de desarrollo y crecimiento económico sostenible e inclusivo …. Si continuamos emitiendo gases de efecto invernadero a los niveles actuales durante las próximas dos décadas, es probable que superemos con creces un aumento de 3 °C …. Un aumento de 3 °C sería muy peligroso, pues nos situaría en unas temperaturas que no se han visto en el planeta en unos tres millones de años … Un calentamiento de tal magnitud podría transformar los lugares habitables, dañar de gravedad nuestro sustento, desplazar a miles de millones de personas y arrastrarnos a un conflicto grave y generalizado[71].

- **Desigualdades económicas:** No importa cómo lo miremos: la desigualdad global de riqueza y salario están cada vez peor, mucho peor. En 2017, los seis hombres más ricos del mundo poseían tanta riqueza ¡como la mitad de la humanidad![72]. Seis tienen tanto como las 3600 millones de personas más pobres del planeta. También impacta que el 1 % más rico del planeta tenga más riqueza que el resto de la población mundial en conjunto[73].

La desigualdad flagrante en Estados Unidos queda patente en el hecho de que las tasas de impuestos para los ricos son más bajas que para cualquier otro grupo de ingresos: «Por primera vez desde que existen registros, los cuatrocientos estadounidenses más ricos en 2019 pagaron una tasa de impuestos total más baja (entre impuestos federales, estatales y locales) que ningún otro grupo de ingresos»[74]. Mientras la élite acaudalada tenga el poder para establecer las reglas a su favor, las desigualdades continuarán empeorando[75].

La forma de la siguiente figura representa de forma visual la desigualdad y la injusticia en la distribución global de los ingresos. Los ingresos del mundo se dividen en cinco grupos, de más bajos a más altos, y cada uno representa un 20 % del mundo[76]. La porción alargada y delgada del esquema (similar al tallo de una copa de champán) representa los ingresos anuales de la mayoría, cerca del 60 % de la población mundial. La porción donde el tallo empieza a ensancharse representa los ingresos del siguiente 20 %, la clase media global. La porción más ancha ilustra los ingresos recibidos por el 20 % más rico del planeta. De un solo vistazo resulta evidente que la familia humana está formada por una clase empobrecida mayoritaria, una clase media pequeña pero que va en aumento y una élite muy pequeña, pero rica de manera desproporcionada.

Estas desigualdades tienen consecuencias graves en el clima de la Tierra. Las actividades del 10 % más rico generan casi el 50 % de las emisiones de carbono globales. Por contra, el 50 % más pobre de la población global es responsable de cerca del 10 % de las emisiones de carbono globales, aun viviendo en los países más vulnerables al cambio climático[77]. Dadas estas enormes disparidades, la adaptación al cambio climático es más bien una cuestión de justicia social.

La «justicia» climática significa que aquellos que tienen menos responsabilidad por el cambio climático no deberían ser los que más sufren las peores consecuencias[78]. Aunque la desigualdad estructural, por lo general basada en la raza, implica que las comunidades de color continuarán siendo las primeras y las más afectadas por la crisis climática[79]. Para corregir este desequilibrio, una de las principales prioridades debería ser la imposición de un límite de emisiones de carbono per cápita al 10 % de los mayores emisores mundiales (el equivalente al de un ciudadano europeo medio). Con esta medida, las emisiones globales podrían reducirse a un tercio en cuestión de un año o dos.

A lo largo de la historia, las grandes desigualdades de riqueza han sido un precursor consistente de rupturas sociales drásticas y de cambio violento. Si queremos evitar un conflicto social profundo, es vital que admitamos que la economía actual no está al servicio de la mayoría. Un cambio voluntario a favor de una distribución de la riqueza más equitativa parece un plan de acción inteligente.

Figura 4: Distribución de la riqueza global

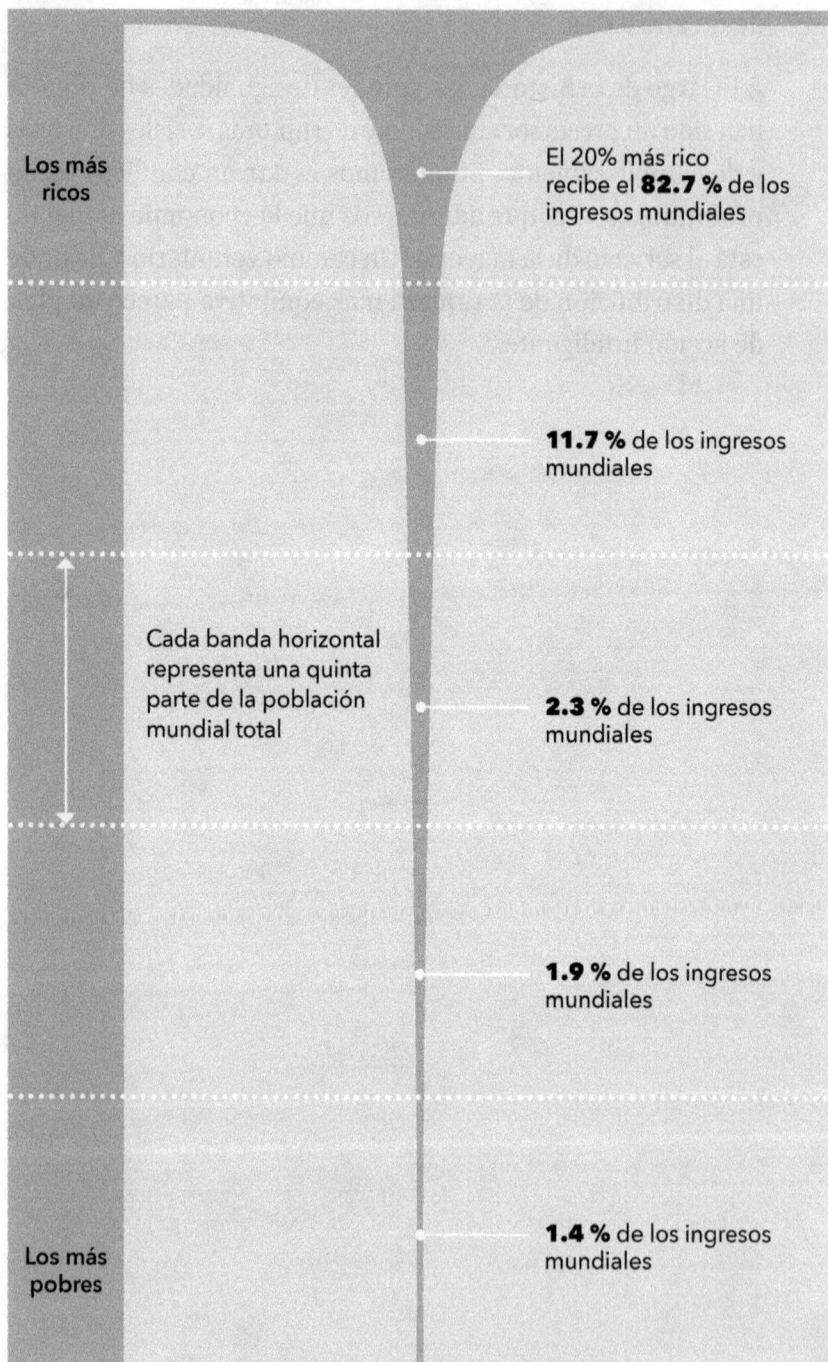

Los más ricos

El 20% más rico recibe el **82.7 %** de los ingresos mundiales

11.7 % de los ingresos mundiales

Cada banda horizontal representa una quinta parte de la población mundial total

2.3 % de los ingresos mundiales

1.9 % de los ingresos mundiales

1.4 % de los ingresos mundiales

Los más pobres

Escenario: Imaginando cómo se desarrollará la década de 2020

En esta década, la comunidad humana comienza a asumir que el calentamiento global está cambiando el mundo hasta tal punto que la vida jamás volverá a ser la misma. Aunque antes de 2020 la preocupación por el cambio climático había crecido de forma significativa, una minoría considerable no lo veía como una amenaza existencial para la supervivencia humana[80]. En general, las personas con mayor nivel educativo, más las mujeres que los hombres, son las que muestran más preocupación por el cambio climático[81].

Mantener el calentamiento a largo plazo por debajo del objetivo de 1,5 °C (o 2,7 °F) establecido en el Acuerdo de París sobre el clima firmados en 2015 parece imposible, pues requiere recortes drásticos e inmediatos en las emisiones de CO_2, lo que, por otra parte, exige cambios radicales en los estilos de vida que producen dichas emisiones.

El Acuerdo de París también incluye soluciones para que las naciones desarrolladas puedan ayudar a aquellas en desarrollo en la lucha para mitigar los efectos del clima y en sus esfuerzos creativos de adaptación[82]. Y, aun así, a principios de esta década decisiva, las emisiones de CO_2 siguen aumentando y los esfuerzos por reducirlas a través de acciones coordinadas entre naciones han fallado. Las emisiones de CO_2 ya van camino de producir un peligroso aumento de la temperatura de 2 °C (3,6 °F) al final de la década.

A comienzos de 2020, mucha gente sigue desinformada sobre el tremendo impacto que el calentamiento global tendrá en el futuro de la vida en nuestro planeta. A medida que comprenden la gravedad de la situación a corto plazo, las respuestas incluyen desde la negación y el recelo hasta la confusión y la preocupación. Las élites poderosas que tienen el control de los negocios, la política y los medios dan importancia al calentamiento global, a la extinción de especies y a otras tendencias, pero lo consideran exagerado. Muchos líderes se encuentran entre la minoría privilegiada, inmersos en las comodidades de la riqueza, el estatus, el privilegio y el poder, y están demasiado distraídos por sus negocios y exigencias del día a día. Su principal afán es continuar como de costumbre, a pesar de la creciente preocupación entre los científicos, la juventud y los investigadores. En lugar de movilizarse a favor de cambios drásticos e innovación, las élites privilegiadas solo buscan ajustes graduales que no alteren su *statu quo*.

Los medios de comunicación de mayor alcance apoyan el trance social de consumismo con entretenimiento sin fin: deportes, *reality shows*, películas, videojuegos y cotilleos que da una pátina de brillo al estilo de vida consumista y desvían y adormecen la atención social.

Aunque la alteración del clima y los problemas crecen de forma encadenada unos a otros, los líderes más influyentes suavizan los avisos sobre una crisis sistémica interrelacionada. En su lugar, plantean problemas como el cambio climático de la siguiente manera:

- No es tan importante como otros asuntos, por ejemplo, el empleo y la sanidad.

- No es tan urgente o inmediato como se dice, aún disponemos de tiempo para responder.

- No es tan grande como se dice.

- No es tan complicado de solucionar como se dice; pues dan por hecho que la tecnología resolverá muchos de los problemas.

- No es una crisis sistémica; más bien son problemas individuales que se pueden ir resolviendo de uno en uno.

- No es un problema al alcance de los ciudadanos: «¿Qué puedo hacer yo? Solo soy un individuo».

- No es mi responsabilidad: «Yo no he creado este desastre, ¿por qué tendría que solucionarlo?»

La «negación suave» de muchos líderes contrasta con un sentimiento extendido de desamparo. En consecuencia, la inacción continúa y las instituciones principales responden con medidas tímidas que apenas tienen impacto para frenar el avance implacable hacia un futuro calamitoso. Sin embargo, una pequeña proporción de gente está adaptando su forma de trabajar y de vivir.

Estados Unidos, la nación más consumista del mundo, ilustra la dificultad de enfrentarse a la situación de una forma constructiva. El reverendo Victor Kazanjian de la Iniciativa de Religiones Unidas describe cómo Estados Unidos es una sociedad donde predomina la queja, incapaz de aceptar su destino y de hacer el duelo por los cambios necesarios. Escribe lo siguiente:

> Mucho de lo que subyace como rabia, ira y violencia es duelo, un sentimiento de pérdida tras pérdida tras pérdida. Pero en nuestra cultura no hay mucho espacio para el duelo. Cuando lo ignoras, este se convierte en queja. Vivimos en una cultura de queja. El duelo se expresa culpando a los demás. Tenemos que prestar atención al duelo más profundo.

A pesar de la gran resistencia, para mediados de la década de 2020, las alteraciones del clima y los sistemas naturales son tales que comienzan a agrietar el trance consensuado de consumismo, distracción y negación. Las emergencias climáticas se multiplican y, poco a poco, la población despierta a la realidad de las amenazas a escala planetaria que están en marcha. La complacencia da paso a la preocupación creciente, a medida que las estaciones del año sufren tales alteraciones que la producción alimentaria se ve comprometida y diversas regiones padecen hambruna grave y desorden social.

Los retos globales a los que nos enfrentamos en esta década son, por un lado, despertar nuestra imaginación social a la necesidad imperiosa de hacer cambios extraordinarios en nuestra forma de habitar la Tierra y, por otro, reconocer que necesitamos una nueva manera de afrontar el futuro si vamos a reducir y controlar las emisiones de CO_2.

- De forma gradual, aquellos que más poseen comienzan a cambiar el exceso de consumo por un estilo de vida de simplicidad voluntaria, mientras que los que son más pobres continúan con la simplicidad involuntaria en su lucha diaria por la supervivencia.

- Aumentan las protestas contra la extrema desigualdad de riqueza y bienestar. Crece el consenso para crear un «impuesto a los multimillonarios» que financie redes sanitarias seguras, los sistemas de seguridad social y la reparación de las infraestructuras.

- Los más pudientes cambian a una dieta vegetariana, utilizan coches eléctricos, adaptan sus viviendas para tener mayor eficiencia energética y modifican sus trabajos para reducir el impacto medioambiental y mejorar la contribución social y su propósito.

- El estilo de vida ecológico pasa de ser un movimiento marginal para convertirse en una ola de experimentación de la cultura popular. Se extienden los estilos de vida con bajas emisiones, minimalistas y llenos de experimentación. Para la mayoría, es una forma superficial de «volverse ecológico».

- El materialismo y el consumismo se ponen en tela de juicio a medida que la gente se enfrenta a la cultura de la publicidad agresiva, pues consideran que son «más que consumidores a los que entretener; somos ciudadanos de la Tierra que quieren participar en la creación de un futuro sostenible».

- Aparecen nuevas configuraciones de actividad económica que ponen énfasis en la resiliencia local, las habilidades y los patrones de trabajo.

Para el final de la década, ya está en marcha una transición en la cultura y en la consciencia, sobre todo en los países ricos donde la gente tiene el privilegio de mirar más allá de la supervivencia diaria. Está claro que son necesarias nuevas formas de vivir, pero las acciones no se corresponden con las necesidades.

En las últimas décadas, una revolución consciente ha crecido por todo el planeta. Algunos grupos reducidos de gente, pero con suficiente importancia, están desarrollando la habilidad de la consciencia reflexiva: la capacidad de observar su propia vida y vivirla de una forma menos reactiva y más madura. Una parte pequeña pero significativa de la humanidad está despertando y creciendo. La consciencia reflexiva nos permite ver con más claridad las crisis ecológicas, la pobreza, el exceso de consumo, la justicia racial y otras cuestiones que, en el pasado, eran causa de división. Gracias a la perspectiva reflexiva podemos desarrollar un acuerdo colectivo que sirve al bienestar de todos. Es el pegamento invisible que aúna a la familia humana en un todo de apreciación mutua, a la vez que honra nuestras diferencias.

Con una consciencia observadora la gente reconoce que la crisis sistémica es una crisis de *comunicación*, lo que da pie a diversas iniciativas relacionadas con la comunicación: desde conversaciones de salón, a diálogos y conferencias entre líderes de los negocios, los gobiernos, los medios de comunicación, la educación, la religión y muchos más. Estas iniciativas son importantes, pero dolorosamente inadecuadas. El nivel de comunicación no está al nivel de las amenazas a las que nos enfrentamos. La gente comprende que el alcance de la conversación social debe ser igual al alcance de la emergencia, que es de escala nacional y global. La transición hacia un futuro regenerador necesita que millones, o incluso miles de millones de ciudadanos, se comuniquen entre sí. Más allá de cuál sea su punto de vista, la gente quiere ser escuchada y tener una voz en el futuro. Aparecen múltiples iniciativas de comunicación que comienzan a proporcionar una fuente vital de cohesión social en un mundo que se descompone. Hacia la mitad de la década, esta idea da pie a los movimientos «Voz de la comunidad» a escala local y «Voz de la Tierra» a nivel global.

Las iniciativas Voz de la comunidad trabajan para movilizar a las televisiones y recuperar un espacio en las ondas en el que establecer un nuevo nivel de diálogo ciudadano a escala regional en las principales ciudades del planeta. Las iniciativas Voz de la Tierra trabajan para movilizar al poder y recurren a internet para llegar a todos los rincones del mundo. Estas iniciativas, convocadas por una comunidad diversa de mayores y jóvenes de confianza, tienen, por lo general, dos funciones: en primer lugar, escuchar las preocupaciones de los ciudadanos y, en segundo lugar, presentar esas preocupaciones para ser tratadas ante la comunidad en forma de reuniones locales electrónicas y ver qué sucede a continuación. Las organizaciones Voz de la comunidad exitosas son apartidistas y neutrales y no abogan por una perspectiva en particular. Al contrario, son un vehículo para que los ciudadanos tengan voz en los asuntos que les conciernen y el futuro. El liderazgo de una comunidad inspira a las demás y cataliza la creación de sus propias organizaciones de Voz de la comunidad, y un nuevo estrato de diálogo sólido comienza a diseminarse por las regiones y naciones. A medida que los ciudadanos ponen voz a sus preocupaciones y votan de forma electrónica las diferentes propuestas, se resquebraja el bloqueo de impotencia experimentado en el pasado.

Para el final de la década, tres cuartas partes de la población mundial dispondrán de un teléfono móvil con acceso a internet. Una iniciativa como Voz de la Tierra está en marcha a medida que la gente reconoce y aprovecha el poder de internet como un vehículo para la atención colectiva y la acción. Una mayoría de los ciudadanos de la Tierra comprende que con el teléfono móvil tienen en sus manos, de forma literal, la tecnología necesaria para participar en un diálogo a escala planetaria y para desarrollar un consenso sobre un futuro viable.

La tormenta perfecta de crisis globales crece y obliga a la humanidad a hacer cambios drásticos en la forma de comunicarse y habitar el planeta. La comunidad humana ha entrado en un territorio inexplorado. Nunca habíamos tenido semejante necesidad de unirnos como regiones, naciones y el mundo. El poder y el potencial de los movimientos Voz de la comunidad y Voz de la Tierra combinados proporcionan unas herramientas útiles para que este mundo que se descompone pueda entretejerse en nuevas configuraciones.

Década de 2030. El gran colapso: caída libre

Resumen

El frágil y complejo tejido del mundo está tan desgastado que no puede sostenerse y, a una velocidad inesperada y escalofriante, se desgarra y entra en caída libre. El caos, la confusión y el pánico se extienden por todo el mundo. Los servicios imprescindibles dejan de funcionar. La policía y los bomberos trabajan de forma intermitente. La red eléctrica a gran escala falla y provoca oleadas de apagones. Las grandes instituciones (como las empresas, las universidades o los sistemas sanitarios) quiebran, con la consecuente pérdida de miles de empleos. Al final, sin apenas soporte para mantener el mundo, la tela cede a nuestros pies y experimentamos el miedo colectivo de la gran caída.

Como consecuencia del endeudamiento generalizado tras décadas de despilfarro, muchas instituciones evitan utilizar sus recursos en acciones creativas. En lugar de enfrentarse a las amenazas, muchas instituciones se descomponen. Ciudades enteras entran en quiebra. Muchos de los servicios imprescindibles fallan, incluidos la policía y los bomberos, así como el mantenimiento de las infraestructuras, como las carreteras y la red eléctrica. Las grandes empresas quiebran y miles de personas pierden su trabajo. Las principales universidades son insolventes y se ven obligadas a cerrar sus puertas. Muchas de las grandes iglesias son incapaces de mantenerse y desaparecen. La destrucción lo arrasa todo y la gente tiene que empezar a defenderse por sí misma a nivel local. En lugar de emprender acciones creativas para revertir una crisis climática que solo empeora, el mundo está ocupado enfrentándose a la devastación que se extiende a gran velocidad.

La demanda global de agua dulce aumenta por encima de la disponibilidad y cerca de 3000 millones de personas sufren restricciones. Las opciones de alimentos decaen de manera drástica a medida que la sequía reduce la producción agrícola. El número de refugiados climáticos que se desplazan hacia áreas más favorables asciende a 100 millones. Las estructuras ciudadanas y los recursos de muchas naciones están sobrepasados por completo. Los insectos polinizadores están muriendo, lo que pone en riesgo el suministro mundial de alimentos. La integridad y la salud de la biosfera de la Tierra (las plantas, los animales terrestres, las aves, los insectos y la vida marina) se deteriora a gran velocidad. La presión por la supervivencia es tal que apenas se presta atención a la reparación y la restauración de los ecosistemas.

La población mundial sigue creciendo, sobre todo en África, y se acerca a los 9000 millones de personas. También se agravan las divisiones y las separaciones de todo tipo: financiero, político, generacional, de género, racial, étnico y religioso. El mundo está saturado de disputas, a tantos niveles, con tantas diferencias y por tantas razones que apenas queda espacio para crecer a una humanidad más elevada. El mundo está lleno de culpa, de acusación mutua, de denuncia, de hostilidad, de condena y de reproche. La cifra de detractores a la mentalidad consumista y capitalista aumenta a medida que millones de personas luchan por la supervivencia.

Una iniciativa Voz de la Tierra en internet, rica en diálogos y opiniones populares, se asienta en un mundo en descomposición. Los medios de comunicación tienen la labor de contribuir a un nuevo nivel de comunicación social. A medida que las naciones se debilitan, la responsabilidad de la gestión va descendiendo niveles hacia las regiones, las ciudades y las comunidades locales. Las ecoaldeas, los vecindarios de bolsillo (*pocket neighborhoods*) y otros diseños de habitabilidad proporcionan una base resiliente para las ciudades sostenibles. Los roles de trabajo cambian de forma drástica a medida que las pequeñas comunidades autoorganizadas proporcionan nuevas opciones de empleo, con diferentes conjuntos de habilidades orientados a la vida local. La simplicidad se acepta a regañadientes como un enfoque de supervivencia, una forma de frenar la caída.

Revisión de las tendencias predominantes más importantes en la década de 2030

- **Calentamiento global y alteración del clima**: La temperatura global alcanza niveles históricos al aumentar 2 °C (3,6 °F) al final de la década de 2030. Con este aumento, los glaciares se descongelan de forma irreversible, con el consecuente aumento catastrófico del nivel del mar, que será incluso más dramático durante el próximo siglo. Además de causar el calentamiento de los océanos, provocar la desaparición de los glaciares y la acidificación del agua, el aumento de la temperatura también implica un empeoramiento de las tormentas, las lluvias, las inundaciones y las sequías, con consecuencias devastadoras para la agricultura y los hábitats[83].

El aumento de 2 °C se considera un punto crítico climático: el inicio del cambio climático descontrolado[84]. El potencial para un calentamiento incontenible comienza con la liberación del «gigante dormido» que es el metano, un gas con un poder de efecto invernadero unas ochenta veces mayor que el CO_2[85]. El aumento del metano atmosférico pone en riesgo todos los logros anticipados en el Acuerdo de París sobre el clima[86]. Además, nos enfrentamos al infausto pronóstico de la aparición de bucles que se retroalimentan y generan más caos, antes de disponer de tiempo para reestructurar nuestros sistemas energéticos.

Otro «gigante dormido» es la selva del Amazonas, considerada como el sumidero de CO_2 del planeta. Sin embargo, un estudio reciente muestra que las selvas tropicales están perdiendo su capacidad para absorber carbono, lo que transformará este bosque tropical en una *fuente* de CO_2 y acelerará la destrucción del clima en la década de 2030. Esto agrava los efectos del CO_2 y hace todavía más necesaria una reducción rápida de las actividades que generan carbono para contrarrestar la desaparición de los sumideros de este gas[87].

- **Refugiados climáticos**: Con la alteración del clima, al final de la década de 2030, el número de refugiados aumenta de decenas de millones a más de cien millones de personas que migran hacia zonas más favorables. Las migraciones de esta magnitud sobrepasan la capacidad de adaptación de las regiones. Para hacernos una idea, cerca de un millón de refugiados desestabilizaron gran parte de Europa en la década de 2010. Con más de 100 millones de migrantes, los efectos estimados serán mayores en proporción, y repartidos de manera desigual, sobre todo en el hemisferio norte, que es más rico en recursos.

- **Escasez de agua:** La demanda global de agua supera el uso sostenible en un 40 %[88]. Para 2030, al menos 3000 millones de personas sufren restricciones hídricas[89]. La sequía sigue agravándose y las grandes ciudades en todo el mundo empiezan a quedarse sin este recurso. En 2019, en Ciudad del Cabo (Sudáfrica) se acercaron al «día cero», el día en el que se agota el agua de la ciudad. Ciudad del Cabo solo es el principio. Es probable que al menos otras once grandes ciudades se queden sin agua antes del final del siglo: São Paulo, en Brasil; Bangalore, en la India; Pekín, en China; El Cairo, en Egipto;

Jakarta, en Indonesia; Moscú, en Rusia; Ciudad de México, en México; Londres, en Inglaterra; Tokio, en Japón; y Miami, en Estados Unidos[90].

En la India, un país de 1300 millones de personas, la mitad de la población vive una crisis hídrica. Más de veinte ciudades: Delhi, Bangalore y Hyderabad, entre ellas, habrán drenado sus acuíferos por completo a lo largo de los próximos dos años. Esto se traduce en 100 millones de personas viviendo sin agua subterránea[91].

- **Escasez de alimentos:** Por cada grado Celsius de aumento de la temperatura, se espera una caída del 10 % al 15 % del rendimiento agrícola. Por lo tanto, se prevé que un incremento de temperatura de 2 °C (3,6 °F), disminuya la producción agrícola en un 20 % o 30 %, en un momento en el que la demanda de alimentos tensa los límites del suministro. Las zonas donde la comida escasea se extienden hasta convertirse en focos de auténtica hambruna, lo que genera migraciones masivas y revueltas ciudadanas. (Lee la lista de escasez de alimentos a continuación para analizar cómo menguará la dieta de forma drástica)[92].

ESCASEZ DE ALIMENTOS:

En las próximas décadas, una serie de alimentos alcanzarán precios prohibitivos para todos menos para los más pudientes. A continuación, se muestra una lista ilustrativa. Resulta esclarecedor leerla y marcar los productos que más vas a echar de menos a medida que su precio suba. A menos que estés cultivándolos por tu cuenta o tengas mucho dinero, no podrás adquirirlos. Es un ejemplo visceral y tangible de la crisis climática.

☐ Aguacates   ☐ Chocolate   ☐ Ostras

☐ Almendras   ☐ Fresas   ☐ Patatas

☐ Arroz   ☐ Gambas   ☐ Plátanos

☐ Bacalao   ☐ Maíz   ☐ Pollo

☐ Cacahuetes   ☐ Manzanas   ☐ Sirope de arce

☐ Café   ☐ Melocotones   ☐ Soja

☐ Calabaza   ☐ Miel   ☐ Vino (uvas)

La gente comienza a adaptar su dieta a las limitadas opciones de comida básica. Aquellos con menos recursos se ven obligados a seguir unas con menor valor nutricional, con poca variedad y menos sabor, lo que equivale a una pérdida significativa de bienestar y de calidad de vida. Se produce una revolución alimentaria que favorece a los más ricos, que pueden comprar comida más allá de las limitaciones gracias a alimentos modificados genéticamente y cultivados en invernaderos a un precio mucho mayor.

• **Población mundial:** Se espera que la población mundial se aproxime a los 9000 millones de habitantes para 2037[93]. Una población mundial de 9000 millones a finales de 2030 es una estimación realista, con la mayoría del crecimiento localizado en África, en la India y en el sudeste asiático.

- **Extinción de especies:** A partir de las proyecciones hechas en 2020, que estiman que un millón de especies podrían extinguirse para el final del siglo, se espera que la pérdida de especies animales y vegetales se acelere a gran velocidad[94]. La integridad y la salud de la biosfera de la Tierra (las plantas, los animales terrestres, las aves, los insectos y la vida marina) se debilitan muy deprisa. La pérdida de oxígeno a consecuencia del calentamiento global (y la contaminación de los nutrientes causada por los restos de la agricultura y los desagües) asfixia a los océanos, con múltiples y complejas implicaciones biológicas, cuya consecuencia es el deterioro grave de la vida marina[95].

- **Crecimiento o destrucción de la economía**: Ante la necesidad extrema de hacer una transición rápida hacia fuentes de energía renovables, la economía global se encuentra en una situación de confusión y crisis. El crecimiento general se detiene a pesar de los increíbles esfuerzos por aumentar las energías renovables. Las enormes presiones económicas y sociales alejan a las naciones más desarrolladas del viejo enfoque histórico centrado en el crecimiento económico y el consumismo sin límites.

En todo el mundo se han puesto en marcha experimentos en busca de formas prácticas de recrear la economía de tal manera que se adapte a la población y al planeta. El objetivo de crear formas de actividad económica autoorganizadas y regenerativas es, por lo general, más aceptado[96]. Con el reemplazo generalizado de trabajadores debido a la automatización, combinado con las disrupciones provocadas por la alteración del clima y la desaparición de fábricas y empresas a gran escala, los enfoques regenerativos de la vida fomentan el desarrollo de «economías locales vivas».

Las economías regenerativas anidadas en formas de comunidad alternativas surgen por todas partes para crear sistemas de vida más resilientes. Sin embargo, la magnitud del cambio necesario para hacer una transición global hacia las energías renovables y hacia economías regenerativas diseñadas con justicia e igualdad parece inabarcable.

- **Desigualdades económicas:** Se estima que el 1 % más rico del planeta será dueño de dos tercios de la riqueza total en 2030[97]. Las disparidades en este área, junto con la exigencia económica que supone hacer el cambio a economías de cero emisiones para 2050, aumentan la presión en la economía global y en la sociedad, ya de por sí desestructuradas. La falta extrema de justicia y confianza agota la legitimidad del sistema económico mundial.

Con disparidades enormes en la riqueza y los ingresos, en la década de 2030 nos enfrentamos a un periodo de destrucción económica en cascada, en el que las regiones más vulnerables experimentan el colapso económico total. El paradigma de crecimiento del materialismo y del consumismo deja de ser un objetivo social convincente: no sólo socava el bienestar de la mayoría de las personas, sino que también contribuye a la destrucción de la biosfera de la Tierra.

Escenario: Imaginando cómo se desarrollará la década de 2030

En la década de 2030, todo el mundo reconoce que una catástrofe climática completa está en proceso. Y, aun así, las burocracias más consolidadas (por ejemplo, las empresas, los medios de comunicación, las entidades educativas y las religiosas, y los servicios sociales) siguen sin estar preparadas y equipadas para afrontar las amenazas de un clima que empeora, el deterioro de las economías y el colapso de la biosfera.

En los países más ricos, la mayoría de la gente está endeudada, los impuestos son muy desiguales y los motores del crecimiento económico se tambalean. Hay una rápida rotación de líderes y de soluciones políticas y nada funciona durante mucho tiempo. Los esfuerzos para mantener cierta organización están sobrepasados por la escalada del desorden. La cohesión social a gran escala es mínima y muchos líderes gobiernan sin apoyos.

Los niveles previos de resiliencia se consumen en una espiral destructiva de confusión burocrática y caos[98]. Hemos perdido la capacidad de recuperarnos con agilidad de las dificultades. Algunas personas buscan seguridad en distritos autoritarios más controlados. Otras se decantan por comunidades autoorganizadas que dependen de relaciones sólidas y formas de vivir colaborativas.

A medida que la alteración del clima se hace más profunda, aumentan las divisiones de todo tipo: financiero, político, generacional, de género, racial, étnico y religioso. La única constante en esta confusa década es el estrés incesante causado por las rupturas y la separación.

La gente más acaudalada, que lleva una «buena vida» de comodidad material y ventajas, se enfrenta al clamor de protesta de miles de millones de personas que luchan por la supervivencia. No obstante, las élites ricas se resisten a hacer adaptaciones rápidas hacia nuevas formas de vivir. Tras haber invertido su vida y su identidad en acumular bienes materiales, pelean para defenderse, bajo el pretexto que han trabajado duro y merecen los privilegios. Aunque la mayoría reconocen las nuevas realidades, muchos rechazan las nuevas normas de vida. Sin embargo, para el final de la década de 2030, sus esfuerzos por aislarse en comunidades cerradas y vigiladas comienzan a flaquear, pues miles de millones de personas empobrecidas, sin nada que perder y mucho que ganar, se alzan en protesta.

Mientras la destrucción continúa creciendo, también progresan las formas de vida locales, con una avalancha de innovaciones sociales, económicas y técnicas. Los vecindarios de bolsillo confluyen en distintas formas de ecoaldeas, que asientan unas bases resilientes para los pueblos en transición y las ciudades sostenibles. Las comunidades organizadas recién creadas construyen más que estructuras físicas; desarrollan una nueva forma de entender el carácter humano y una madurez que busca servir al bienestar de todos. Los roles de trabajo cambian de forma drástica a medida que las pequeñas comunidades autoorganizadas ofrecen opciones para desarrollar diferentes habilidades adaptadas a las nuevas formas de vida.

La crisis climática y la destrucción en expansión fuerzan a la mayoría pudiente de las naciones desarrolladas a reconocer la necesidad de transformar la cultura del consumismo y de reducir la huella ecológica, con el fin de evitar una catástrofe global. La hipnosis cultural del consumismo pierde fuerza a medida que la gente asume que el sueño del consumo desenfrenado supone una pesadilla para el futuro de la Tierra. En respuesta, surge una cultura global que valora la simplicidad y la sostenibilidad. A medida que las empresas declaran su implicación con un planeta saludable, la publicidad, que ha fomentado el trance consumista, pasa de promocionar productos a hacer «publicidad del planeta».

Los países ricos son los responsables del cambio climático, pero son los países pobres los que más sufren las consecuencias. Ante la desproporción de los efectos del calentamiento global en los países más desfavorecidos, las naciones ricas son presionadas (con escaso éxito) a responsabilizarse para contribuir a las adaptaciones climáticas. Las iniciativas sólidas son imprescindibles para fomentar un sentimiento de unidad y cooperación mundial. Sin embargo, el cambio climático arrasa, de manera progresiva, el día a día en las naciones con menos recursos, incluyendo la disponibilidad de agua, la producción de alimento, la sanidad, la calidad del medioambiente y el bienestar de las poblaciones vulnerables, en particular, las mujeres y los niños.

En estos países, los efectos del calentamiento global provocan el retroceso de los progresos en la igualdad de género, pues los hombres tienen que migrar en busca de trabajo y se deja a las mujeres la carga de criar a los hijos y ocuparse de los cultivos, la pesca y las tareas domésticas. Esto las aísla y las incapacita para buscar una educación o un trabajo satisfactorios.

Al reconocer los efectos que el calentamiento global tiene en las naciones en desarrollo, crece un movimiento mundial de compensación, reparación y adaptación, que busca construir un nuevo sentimiento de colaboración entre los habitantes de la Tierra.

Los movimientos transpartidistas Voz de la comunidad que comenzaron en la década de 2020 se vuelven una fuente importante de cohesión social. Continúan creciendo alrededor de la Tierra, conectando a la humanidad en comunidades todavía mayores, implicadas en conversaciones profundas. Los diálogos de Voz de la Tierra se asientan con firmeza en el mundo que se descompone, pues entienden que el nivel de la conversación debe equipararse al nivel de las amenazas. De forma progresiva, la gente acepta que los medios de comunicación son un componente elemental de nuestro «cerebro social», una expresión directa de inteligencia colectiva. El lema: «como van los medios, va el futuro» se repite una y otra vez. Se los responsabiliza a niveles nunca vistos y se los insta a colaborar con la imaginación social, para que la humanidad visualice los caminos de progreso hacia un futuro sostenible y significativo.

El activismo en los medios de comunicación crece hasta formar una fuerza de cohesión, a medida que aumenta el número de instituciones que se desmoronan y se destruyen. La pena y el dolor aumentan en paralelo a la pérdida y la tragedia crecientes en el mundo. *Al experimentarlo de forma colectiva, comprendemos que estamos juntos en este ritual de paso.*

Aunque el viejo mundo se descompone y las comunicaciones que fluyen en dirección local a global crecen, todavía nos falta el apoyo global necesario para movernos con agilidad en un mundo en transformación. La sociedad de consumo y las formas de vivir cambian despacio; los desposeídos continúan siendo ignorados; la transición verde es incapaz de movilizar a la mayoría para llevar a cabo una acción drástica y los distritos autoritarios continúan aislándose en áreas de control compartimentadas. Dadas las profundas divisiones, la década de 2030 es una época de caos y conflicto, sin un conjunto general de valores e intenciones para avanzar.

Las instituciones financieras caen en picado. Los gobiernos locales y nacionales, las organizaciones financieras, las instituciones académicas o las organizaciones religiosas, por nombrar algunas, están sobrepasadas, intentan entender qué sucede y no disponen de recursos suficientes para responder. Sin embargo, la lucha por un nuevo paradigma de vida está en camino. La gente se pregunta: ¿qué podemos hacer para volver a sentirnos cómodos habitando la Tierra? ¿Tenemos la madurez colectiva para, de forma consciente, hacer una gran transición hacia el futuro?

Década de 2040. La gran iniciación: pena

Resumen

En la década de 2040 la mayoría de la gente admite que estamos perdiendo la carrera contra la catástrofe climática. La alteración descontrolada del clima ya no es una posibilidad que nos amenaza, sino una realidad arrolladora, presente y muy vívida. A medida que las consecuencias del clima se vuelven caóticas, empeoran las crisis financieras, la anarquía civil, la extinción de especies, las migraciones masivas y las hambrunas generalizadas, y el mundo se dirige hacia el colapso inevitable. La necesidad de una transformación profunda está arraigada en la cruda experiencia de la humanidad. Somos conscientes de que debemos unirnos en un esfuerzo común o nos tendremos que enfrentar a la extinción funcional como especie. Comprendemos que la Tierra nunca volverá a los patrones climáticos de los últimos 10 000 años desde la última glaciación. Aceptamos los sentimientos de vergüenza, de culpa, de duelo y de desesperanza a medida que un futuro ruinoso crece a nuestro alrededor.

La biosfera cada vez es más pobre, más débil y más estéril. La severa alteración del clima, la caída en la producción agrícola, la escasez de agua extrema y las enormes desigualdades económicas crean grandes áreas de hambruna devastadora. Este también es un periodo de grandes incendios a medida que las sequías incesantes secan el suelo y el fuego arrasa vastas regiones de la Tierra. Y, además, es una época de gran mortandad pues millones de personas e incontables especies de animales y plantas fallecen. La humanidad se enfrenta a una doble tragedia de proporciones inimaginables que conmociona y despierta el alma de nuestra especie.

Las cadenas de abastecimiento rotas llevan a la acumulación, el pillaje, el mercado negro y la hiperinflación. Las adaptaciones tienen lugar a nivel local, en los vecindarios y la comunidad, y la gente busca a otros en los que confiar y con quienes trabajar para reconstruir la vida desde los cimientos. Las fuentes tradicionales de valor (el dinero en efectivo, las acciones y los bonos) apenas valen nada. Las nuevas fuentes de valor se encuentran en las relaciones personales sólidas y el acceso a los recursos más escasos, como la comida, las medicinas y el combustible, cuyo valor es tangible. A pesar de su gran importancia, el movimiento Voz de la Tierra lucha por mantenerse vivo, a pesar de un servicio de internet que funciona de manera intermitente.

El mundo se sumerge en la tristeza colectiva. Ante la certeza de haber fallado a nuestras responsabilidades como ciudadanos del planeta, muchos lloran por la Tierra perdida. El alma de la humanidad sufre una herida moral. Nos enfrentamos a un sombrío futuro de desolación y desesperanza infinitas, a menos que nos levantemos de forma conjunta en este tiempo de retos.

Revisión de las tendencias predominantes en la década de 2040

- **Calentamiento global y alteración del clima**: Durante esta década, sobrepasamos el valor de referencia de aumento de la temperatura de 2 °C (3,6 °F) y avanzamos hacia el límite de 3 °C (5,4 °F), un punto crítico climático[99]. El metano se acumula en la atmósfera, lo que genera bucles que se reatroalimentan sin control[100]. El mundo atraviesa la destrucción camino del colapso completo y la catástrofe climática. El clima, que ya es turbulento y caótico, alcanza proporciones catastróficas. Dentro de los extremos climáticos se incluyen el fuego y el agua. Grandes regiones de la Tierra experimentan sequías sin precedentes, que causan incendios en un planeta que se abrasa, mientras que en otras regiones experimentan tormentas, inundaciones y un aumento del nivel del mar nunca antes vistas[101].

- **Escasez de agua:** Las restricciones de agua son críticas para 3000 millones de personas o más. Además, esta escasez provoca un drástico aumento del número de refugiados climáticos, que huyen de las regiones azotadas por la sequía.

- **Escasez de alimentos:** La presión de una población que crece sin parar, junto con la alteración del clima, la caída de la productividad agrícola, la escasez de agua y las desigualdades económicas generan grandes áreas de hambruna devastadora.

- **Refugiados climáticos**: Se espera que al menos 200 millones de refugiados climáticos se desplacen, lo que conlleva profundas alteraciones sociales y económicas, mientras en las áreas con más recursos tratan de lidiar con la llegada de cantidades abrumadoras de personas.

- **Población mundial:** En la década de 2040, la población continúa creciendo y se acerca a unos límites cada vez más preocupantes a consecuencia de la escasez de agua y alimentos, y de la destrucción de los ecosistemas[102]. Por desgracia, es plausible que el 10 % o más de los habitantes más pobres y vulnerables de la Tierra se encuentren en riesgo de morir durante este periodo de gran transición. Con una población global de cerca de 9000 millones de personas en la década de 2040, esto significa que unos 900 millones de personas podrían fallecer. Todas estas víctimas no morirán en silencio y donde no podamos verlas, sino que, en este mundo rico en comunicaciones, lo harán de una forma dolorosa y ante los ojos de la mirada pública. Perecerán a consecuencia de la hambruna y de las enfermedades, además de los altos niveles de violencia en los conflictos generados por la escasez de recursos.

Semejantes cifras de mortalidad generarán unos niveles de trauma moral y psicológico difíciles de imaginar. El sufrimiento innecesario y la muerte de cientos de millones de personas despierta a la humanidad, que elige un camino de mayor igualdad y justicia en la vida colectiva.

• **Extinción de especies:** Las décadas de destrucción del ecosistema han socavado los cimientos de la vida a nivel global. Innumerables especies se han extinguido, lo que deja el planeta todavía más estéril. La inflexible realidad del colapso ecológico confirma que somos una parte integral de la red global de la vida y que la amenaza de la extinción también se aplica a los humanos.

• **Crecimiento o destrucción de la economía**: La destrucción económica se extiende por el mundo y provoca el colapso a gran escala de las economías más vulnerables. Aunque la destrucción económica frena la emisión de gases de efecto invernadero, los esfuerzos generalizados por sobrevivir tienen la desafortunada consecuencia de empujar a la gente y a las comunidades a utilizar cualquier fuente de energía disponible para la supervivencia a corto plazo, como el carbón y el petróleo. La vuelta a los combustibles fósiles contribuye a la emisión de gases de efecto invernadero en el momento en que su uso debería estar más limitado. Aunque los esfuerzos por reconfigurar en profundidad la economía desde el nivel local al global están en marcha, el colapso de los sistemas económicos y los ecosistemas dificulta la tarea de forma excepcional.

- **Desigualdades económicas:** La compleja y difícil transición hacia una economía mundial que funcione con energías renovables reduce la producción global, y la civilización se enfrenta, más que nunca, al reto de satisfacer las necesidades de aquellos que menos tienen y de avanzar hacia una justicia mayor. Las tensiones globales entre los que tienen y los que no se aceleran más allá de los puntos de ruptura. La crisis global de equidad y justicia social entra en conflicto con la cultura del consumismo, lo que inicia una pelea feroz por el rumbo de nuestra especie en el futuro.

La gente con menos acceso a los recursos se enfrenta a los mayores retos para adaptarse al calentamiento global, y eso se aplica más allá de la raza, el género, la edad, la geografía o las diferencias de clase[103]. Crecen los esfuerzos generalizados de producir los elementos esenciales para la vida de forma asequible y de limitar el estilo de vida lujoso de los más acaudalados. La redistribución del suelo también es un factor clave de equidad y genera batallas titánicas por la propiedad y su reparto.

Escenario: Imaginando cómo se desarrollará la década de 2040

Durante esta década, avanzamos hacia un periodo de sufrimiento mucho mayor de lo que nuestra especie ha experimentado jamás[104]. El colapso global está en marcha y provoca escasez en muchos ámbitos esenciales, como en medicinas y servicios médicos imprescindibles, alimentos básicos y agua potable. Muchas de las principales empresas quiebran pues no hay consumidores. Las principales ciudades también lo hacen porque la base de sus impuestos se disuelve. Las infraestructuras esenciales no reciben ningún mantenimiento, han sido abandonadas y dejan de funcionar: las instalaciones eléctricas y telefónicas, los servicios de internet, las carreteras, los puentes, los semáforos, los sistemas de alcantarillado y de recogida de basura, así como los sistemas de suministro de agua.

La confusión, el caos y los conflictos siguen creciendo. A medida que la anarquía se extiende, las fuerzas de protección privadas sustituyen a la policía y a las fuerzas del orden tradicionales. A gran escala, el colapso se propaga más allá de las ciudades y los estados, incluso de las naciones. A medida que los países entran en quiebra y se descomponen, lo mismo sucede con las organizaciones internacionales como Naciones Unidas, que perduran como poco más que entidades simbólicas. La cohesión global se sostiene y adquiere su forma, no gracias a las instituciones internacionales, sino gracias a los bienes comunes electrónicos que nacen de los movimientos populares en todo el mundo. Estos movimientos populares aprovechan la fluctuante infraestructura global de comunicaciones para crear nuevos bienes comunes en nuestra consciencia colectiva.

Ni el sector público ni el privado disponen de los recursos para organizar proyectos a gran escala que puedan ofrecer una respuesta suficiente ante la magnitud del colapso que está en marcha. Las adaptaciones se limitan al nivel local de los vecindarios y la comunidad, donde la gente debe confiar en los demás, en las destrezas y en los recursos de cercanía.

En esta década, gran parte de la historia de la humanidad se puede resumir en dos titulares: «la gran mortandad» y «el gran incendio». Aunque decenas de millones de personas han fallecido en la década anterior, las cifras de muertes siguen aumentando y un periodo atroz de gran mortandad comienza en la década de 2040. Se estima que la capacidad de carga de la Tierra es de 3000 millones de personas de acuerdo con el estilo de vida de la clase media europea. Una población de cerca de 9000 millones de personas sobrepasa por mucho esta capacidad estimada[105]. Los humanos descubren que no son muy diferentes al resto de formas de vida que se enfrentan a la extinción[106]. Una marea de muerte se extiende por el planeta arrastrando consigo enfermedades, hambruna y violencia incesantes, que dejan una mancha en el alma de nuestra especie[107].

Las matemáticas de la muerte son implacables. Con unos 9000 millones de personas en el planeta en 2040 y, siendo conservadores, con el 10 % de la población mundial (los más pobres entre los pobres) en riesgo de morir, esto significa que unos 900 millones de personas podrían fallecer en este periodo de diez años. La aritmética básica traduce esta cifra en unos sobrecogedores 90 millones de personas que mueren *al año*; el equivalente aproximado a siete holocaustos en *cada año* de esta década.

A medida que las oleadas de muerte asolan la Tierra, el impacto moral y psicológico de estas pérdidas hace que la psique humana se tambalee. Este desastre se desarrolla en tiempo real, con las imágenes en alta definición mostrando la cara y la muerte de incontables humanos y otras criaturas. El dolor y el sufrimiento desmedidos de la gran mortandad desgarran el tejido de la cultura y la consciencia. La pérdida, el dolor y la desolación son incalculables. Estos dolorosos años hacen trizas nuestras conexiones con el pasado y dejan nuestro legado hecho jirones.

La magnitud de la tragedia y el sufrimiento de la gran mortandad transforman el corazón y el alma de nuestra especie[108].

La segunda causa de la tragedia y el sufrimiento que marcan esta década es el gran incendio[109]. Aunque se han producido incendios extremos en áreas localizadas desde 2020, los voraces incendios por todo el planeta se convierten en una emergencia extrema dos décadas después. A medida que el calentamiento global se intensifica, también crecen las áreas de sequía grave y los grandes incendios.

- Gran parte de la Amazonia se ha secado y arde[110].

- Amplias franjas de California y el oeste de Estados Unidos se encuentran en llamas de forma permanente, lo cual convierte los antiguos bosques en matorrales y arbustos[111].

- Se queman áreas extensas de la región de Los Ángeles, al igual que Texas y Colorado.

- Partes considerables de México están en llamas.

- La mayor parte de Australia está calcinada[112].

- Grandes regiones de Europa, en particular el sur de Francia, Portugal y el resto de la región mediterránea, están ardiendo.

- También se queman zonas enteras de la India, Pakistán, Irán y Afganistán.

- Las regiones del norte y el sudeste de China se encuentran en llamas de forma habitual.

- En África, grandes áreas arden de manera constante, sobre todo Etiopía, Uganda, Sudán y Eritrea.

En lugar de calificar nuestra era como el Antropoceno, en su libro *Fire Age*, el profesor Stephen Pyne la define como el «Piroceno», un futuro de fuego y conmoción tan grandes e inimaginables que «el arco de conocimiento heredado que nos conecta con el pasado se ha roto» y avanzamos hacia un futuro desconocido[113].

El gran incendio y la gran mortandad simbolizan la desintegración y la desconexión funcionales de las civilizaciones humanas con el pasado. Ya no podemos seguir funcionando como antes. A pesar de los grandes esfuerzos de las décadas previas, el experimento evolutivo de la humanidad está fracasando. Los últimos vestigios de confianza en el camino histórico de progreso material han desaparecido del mundo.

Las élites más poderosas que dominaban el mundo en las décadas previas se retiran a sus enclaves a medida que el mundo se derrumba a nuestro alrededor. La crisis ecológica consigue lo que la acción pacífica y las protestas no consiguieron: *el despertar de la humanidad*. Ante todo, la humanidad necesita un camino nuevo y lleno de propósito hacia delante, así como una visión y una voz sólidas que la acompañen.

La población humana en conjunto padece estrés planetario traumático crónico (CTPS, en inglés), una nueva mentalidad que engloba a toda la familia humana. La diferencia entre el síndrome de estrés postraumático (PTSD, en inglés) y el estrés planetario traumático crónico es que, en lugar de ser un episodio breve y contenido, el trauma dura toda la vida y afecta a nivel planetario. No hay escapatoria: la carga del trauma colectivo penetra en el alma de la humanidad.

La gente es capaz de asimilar esta década de inmenso sufrimiento, pero también es consciente del sufrimiento aún mayor que está por llegar, a consecuencia del deterioro de la biosfera, y a medida que tengan que afrontar el desarraigo de su origen, su cultura, su comunidad y su medio de vida. Aunque esto ya ha sucedido antes, en la década de 2040 se convierte en un fenómeno a escala planetaria. Las siguientes son algunas de las consecuencias del CTPS:

- Niveles extremos de ansiedad social, de miedo y respuestas protectoras.

- Dificultad para centrar la atención y la concentración en el panorama completo.

- Aplanamiento emocional acompañado del abuso generalizado de alcohol, drogas y medios de comunicación como respuesta evitativa.

- Reactividad, violencia y trastornos del estado de ánimo.

- Sentimientos de desamparo, desesperanza y depresión que generan una epidemia de suicidios.

El incalculable sufrimiento de esta época disuelve las antiguas identidades y dogmas, y deja a muchos con heridas en lo más profundo, a nivel psicológico y social. El experto en estrés Hans Seyle escribió: «Cada episodio de estrés deja una cicatriz indeleble y, tras una situación estresante, el organismo paga por la supervivencia haciéndose un poco más viejo»[114]. En el momento en que la cooperación como especie es más necesaria, el CTPS lo complica todo.

El inmenso sufrimiento de esta época no es en vano . En el ansia consumista de felicidad inagotable, muchas personas perdieron el contacto con las profundidades de la vida, con el alma. El psicoterapeuta Francis Weller ha trabajado durante más de dos décadas con grupos y ha favorecido confrontaciones genuinas con el duelo. Weller escribe lo siguiente:

> Para la gente tradicional, la pérdida del alma era, sin duda, la condición más peligrosa a la que el ser humano se podía enfrentar. Compromete la energía vital, reduce la alegría y la pasión, disminuye las ganas de vivir y la capacidad para sorprendernos y maravillarnos, debilita la voz y el coraje, y al final, termina por erosionar el deseo de vivir. Perdemos la ilusión y nos deprimimos[115].

Un gran dolor trae consigo un gran regalo: una vía para reconectar con el alma. Carl Jung aconsejaba lo siguiente: «Abraza tu dolor porque allí tu alma crecerá». Las penas que no se reconocen limitan el contacto con el alma colectiva de nuestra especie. A medida que la humanidad se enfrenta a la oscuridad de las pérdidas colectivas, recuperamos el contacto con el alma común. Francis Weller dice que:

> Si no nos familiarizamos con la tristeza, no maduramos como hombres y mujeres. La parte que conoce la tristeza

en el corazón que se ha roto es aquella capaz de amar con sinceridad [...] Sin esta concienciación [...] nos quedamos estancados en estrategias adolescentes de evitación y empeño heroico[116].

El dolor pone a prueba el acuerdo tácito de la sociedad de consumo, que acepta las vidas superficiales y carentes de sentimientos. Es una puerta de entrada a la vitalidad natural indómita del alma. Aceptar el dolor es el secreto para vivir en plenitud, el camino de acceso a la vitalidad salvaje del alma. Naomi Shihab Nye, escribe en su poema "Bondad":

> Si quieres llegar al abismo de la bondad,
> deberás atravesar antes el abismo de la tristeza.
> Debes despertarte con la tristeza
> y familiarizarte con ella hasta que tu voz
> exprese el hilo que engarza todos los pesares
> y descubras la magnitud de la tela[117].

La magnitud de la tristeza en el mundo es inmensa. Descubrimos lo que el alma indígena siempre ha sabido: *No estamos separados de la Tierra: la vida está en todas partes, en todas las cosas.* Cuando la Tierra empobrece, nosotros lo hacemos en la misma medida.

La humanidad tiene mucho duelo que hacer, pues las pérdidas son enormes: en la gran mortandad perdemos a millones de seres queridos, hermanas y hermanos que buscan una vida única en la Tierra, con potenciales jamás alcanzados, relaciones incompletas, talentos que nunca se expresarán, regalos que jamás recibirán. También perdemos mucho del resto de los elementos que conforman la vida: las plantas y animales que enriquecen y aportan resiliencia y belleza a nuestra vida.

En la década de 2040, además de perder incontables vidas también desaparecen ciudades, culturas, idiomas y sabiduría. Por ejemplo, con el aumento del nivel del mar desaparecen muchas de las ciudades más antiguas del mundo asentadas en las costas, como

Alejandría, en Egipto; Shanghái y Hong Kong, en China; Jakarta, en Indonesia; Bombay, en la India; Ho Chi Minh, en Vietnam; Osaka y Tokio, en Japón; Londres, en Inglaterra, Nueva York y Washington D. C., en Estados Unidos, y muchas más[118].

Las pérdidas son tan extensas y fundamentales que despiertan a la población a la sabiduría de *ubuntu*: «Yo soy porque nosotros somos». Cuando el sentimiento de «nosotros» es débil, yo también lo soy en proporción a la riqueza de la vida que se ha perdido. Cuando estamos en contacto con nuestra esencia, con nuestra alma, nos sumergimos en una ecología de la vitalidad mucho mayor. En la hermandad y la experiencia con todas los seres, compartimos de manera directa el sutil zumbido de la vida en el planeta.

Presas de una pena abrumadora por la inmensidad de nuestras pérdidas, anhelamos volver a un tiempo anterior, previo a que el dolor nos invadiera. Sin embargo, sabemos que jamás podremos volver al pasado; en su lugar, debemos aceptar nuestro destino y descubrir el modo en que esta sabiduría transforme nuestro camino hacia el futuro. El dolor colectivo hace arder las invenciones y las apariencias, y descubrimos la humanidad en estado puro. A partir de la autenticidad de ese descubrimiento, avanzamos para construir nuevos mundos.

La desolación de la gran mortandad y del gran incendio nos deja desnudos ante la evolución. La pena no es un engaño. Así es el mundo real.

Cuando la tristeza nos llama, entendemos que el mundo no es un espejismo. Nos enfrentamos a la honestidad de la vida misma, que debe ser honrada y aceptada tal y como es. Jennifer Welwood, una maestra de psicología espiritual y poeta, le habla a esta época:

Amigos míos, es hora de madurar.
Dejemos de disimular que no sabemos qué pasa.
O si de verdad no lo sabemos, despertemos y
démonos cuenta.

Miren: todo lo que se pueda perder, se perderá.
Es fácil, ¿cómo hemos podido estar ciegos durante
tanto tiempo?
Lloremos nuestras pérdidas hasta hartarnos, como
adultos maduros,
pero sin sorprendernos, por favor.
No actuemos como si fuese una traición,
como si la vida hubiese roto su promesa secreta.
La impermanencia es la única promesa que nos ha hecho.
Y la mantiene con una impecable crueldad.
Para un niño parece cruel, pero tan solo es salvaje.
Y su compasión, de una precisión exquisita:
Con un brillo penetrante, luminosa de verdad,
arranca lo irreal para mostrarnos la realidad.
¡Es un viaje de ida: dejémonos llevar!
Dejemos los tratos que prometen un viaje seguro:
Da igual, no existe y el precio es muy alto.
Ya no somos niños.
El verdadero humano adulto lo da todo por lo que no
puede perderse.
¡Bailemos la danza salvaje de quien ya no espera nada![119].

El dolor nos arrastra más allá de toda esperanza hasta la cruda verdad de la realidad. En el dolor colectivo debemos superar la adolescencia de nuestra especie, reconocer la situación actual, estar presentes para aquello que es real y responder de la mejor manera posible.

La gran mortandad pide a gritos que maduremos en conjunto más allá de la esperanza o el desánimo, y nos llama a levantarnos y responsabilizarnos del trabajo que exige este tiempo de gran transición.

El dolor muestra las profundidades. Tras el encuentro con la muerte, estamos preparados para volver con más plenitud a la vida.

A medida que nos enfrentamos a aquello que parece más insoportable, descubrimos lo que de verdad rebosa de vida. El dolor derriba toda pretensión y se abre paso a través de la superficialidad de la cultura de consumo. Hemos alcanzado un punto fundamental de la historia en el que la humanidad tiene que tomar decisiones cuyas consecuencias se encadenarán unas con otras hacia un futuro lejano. Es la evolución en estado puro. La gran mortandad nos exige un nivel superior de madurez colectiva, dejar atrás la adolescencia de la especie y ocuparnos de nuestro futuro.

Como colectivo, nos cuestionamos si tenemos la madurez suficiente para anteponer el bienestar de la vida por encima de nuestros intereses personales. ¿Somos capaces de implicarnos en estos tiempos tan difíciles con humildad y compasión? ¿Somos capaces de hablar menos y escuchar más al sufrimiento en el mundo? ¿Somos capaces de ocuparnos de nuestra forma de vivir y de trabajar para crear una biosfera habitable, mientras somos conscientes de que es necesario un cambio drástico?

En las naciones más ricas, en particular, se extiende una profunda crisis psicológica a medida que la gente siente la enorme culpa y la vergüenza por la devastación del planeta y la merma de las oportunidades para las generaciones futuras. Muchas personas lloran por la Tierra y sienten que la humanidad ha fallado en su gran experimento evolutivo. Tras decenas de miles de años de lento desarrollo, muchos sienten que, en el lapso de una sola generación, hemos destruido nuestra oportunidad de éxito evolutivo y lamentan esta oportunidad perdida. La comunidad humana reconoce que nos enfrentamos a un futuro sombrío de destrucción creciente y desesperanza que solo empeora, a menos que, de forma colectiva, crezcamos en este periodo lleno de amenazas.

El sufrimiento y la pena son el fuego purificador que despierta el alma de nuestra especie. Las oleadas de catástrofe ecológica han reforzado los periodos de crisis económica, que han sido amplificados por más oleadas de agitación civil. La reconciliación momentánea va seguida de la desintegración y, de nuevo, la reconciliación. En el proceso de dar a luz una civilización más sostenible, la humanidad retrocederá y avanzará en ciclos de contracción y relajación, hasta la extenuación extrema y hasta que hayamos quemado las barreras que nos separan de nuestra totalidad como una gran familia humana.

Entonces lo sabremos con una certeza implacable: tenemos que elegir entre la extinción y la transformación.

En la década de 2040, mucha gente se pregunta si una reducción de las cifras de la población humana sería una tragedia o una bendición[120]. ¿Somos tan valiosos para la Tierra que nos merecemos estar vivos cuando un millón de otras especies no lo está? Una crisis moral profunda se extiende por la Tierra. ¿Nos merecemos seguir existiendo? ¿Podemos encontrar un camino y un propósito que nos permitan elevarnos sobre estas tragedias y hacernos merecedores de la vida?

Los esfuerzos por la reconciliación comienzan con sentimientos de promesa y esperanza, que de inmediato se disipan ante el caos climático y la destrucción de los sistemas. ¿Existe, de verdad, un motivo para que vivamos juntos en este pequeño planeta cuando nuestras diferencias son tan grandes? Sabemos que debemos aceptar las miserias y las divisiones de un mundo destruido antes de poder curarlas. El primer paso para alcanzar la unidad es reconocer que estamos rotos.

La urgencia propicia la aparición de innovaciones en la construcción de nuevas formas de comunidad. Las antiguas estructuras se adaptan para crear nuevos tipos de comunidad, desde vecindarios de bolsillo y cohabitación hasta ecoaldeas de diseños variados. A medida que la gente comprende que las construcciones a pequeña escala se adaptan mejor a las condiciones cambiantes, empiezan a proliferar las comunidades «salvavidas». El apoyo a las poblaciones de transición y las ciudades sostenibles aumenta a medida que entendemos la importancia de las comunidades saludables, aunque el daño a la economía, a la sociedad y a la ecología es tal que resulta muy complicado sacarlas adelante. Al mismo tiempo, las tensiones crecen con la llegada de oleadas de refugiados climáticos en busca de seguridad y supervivencia que quieren formar parte de las comunidades saludables.

La vida simple ya no se ve como un retroceso. Los estilos de vida de bajas emisiones y los valores que los acompañan traen una nueva visión de la comunidad, la autosuficiencia y la bondad. La simplicidad en la vida potencia unas comunidades fuertes, de apoyo mutuo y supervivencia. A medida que desarrollamos una serie de habilidades que pueden contribuir de forma directa al bienestar de nuestros vecinos, sentimos que nuestros dones verdaderos pueden encontrar su espacio en la vida diaria.

Las fuerzas inspiradoras están presentes por todas partes, pero están tan fragmentadas y desconectadas unas de otras que no pueden converger en una corriente que se retroalimenta y se refuerza. El mundo está roto. El ecocolapso implica el egocolapso. La psique colectiva de la humanidad está herida de gravedad. La necesidad de madurez crece, pero es superada por las fuerzas de desintegración, que empujan a la humanidad a los niveles más primarios de la lucha por la vida. Las comunidades pequeñas se convierten en la base de la seguridad y la supervivencia.

La consciencia reflexiva (u observadora) crece a medida que la humanidad se ve obligada a mirar más allá de su vida diaria y a asumir que los cimientos del futuro son una existencia hecha trizas por nuestras acciones. Comprendemos que esta época de transición puede terminar en un descenso final hacia la extinción funcional o un ascenso colectivo hacia el despertar y la reconstrucción.

La comunicación colectiva parece ofrecer el mayor potencial para una renovación rápida. ¡Comunicarse o morir! A medida que afrontamos la realidad de un profundo colapso de los ecosistemas, comprendemos que no podemos alejarnos del diálogo público y de la creación de consensos; sin embargo, para mucha gente, la comunicación que fluye del nivel local al global, orientada a descubrir un camino hacia delante, parece infructuosa y destinada al fracaso.

Década de 2050. La gran transición: adultez temprana

Resumen

Con la gran mortandad y el gran incendio no quedan dudas de que el mundo del pasado ha desaparecido. La humanidad puede descender hasta las tinieblas del autoritarismo o la oscuridad de la extinción; o puede elegir atravesar la enorme pena que ocupa nuestra alma colectiva y avanzar hacia un futuro de vitalidad inesperada. El tiempo para tomar una decisión colectiva es inflexible y urgente. En nuestro interior conocemos las palabras del poeta Wallace Stevens:

Tras el último «no» viene un «sí».
Y de ese «sí» depende el porvenir del mundo[121].

¿Cuál será el «sí» de la humanidad? «Sí, nos rendimos al autoritarismo o a la extinción funcional» o: «¡Sí, tomamos la decisión valiente de luchar por una madurez superior y un futuro en transformación!».

A medida que la realidad de una catástrofe climática se hace evidente y la crisis sistémica nos golpea, la comunidad humana se ve empujada a reconsiderar por completo el modo de avanzar. ¿Seremos capaces de transformar nuestra forma de pensar colectiva (la mentalidad de nuestra especie) y la manera en que interpretamos nuestro papel en la Tierra (el viaje de nuestra especie)? Las últimas tres décadas nos han llenado de desesperanza y dolor. Hemos abandonado el proyecto de intentar recuperar el pasado. ¿Podemos construir un nuevo futuro si despertamos un nuevo sentido al viaje de nuestra especie? ¿Tenemos la voluntad social de hacer un cambio de tal magnitud? Joanna Macy resume la situación de forma clara:

¿Estamos [...] acompañando en el lecho de muerte a un mundo que se agota o somos las matronas de la próxima etapa de la evolución humana? No lo sabemos. Entonces ¿cuál será el resultado? Si no tenemos nada que perder, ¿qué podría impedirnos ser la versión más valiente, más creativa y más amable de nosotros mismos?[122]

Las profundas heridas infligidas por la gran mortandad y el gran incendio atormentan a la psique colectiva de la humanidad. Nos hemos liberado del trance superficial del materialismo y podemos recuperar nuestra vieja intuición de vitalidad que impregna el mundo. El paradigma de la vitalidad honra las raíces espirituales de todas las grandes tradiciones de sabiduría y aporta una perspectiva de curación al mundo. Las iniciativas para una reconciliación amplia y profunda pueden crecer y extenderse desde esta base, y pueden empezar a sanar nuestras muchas divisiones: raciales, étnicas, religiosas, de riqueza y de género.

A comienzos de la década de 2020, ya sabíamos que para construir un planeta habitable sería necesaria una rápida reducción de las emisiones de CO_2 hasta el cero neto en 2050. Ahora la década ha llegado con la preocupante realidad de que los esfuerzos humanos, aunque heroicos, han sido tardíos e insuficientes. No hemos alcanzado este objetivo decisivo[123]. Hemos sobrepasado muchos puntos críticos: el metano continúa liberándose a la atmósfera y las temperaturas globales bordean el terrible aumento de 3 °C, lo cual causa extremos en el clima que alteran todas las formas de vida. La cifra de refugiados climáticos alcanza los mil millones.

Paso a paso avanzamos hacia nuestra adultez temprana como especie. Con profundo respeto por el bienestar de todas las formas de vida como la base para nuestro futuro, sentimos una reconfortante brisa de inspiración y posibilidad emergente. Las iniciativas Voz de la comunidad brotan a nivel regional y la robusta iniciativa Voz de la Tierra florece a nivel global. En lo más profundo de nuestro ser sabemos que todos somos ciudadanos de la Tierra y buscamos nuevas conversaciones que nos permitan, por un lado, integrar este sentimiento en nuestra vida diaria, y por otro, crecer juntos en la reconstrucción de la Tierra como nuestro hogar. Las inmensas penas de la década anterior despiertan un compromiso colectivo por crear un camino hacia el futuro que discurra más allá de las distracciones infinitas y la violencia.

Cuando asumimos la necesidad urgente de llegar a un acuerdo de entendimiento y curación más elevado, nos sumergimos en un océano de comunicación. De día y de noche, la conversación global, rica y compleja, busca una visión del futuro basada en el entendimiento y la sanación. Hemos cruzado el umbral de una nueva etapa de madurez en la cual anhelamos trabajar por el bienestar de todas las formas de vida y nos comprometemos con el futuro lejano. Nos esperan miles de años de trabajo para reconciliarnos con la convivencia y la construcción de un futuro próspero en un planeta herido de gravedad.

Revisión de las tendencias predominantes en la década de 2050

- **Calentamiento global y alteración del clima**: El objetivo de cero emisiones de CO_2 para 2050 no se ha conseguido. Las temperaturas globales crecen hacia la escalofriante cifra de 3 °C (5,4 °F) y producen cambios del clima que causan serias alteraciones y destrucción[124]. El metano continúa liberándose a la atmósfera, lo que amplifica los patrones de clima extremo, reduce la producción agrícola, afecta a las áreas costeras con tormentas y huracanes, y altera los hábitats de plantas y animales. Los océanos alcanzan niveles de calentamiento y acidificación sin precedentes y la vida escasea en ellos, el suelo está destrozado y seco, y la destrucción ecológica se extiende a medida que las plantas y animales son incapaces de adaptarse a la velocidad del cambio climático. Durante décadas hemos sabido que, si el aumento de temperatura llega a 3 °C, será casi imposible evitar los 4 °C, y un aumento de tal calibre causará bucles de retroalimentación que harán todavía más complicado frenar la progresión hasta llegar a 5 °C[125]. Nos encontramos en una montaña rusa hacia el infierno.

La crisis climática absoluta ha llegado.

- **Escasez de agua:** Se espera que el estrés hídrico afecte al 52 % de la población mundial hacia el año 2050[126]. Con una población mundial que se acerca a los 10 000 millones de personas, esto significa que más de 5000 millones sufrirán escasez de agua[127]. Esta estimación no incluye la posibilidad de un periodo de gran mortandad, durante el cual 1000 millones de humanos, o más, fallecen. Para muchos, la vida se ha convertido en una miserable pelea por la supervivencia en un mundo sobrecalentado y abrasado.

- **Escasez de alimentos:** En el año 2050, se espera que la población supere los 9000 millones de habitantes. A su vez, el suministro de alimentos está bajo una presión enorme y peligra, a medida que el mundo se mueve hacia un ecosistema estéril carente de diversidad de fauna y flora. La demanda de alimentos es un 60 % mayor que en 2020, aunque el calentamiento global, la urbanización y la degradación del suelo han reducido la disponibilidad de suelo arable[128]. Cabe recordar que se ha estimado que, cada grado centígrado (1,81 °F) de calentamiento supone una reducción del rendimiento agrícola de entre el 10 % y el 15 %. Por lo tanto, con un aumento de 3 °C la producción agrícola cae de un 30 % a un 40 %. Para agravar la situación, entre los esfuerzos para reducir las emisiones de carbono se incluyen la reducción del uso de fertilizantes y pesticidas derivados del petróleo. Ante la imposibilidad de mantener la producción agrícola, las reservas de alimentos disminuyen todavía más y miles de millones de personas se encuentran en riesgo de morir de hambre. Hasta 5000 millones de personas se enfrentan al hambre y a la falta de acceso a agua potable en 2050, a medida que el calentamiento del clima altere la polinización, el agua dulce y los hábitats costeros. La gente que viva en el sur de Asia y África se llevará la peor parte[129].

- **Refugiados climáticos**: Hacia la mitad del siglo se espera que haya más de 300 millones de refugiados climáticos, pero podrían ser muchos más[130]. La marea de refugiados hacia regiones más habitables del planeta allana el terreno para la explosión de graves conflictos.

- **Población mundial:** Se estima que la población ha crecido hasta los 10 000 millones de personas en 2057[131]. Sin embargo, en esta aproximación no se tiene en cuenta la gran mortandad de la década de 2040, en la que el 10 %, o más, de la población mundial podría fallecer. La magnitud potencial de mortalidad en la década de 2050 parece inimaginable, más aún con el empeoramiento de la escasez de agua y la caída en la producción agrícola.

- **Extinción de especies:** Los hábitats de las plantas y animales del planeta (terrestres, acuáticos y aéreos) desaparecen a una velocidad que hace imposible la adaptación. A mitad de siglo, cerca de un tercio de todas las formas de vida del planeta habrán muerto, con consecuencias terribles. La muerte de especies enteras de insectos conlleva un colapso en cascada de la biosfera. La cantidad y el tipo de suministro de alimentos cambia de manera drástica. Los pastizales corren grave peligro y con ellos, los animales herbívoros. A corto plazo, los que se benefician de estas muertes son los carroñeros (las cucarachas y los buitres en tierra, y las medusas en el mar)[132].

- **Crecimiento o destrucción de la economía**: A mitad de siglo, los efectos del cambio climático son aterradores. Los esfuerzos por reducir las emisiones de carbono a cero frenan el crecimiento económico y se consideran fallidos, agravados por una ola creciente de destrucción económica, quiebras y desintegraciones organizativas. Las restricciones de todo tipo empeoran y en consecuencia aumentan la acumulación, el mercado negro, los robos generalizados y la violencia. Las fuentes tradicionales de valor (el dinero en efectivo, las acciones y los bonos) siguen cayendo mientras que el valor de aquellos bienes que escasean, como las medicinas, los alimentos y el combustible, no deja de subir. La producción agrícola continúa bajando a medida que la temperatura empeora. Las alteraciones del clima y las migraciones humanas masivas alteran los patrones de comercio y producción en profundidad. La economía global se fractura y se fragmenta, y experimenta una transición hacia economías locales vivas. La mentalidad de crecimiento del pasado ha sido sustituida por una de supervivencia y sostenibilidad que pone énfasis en crear resiliencia local en las economías vivas.

- **Desigualdades económicas:** Las desigualdades económicas persisten a pesar de los intentos por crear una revolución en la justicia. El calentamiento global afecta, sobre todo, a las personas que menos han contribuido en el desarrollo de la crisis, además de ser los que tienen menor capacidad para mitigarlo. Los más pobres del mundo se enfrentan a la hambruna, a las enfermedades y al desarraigo. La pobreza extrema, sin acceso a las herramientas y los recursos necesarios para construir una economía local viable, fuerza a la gente a una vida de supervivencia y les impide colaborar en los esfuerzos por construir una ecocivilización en la Tierra. Una mayor justicia en el acceso a las tecnologías y los recursos básicos es esencial para mejorar la salud y la productividad de aquellos más desaventajados, así como para crear los cimientos de un futuro más sostenible. La mejora de las condiciones de vida de aquellos que menos tienen va más allá de la compasión, es la forma de movilizar una respuesta popular de alto nivel ante la alteración del clima y la destrucción global.

Escenario: Imaginando cómo se desarrollará la década de 2050

Cada año fallecen millones de personas, lo que perpetúa la gran mortandad. La sombra del sufrimiento innecesario oscurece el mundo y se propaga sobre las perspectivas del futuro de la humanidad. El gran incendio se acelera a medida que el calentamiento global descontrolado empeora. millones de refugiados climáticos se desplazan en busca de áreas con más recursos. Aunque las comunidades locales se esfuerzan por compartir los recursos, se enfrentan a oleadas de refugiados que de inmediato sobrepasan la capacidad de unos sistemas ya de por sí sobrecargados. Muchas comunidades afrontan retos muy por encima de sus capacidades Esta sobrecarga genera conflictos violentos a medida que la población y las comunidades rozan los límites de la supervivencia. La violencia alberga el aislamiento social y una mentalidad de separación con muros.

Sobre todo en las naciones desarrolladas, la crisis psicológica profunda crece en la gente, que ve cómo las oportunidades para las futuras generaciones disminuyen. Muchas personas caen en la desesperación. El alma de la humanidad ha sufrido una herida moral: hemos destruido la Tierra y traicionado nuestro sentido innato de la ética. Nos enfrentamos a un futuro de oscuridad interminable. ¿Tenemos la voluntad social de hacer un gran cambio?

La pregunta más importante es:
¿cómo podemos, como una comunidad humana, crecer
unidos para superar, de forma solidaria, los retos a los
que nos enfrentamos?

Nos enfrentamos a una crisis existencial como especie y tenemos la obligación de preguntarnos una y otra vez: ¿quiénes somos?, ¿adónde vamos? Debemos recordar la antigua creencia que dice

136

que vivimos en un mundo impregnado de sutil vitalidad. Recuperar el ideal de una vitalidad profunda nos conecta con el universo como un todo. Nuestro sentido de identidad y el viaje evolutivo se transforman. De forma progresiva, nos identificamos como seres biológicos y cósmicos que están aprendiendo a vivir dentro de los márgenes de la ecología de la vida. Al romper el trance consumista del materialismo superficial en un universo sin vida, somos libres para explorar formas de vivir en un universo sintiente que ofrece gran profundidad de significado y propósito.

Empujados por la inmensidad de la pérdida y atraídos por la promesa de un viaje sanador, el sistema nervioso global se despierta a una nueva capacidad de autoconciencia colectiva. Emerge una nueva mentalidad de especie o consciencia reflexiva a nivel planetario. Hemos comenzado a desarrollar la capacidad de observarnos a nosotros mismos, a reconocernos en el espejo del alma colectiva y a guiarnos a niveles superiores de organización, de coherencia y de conexión. Gracias a la consciencia reflexiva, vemos con más claridad lo que sucede en el mundo y elegimos de forma más consciente el camino a seguir. Salimos de la burbuja del materialismo obnubilado para participar de forma activa en la vida.

La familia humana comprende que nuestra habilidad para comunicarnos fue lo que nos permitió evolucionar durante miles de años hasta alcanzar los márgenes de la civilización planetaria. También asumimos la necesidad de un nuevo estrato de comunicación a nivel planetario que nos permita colaborar y trabajar en conjunto por el bienestar común. En la década de 2050, ya han pasado tres generaciones desde que comenzó la revolución de las comunicaciones y no toleramos que los medios de comunicación consumistas nos manipulen. Somos conscientes de que nuestra supervivencia depende de la comprensión detallada y realista de lo que sucede en el mundo, y desconfiamos de cualquier intento de manipulación con el fin de obtener poder o beneficios a nuestra costa. En la memoria de la especie aún recordamos la sobrecarga de información distorsionada y falsa cuya única finalidad era crear el caos, la confusión y la distracción[133]. Estas experiencias tan dolorosas nos han inmunizado y disminuyen las posibilidades de infección de la mente colectiva.

El auge de los superordenadores con gran capacidad supone un desarrollo determinante para el consenso global, pues permiten monitorear con facilidad el voto de miles de millones de personas en tiempo real. Al combinar el poder de la inteligencia artificial con los seguros archivos de las tecnologías de cadena de bloques (*blockchain*), los sistemas de supercomputación garantizan el voto confidencial de miles de millones de personas en redes seguras. Estos avances reactivan el planeta, gracias a los nuevos niveles de comunicación del nivel local al global. Las organizaciones Voz de la comunidad proliferan a nivel local y una organización robusta de Voz de la Tierra funciona a nivel global. La comunicación clara sobre el futuro común fluye por el mundo. La mayoría de la gente acoge con satisfacción una sensación creciente de:

- *Identidad* como habitantes de la Tierra. La identidad a escala global no desplaza a las demás identidades de nacionalidad, comunidad, etnia, etc.; más bien reconoce la realidad de la interdependencia y la responsabilidad de la ciudadanía por el bienestar de la Tierra.

- *Empoderamiento* como habitantes de la Tierra. Tras décadas de participación en diversos foros electrónicos, queda claro que la opinión de la ciudadanía tiene una gran influencia en las políticas públicas.

- *Igualdad* como habitantes de la Tierra. A pesar de las diferencias de riqueza y privilegio, en los foros electrónicos el voto y la voz de cada persona cuentan de igual manera a la hora de decidir el futuro de la humanidad.

- *Solidaridad* como habitantes de la Tierra. Tras décadas de trauma y sufrimiento, se han creado nuevos vínculos de confianza y aceptación del trabajo en equipo como algo imprescindible para asegurar un futuro en transformación.

Se abre un camino prometedor hacia un futuro regenerador, sostenible y con propósito. Aunque hemos alcanzado los límites de la destrucción como especie, gracias a los diálogos desde el nivel local hacia el global y a los nuevos niveles de madurez colectiva y conocimiento, podemos alejarnos de los márgenes del desastre. Tras haber agotado toda esperanza de soluciones parciales, atrás quedan el caos y la tristeza de estos tiempos, y descubrimos un sentido más profundo de comunidad y propósito colectivos. Hemos sobrevivido a la gran mortandad y maduramos en «el gran despertar» como comunidad de la Tierra. Dejamos atrás la adolescencia egocéntrica como especie y entramos en la edad adulta, con una preocupación creciente por el bienestar de todas las formas de vida. Cuando identificamos el racismo estructural, las desigualdades extremas de riqueza y bienestar, las divisiones de género, etc., buscamos soluciones y un consenso que represente un nuevo nivel de cooperación y colaboración.

El mundo es una carrera entre la extinción y la transformación. El colapso de las civilizaciones no ha dañado todavía las bases para la construcción de un futuro viable en la Tierra. En todo el planeta aparecen nuevas configuraciones en la forma de vivir, orientadas hacia las ecoaldeas a pequeña escala, con organización propia y autosuficientes.

La simplicidad voluntaria se convierte en un valor central que abarca todos los aspectos: la comida que comemos, el trabajo que hacemos, las casas y las comunidades en las que vivimos y mucho más. Los modos de vida ecológicos florecen a través de múltiples formas de expresión. La gente asume que la restauración y la renovación de la Tierra como un sistema capaz de albergar vida tardará siglos, pero el viaje está en marcha.

De la noche oscura del alma de la especie han surgido una serie de factores que nos inspiran para generar un estrecho compromiso en la construcción de un mundo nuevo. Cuando estos siete factores entran en juego y se refuerzan unos a otros crean un impulso colectivo de magnitud suficiente para que la humanidad se eleve por encima de las fuerzas opuestas del autoritarismo o la extinción. Comprendemos que hemos pasado por una iniciación profunda como especie y que un futuro de restauración y renovación es posible si elegimos de manera consciente el camino a seguir. Las soluciones intermedias no nos sirven. Si los humanos queremos salvar el planeta y nuestro futuro, el progreso evolutivo exige nuestra implicación total.

Década de 2060. La gran liberación: elegir la Tierra

Resumen

Gran parte de la humanidad acepta que nos encontramos en un punto decisivo de la historia. La Tierra que, con sus condiciones favorables, había sostenido nuestro desarrollo hasta los márgenes de la civilización ha sido transformada por los incendios, las inundaciones, las sequías, las hambrunas, las enfermedades, los conflictos y las extinciones. En lugar de dejar atrás estos desafíos, tenemos la labor de aceptarlos e integrarlos. La aceptación es la fuente del aprendizaje fundamental y nos permitirá perdurar en un futuro lejano.

El viaje de transformación nos exige madurar y establecernos como una especie autorreferenciada, autoorganizada y dinámicamente estable. En el mundo se empieza a desarrollar una nueva economía. Las ecoaldeas y las comunidades más grandes son los motores de un nuevo tipo de comercio, a medida que interactúan con otras comunidades y utilizan una moneda local a cambio de habilidades y servicios, como la educación, la salud, el cuidado de los ancianos, los sistemas de energía solar y eólica, la jardinería orgánica, la agricultura hidropónica y la vertical o los conocimientos de construcción, entre otros. Las ecoaldeas resilientes se integran en comunidades resilientes, y estas a su vez en regiones resilientes para vivir de forma cooperativa.

La veneración y el cuidado por el bienestar de la vida se van asentando sobre la comprensión emergente de que el universo es, en sí mismo, un enorme organismo vivo del que formamos parte. Somos más que seres biológicos, somos seres biocósmicos que están aprendiendo a encontrar su hogar en un universo vivo. La consciencia reflexiva ha dejado de ser un lujo espiritual al alcance de unos pocos y empieza a ser una necesidad evolutiva para muchos.

Una gran parte de la población elige de forma consciente trabajar al servicio de una comunidad planetaria basada en la libertad, la igualdad, el bienestar ecológico, la vida simple, la curación y restauración del planeta, y la comunicación genuina. El vibrante movimiento Voz de la Tierra aporta coherencia y da sentido a los propósitos de la especie.

Una especie-organismo de nivel planetario, compuesta por miles de millones de individuos, despierta como una humanidad colectiva. A medida que la solidaridad crece, elegimos la Tierra como nuestro hogar permanente. Hemos pagado un precio de sufrimiento y dolor incalculables, pero hemos purgado la individualidad del pasado para descubrir una relación profunda y emocional con la Tierra, con todas las criaturas que la habitan y con los demás humanos. Sentimos que hemos pagado nuestras deudas con inmenso sufrimiento, que es el precio de admisión a la primera etapa de la madurez global. El miedo por la supervivencia de nuestra especie es reemplazado por sentimientos profundos de comunidad, de solidaridad y de hermandad, que generan nuevas oleadas de optimismo. Hemos superado este periodo de profunda iniciación *juntos*. Nuestra especie ha atravesado la época del mayor peligro imaginable y hemos sobrevivido. Empezamos a conocernos de verdad como una familia humana, con nuestros fallos e idiosincrasias. Sabemos que no existe el descanso final, que tendremos que trabajar de forma permanente para reconciliarnos con nosotros mismos, y también comprendemos que todos somos iguales ante el desafío.

Revisión de las tendencias predominantes en la década de 2060

- El **calentamiento global** se aproxima a gran velocidad al nivel catastrófico de 3 °C (más de 5 °F) y el clima del planeta se vuelve caótico. El mundo, desesperado, recurre a la bioingeniería climática a gran escala para limitar el calentamiento global. La «geoingeniería solar», que refleja una pequeña parte de la energía solar de vuelta al espacio, ayuda a frenar la elevación de temperatura causada por el aumento de los gases de efecto invernadero. Una delgada capa de partículas combate el calentamiento global al imitar la fina ceniza de las erupciones volcánicas, que desvía la radiación solar que llega a la atmósfera. Aunque esta capa de partículas compensa el rápido aumento de la temperatura global, la reducción de la radiación solar también genera cambios drásticos en los sistemas meteorológicos y en los patrones de precipitaciones que dependen de la energía solar. Por ejemplo, puede tener un gran impacto y provocar la desaparición de los monzones en Asia, de los cuales dependen los cultivos de 2000 millones de personas. A pesar de los enormes riesgos, es posible que la geoingeniería solar se aplique a escala planetaria para la década de 2060, en un esfuerzo por estabilizar el calentamiento global. Este también podría mitigarse con esfuerzos por captar el carbono, por ejemplo, con la plantación de más de un billón de árboles en todo el planeta.
- La **escasez de agua** afecta a más de la mitad de la población y genera violencia y conflictos intensos por el acceso a este recurso. A escala global se ha puesto en marcha una iniciativa

para distribuir el acceso al agua y desarrollar plantas desalinizadoras alimentadas con energía solar.

- La **escasez de alimentos** aumenta a medida que la población crece y la producción disminuye. La mitad de la población mundial se enfrenta a la escasez crónica y la hambruna. Al igual que con el agua, también se ha puesto en marcha una iniciativa para racionar y distribuir comida.

- La cifra de **refugiados climáticos** continúa creciendo de forma desmesurada. La Universidad de Cornell estima que, en 2060, la impresionante cifra de 1400 millones de personas, cerca de una quinta parte de la población mundial, podrían convertirse en refugiados climáticos[134]. Las estructuras ciudadanas de un mundo en descomposición se verán desbordadas y será necesaria la cooperación global para poder dar alojamiento a la gente.

- La **extinción de especies** se acelera a medida que los animales y plantas son incapaces de adaptarse con la suficiente agilidad a los cambios drásticos en los patrones del clima y la meteorología. A medida que la biosfera se degrada, una parte cada vez mayor de la población se une a grupos de voluntarios que trabajan por la renovación de la Tierra.

- La **destrucción económica** se extiende y provoca la acumulación, el mercado negro y la violencia. Sin embargo, las luchas por la supervivencia se equilibran con parcelas robustas de economías locales a escala comunitaria. Surge un nuevo tipo de economía a nivel local, centrada en la renovación, la restauración y la regeneración.

Escenario: Imaginando cómo se desarrollará la década de 2060

La mayoría de la humanidad acepta que nos encontramos en un punto decisivo de la historia. La Tierra, cuyas condiciones favorables permitieron el desarrollo de una civilización global, se ha transformado. Es imposible prever si la biosfera podrá regenerarse lo suficiente para albergar un nuevo tipo de civilización. Ha sonado el pistoletazo de salida y nos encontramos en una carrera contra el desastre que nosotros mismos hemos creado.

Paso a paso, nace una nueva mentalidad de especie, con un carácter y un temperamento reconocibles. De manera progresiva desarrollamos un nuevo nivel de compasión y de madurez colectiva que se eleva por encima de las divisiones del pasado. Cuando damos un paso atrás y nos observamos como una especie contendiente, aunque creativa, con potenciales sin explotar de innovación y bondad, damos a luz a una especie-civilización funcional. Emerge una especie-organismo de nivel planetario y, con solidaridad creciente, elegimos la Tierra como nuestro hogar permanente. Hemos pagado un alto precio en forma de un sufrimiento y un dolor incalculables, pero hemos purgado la individualidad del pasado para descubrir una relación profunda y cargada de sentimientos con la Tierra, con todas las criaturas que la habitan y con los demás humanos.

Cada vez vemos con más claridad la inteligencia creativa subyacente y la inmensa paciencia del universo vivo. Atravesamos el umbral hacia nuevos niveles de comprensión colectiva de nuestro viaje evolutivo. La historia de nuestra especie nos ha guiado hasta el umbral de acceso a una identidad, una humanidad y un futuro mayores. Empezamos a reconocernos como células del cuerpo de un superorganismo. A medida que el viejo mundo se descompone y se desmorona, una nueva humanidad surge de los fragmentos.

La Tierra está envuelta por las ondas de la comunicación. El movimiento Voz de la comunidad se enraíza en las regiones metropolitanas de todo el planeta y se convierte en un sólido altavoz popular para la humanidad. Las iniciativas Voz del vecindario contribuyen a las iniciativas a escala bioregional que buscan activar la consciencia colectiva de la especie con comunicación continua en todo el planeta. Estas fuentes de comunicación local vibrante se fusionan en iniciativas regionales. Con la comunicación boyante en muchas regiones de la Tierra, las raíces de Voz de la Tierra crecen y se hacen más profundas.

Todavía persisten las divisiones por cuestión de raza, de riqueza, de género, de religión, de etnia y de geografía. Sin embargo, la revolución de las comunicaciones globales se ha convertido en una fuerza poderosa de reconciliación. Martin Luther King, Jr. dijo que, para ver la injusticia en las cuestiones humanas, «la injusticia debe ser expuesta, con toda la tensión que su exposición provoque, a la luz de la conciencia de los hombres y al aire de la opinión pública de la nación, antes de poder ser curada»[135]. La injusticia global y las desigualdades han florecido en las oscuridades de la desatención y la ignorancia. Ahora, la luz sanadora del conocimiento público crea una nueva conciencia en la comunidad humana. Los individuos que han sobrevivido saben que el mundo entero está mirando, y en consecuencia un potente impulso restaurador y sanador impregna las relaciones humanas. Los habitantes del planeta expresan sus sentimientos a través de incontables resoluciones, peticiones, declaraciones y votaciones desde cualquier región y a cualquier nivel del mundo, y dicen: elegimos, una y otra vez, trascender nuestras diferencias y avanzar de forma conjunta. El acuerdo para un futuro regenerador y significativo cristaliza de forma visible, consciente y profunda, en la psique colectiva. El gran cambio que la humanidad buscaba emerge, empujado por la cruda necesidad y atraído por la oportunidad imperiosa, de forma gradual a partir del dolor y la pena de las décadas decisivas.

Miles de millones de personas fallecieron en el viaje de iniciación de nuestra especie hacia la adultez temprana. Prometemos honrar su sacrificio, no olvidarlo jamás; en su lugar, lo convertimos en una ofrenda de gratitud sagrada a medida que experimentamos una vitalidad más amplia. La oscuridad de la muerte ha prendido la llama de una vida repleta de sentimientos. Mientras lloramos la pérdida de tantas vidas, tantas culturas y tantas especies, poco a poco nos entregamos a nuevas formas de vivir que honran aquellas que se perdieron, y convertimos el sufrimiento en nuevas formas de existir juntos.

Agotados por los proyectos superficiales del consumismo, nos regocijamos con proyectos más importantes para aprender a vivir en el universo vivo. Hemos visto de cerca la posibilidad de nuestra propia extinción funcional y, en su lugar, hemos alcanzado una vida mayor. Aceptamos nuestro destino, reconocemos que no es una tregua final o que la armonía perdurará y, en cambio, acatamos la buena voluntad y la cooperación, cada día y para siempre.

Cuando reconocemos que no hay un descanso al final y que tenemos las habilidades y la energía para el viaje en el que nos encontramos, nos elevamos a un nuevo nivel de concienciación, de madurez y de responsabilidad.

Con un «sí» colectivo, aquellos que han sobrevivido toman la decisión de encontrar un nuevo camino por el que avanzar. Nos comprometemos a elegir la Tierra como nuestro hogar para el futuro lejano. El futuro a largo plazo no está asegurado, pero hemos asumido las tareas de restaurar nuestro mundo herido de muerte y de establecernos como una especie y una civilización viables. En nuestro interior crece una capacidad madura para el comportamiento ético. Al construir sobre unas bases de reflexión y reconciliación conscientes, la comunidad humana comienza la restauración y renovación de la biosfera como un proyecto conjunto, lo que promueve un sentimiento profundo de hermandad y conexión. Nace una cultura global de bondad.

Vivir en el ahora junto al propio hecho de estar vivos se convierte en la fuente de significado y propósito. Elegimos dejar atrás el inagotable anhelo del consumismo, así como la riqueza que supone el mero hecho de vivir en este extraordinario universo. Juntos, cambiamos la mentalidad de separación y explotación en un universo inerte por un pensamiento de conexión y cuidados en uno vivo.

Década de 2070. El gran viaje: un futuro abierto

Resumen

Con la mirada puesta en el futuro, las tres trayectorias principales siguen presentes en el mundo. No es posible asegurar cuál de ellas prevalecerá.

El planeta entero sigue inmerso en una crisis de todos los sistemas y la necesidad de una acción enérgica y coordinada es tan grande que, si los ciudadanos no dan un paso al frente con acciones autoorganizadas determinantes, la extrema necesidad de decisiones rápidas y dirigidas podría favorecer la toma de control autoritaria.

Aunque el centro de gravedad social ha oscilado hacia el camino transformador, la amenaza de la extinción funcional de la humanidad permanece como una posibilidad real. Las nuevas tecnologías podrían ayudarnos, pero no van a salvarnos. Hay factores invisibles, como la comunicación, la consciencia, la reconciliación y la vitalidad, que determinarán el resultado.

Tras medio siglo de confusión y transición, vemos con una claridad nítida que ante nosotros se proyectan tres futuros muy diferentes:

- La extinción funcional y un nuevo periodo de oscuridad.

- La dominación autoritaria y el estancamiento evolutivo.

- La transformación y una nueva explosión de evolución creativa.

Estas palabras de T. S. Eliot resuenan con fuerza:

No cesaremos en la exploración,
y el fin de todas nuestras búsquedas
será llegar adonde comenzamos,
conocer el lugar por vez primera[136].

Aunque el camino hacia el futuro permanece abierto, la evolución social se inclina hacia el futuro en transformación y hacia la perspectiva de una civilización planetaria más madura que nunca. A medida que seguimos aprendiendo, creciendo y despertando, el futuro continúa siendo una cuestión de elección colectiva. No hemos curado la profunda herida en la Tierra. No nos encontramos en una nueva y milagrosa época dorada de paz y prosperidad. Seguimos peleando por la supervivencia, enfrentándonos a los enormes retos del calentamiento global, al inmenso dolor y la desolación de la gran mortandad, a las dificultades extremas de acoger a millones de refugiados climáticos, a restaurar tantas especies de animales y plantas como sea posible, y a completar la tarea colosal de hacer la transición hacia un futuro de energía renovables. Aunque lo que hemos conseguido es temporal, hemos alcanzado un estado de madurez en el entendimiento colectivo como una especie diversa, aunque contenciosa. Hemos comprendido que, si no queremos desaparecer de la Tierra, de ahora en adelante debemos trabajar unidos; desde este preciso momento debemos encontrar la forma de vivir en equilibrio con la ecología del planeta y el universo vivo.

PARTE IV

Fuerzas inspiradoras para un futuro en transformación

Son las 3:23 de la madrugada
y estoy despierto
porque mis tataranietos
no me dejan dormir.
Mis tataranietos
me preguntan en sueños
¿qué hicieron mientras el planeta era saqueado?
¿Qué hicieron mientras la Tierra se descomponía?
Algo hicieron, sin duda,
cuando las estaciones comenzaron a cambiar,
cuando los mamíferos, los reptiles y las aves murieron.
¿Ocuparon las calles con protestas
cuando les robaron la democracia?
¿Qué hicieron
cuando
lo
supieron?

—Hieroglyphic Stairway por Drew Dellinger[137]

Fuerzas inspiradoras para la transformación

Cuando cuidamos la Tierra, nos sanamos a nosotros mismos.
—David Orr

El crecimiento se produce cuando *todas* las formas de vida crecen. Cuando elegimos *el bienestar de todas las formas de vida* como el pilar fundamental para nuestro bienestar como especie, es vital una implicación con la vida mucho más extensa e intensa. La gran transición desde la separación profunda hasta la comunión consciente al servicio del bienestar de la vida no ocurre de forma espontánea. Al contrario, es un proceso muy exigente a nivel individual y colectivo.

Ante la perspectiva de la extinción humana, la posibilidad de descubrir fuerzas que, elegidas de manera consciente, pueden elevarnos en nuestro viaje evolutivo es un regalo incalculable. A continuación, se presentan siete fuerzas inspiradoras, simples, universales y con un gran poder emocional, que pueden despertar nuestros potenciales humanos más elevados. Algunos retazos de estas fuerzas ya han aparecido entretejidos en los posibles escenarios para el futuro. En este capítulo, las analizamos en profundidad para mostrar el gran impulso que pueden proporcionarnos en este viaje.

1. Elegir la vitalidad
2. Elegir la consciencia
3. Elegir la comunicación
4. Elegir la madurez
5. Elegir la reconciliación
6. Elegir la comunidad
7. Elegir la simplicidad

Revisemos cada una de ellas con detalle.

Elegir la vitalidad

El universo es una única criatura que alberga todas las criaturas en su interior.

—Platón

Somos almas vestidas con las ropas de la bioquímica y nuestro cuerpo es el instrumento con el que el alma toca su música.

—Albert Einstein

El crecimiento sucede de forma natural cuando nos dejamos guiar por el paradigma de vitalidad, que nos ofrece una nueva forma de entender la naturaleza de la *realidad* y de la *identidad* humana; y cuando estas, a su vez, iluminan nuestro *viaje evolutivo*. En la historia es difícil encontrar cambios de paradigma como este, capaces de despertar una transformación en tres niveles. Nos hallamos en un proceso de despertar cuya esencia puede resumirse en *pasar del letargo a la vitalidad:* en lugar de considerarlo como materia muerta flotando en un espacio vacío sin significado ni propósito, el universo es algo conocido y experimentado; es un organismo unificado sintiente, una entidad singular y viva, cada vez más consciente, y que genera expresiones de vitalidad más y más complejas.

El punto de vista de que nos encontramos en un universo unificado y vivo no es nuevo. Al contrario, así es como, en sus orígenes, la humanidad concebía la realidad, pero en los últimos siglos esta visión se ha ido perdiendo. Esta concepción se está redescubriendo gracias a la convergencia de los conocimientos que limitan entre la ciencia y las tradiciones de sabiduría más antiguas del mundo.

Las intuiciones humanas más antiguas revelaban una vitalidad sutil que impregnaba toda la existencia. Esta fue durante, al menos, 5000 años la visión de la extinguida tribu de indios Ohlone, que vivía de forma sostenible en sus tierras de la bahía de San Francisco. El antropólogo cultural Malcolm Margolin ha descrito con gran belleza cómo, para los Ohlone, la naturaleza estaba viva y resplandecía de energía[138]. La vitalidad no era algo remoto, sino que, como el aire, estaba presente en todas partes y en todas las cosas. Puesto que todo albergaba vida, cada acto era espiritual. Todas las tareas, desde cazar o preparar la comida hasta tejer una cesta, se hacían sintiendo la vida y el poder del mundo alrededor. La percepción de que vivimos en un universo vivo no se limita a las culturas indígenas. Hace más de 2000 años, Platón escribió su historia de la creación, *Timeo*, y describió el universo o cosmos como un ser vivo singular dotado de alma.

A pesar de estas profundas raíces de la vitalidad, la idea de un universo sin vida y del materialismo muerto surgió en las sociedades occidentales hace 300 años. El materialismo considera que la materia muerta y el espacio vacío son la única realidad, e interpreta el universo como algo carente de vida, sin un significado ni un propósito más profundos. Esta forma superficial y empobrecida de mirar la realidad, la identidad humana y nuestro viaje evolutivo ha causado un gran impacto por una simple razón: ha transformado el mundo en un bien de consumo. Si la naturaleza solo es materia muerta, es razonable que los vivos, esto es, nosotros, consumamos aquello que está muerto en nuestro propio beneficio. Esta lógica tan sencilla es muy retorcida, pues abre las puertas a la explotación descontrolada de la naturaleza. En ausencia de una contención ética, el paradigma del materialismo muerto ha sido implacable en su ejercicio de poder, pues ha hecho uso de su fuerza hasta rozar los límites de su interpretación superficial y simplista de la existencia. Esos límites quedan expuestos a medida que comprendemos la lógica suicida del materialismo muerto, que ha empujado a nuestra especie y a la mayoría de las especies del planeta hasta la extinción. Nos enfrentamos a la paradoja de sufrir la pobreza extrema como consecuencia de haber disfrutado de la abundancia material. Nos estamos exterminando. La destrucción de los ecosistemas nos obliga a recuperar la antigua interpretación de la existencia y a reclamar sus bases éticas: si el mundo a nuestro alrededor está vivo, lo más maduro es generalizar los cuidados de forma consciente y respetar a todo aquello que está vivo.

Hay una diferencia clara y sencilla entre estos dos paradigmas: si el mundo está muerto desde sus raíces, entonces explótalo, utilízalo y consúmelo; si está vivo, cuídalo y aprovecha sus ofrendas con gratitud y moderación. La mentalidad humana ha considerado la naturaleza como algo muerto y, por tanto, insensible. Además, solo consideramos de forma superficial el modo en que la usamos (y abusamos de ella). Con desidia y distancia, la riqueza y la profundidad del mundo han quedado reducidas a meros recursos explotables. Cualquier tipo de crecimiento que se produzca siguiendo el paradigma mecanicista no es más que una pátina de barniz de felicidad, basada en el consumo de más bienes materiales.

Por el contrario, el paradigma de vitalidad rebosa de crecimiento. Nuestro universo surgió de un minúsculo punto de energía hace unos 14 000 millones de años y ha florecido en su existencia hasta alcanzar los dos billones de galaxias, ¡cada una de ellas con cientos de miles de millones de sistemas solares o más! Nuestra existencia es un ejemplo sorprendente de crecimiento, pues una y otra vez nos levantamos desde el sustrato generativo de la vitalidad. Una fuerza vital extraordinaria es tanto *fundacional*, al dar vida y sostén a nuestro universo, y *emergente* pues da vida a incontables expresiones de vitalidad. Podemos ver la vitalidad irrefrenable en todas partes: en la hierba que crece entre los adoquines de la calle, en los gélidos confines del océano ártico, en el calor sofocante de las fumarolas submarinas, en los lechos arcillosos a miles de kilómetros que jamás han visto la luz del sol o el agua. Sostener un universo entero y dar a luz a incontables formas de vida representa un crecimiento extraordinario. Cuando despertamos a la vitalidad, redescubrimos el crecimiento incesante en los cimientos de la existencia. Si la vitalidad a escala cósmica puede crear y albergar billones de galaxias, también puede ser la fuerza que nos permita transformar las penurias de la ruina causada por el materialismo, en el gozo de vivir en un jardín que florece, cargado de posibilidades.

El poder de la vitalidad

En este mundo que colapsa nos enfrentamos a una cuestión inevitable: ¿existe alguna experiencia vital compartida tan extensa que pueda unirnos en un viaje común hacia un futuro próspero? La respuesta es un «sí» rotundo. Más allá de nuestras diferencias, compartimos la experiencia de estar vivos, y esa experiencia extraordinaria sienta una base sólida en la que reunirnos en un viaje común de transición y transformación[139].

Cuando nuestra vitalidad personal se hace visible a la del universo vivo, las experiencias de deleite y emoción emergen de forma natural. A medida que nos abrimos a las dimensiones cósmicas de nuestro ser, nos sentimos más cómodos, menos absorbidos, más empáticos con los demás y aumenta nuestro deseo de ser útiles a la vida. Estos cambios de perspectiva son muy valiosos para construir un futuro sostenible y lleno de propósito.

Uno de los principales estudiosos de las tradiciones de sabiduría de la humanidad a nivel mundial fue Joseph Campbell. Tuve el privilegio de escribir con él el libro *Changing Images of Man*, donde explorábamos los arquetipos que nos han dirigido al futuro en estos tiempos de transición[140]. En una entrevista reveladora, le preguntaron a Campbell si el principal afán de los humanos era la «búsqueda de un significado». Él respondió que:

> La gente afirma que lo que todos buscamos es un significado a la vida. En mi opinión, no es eso lo que de verdad queremos saber. Creo que anhelamos la experiencia de estar vivos, de modo que nuestras experiencias vitales en el plano físico tengan resonancia con nuestro ser y nuestra realidad más íntimos, y así sintamos de verdad el éxtasis de estar vivos[141].

Una cita atribuida al filósofo Blaise Pascal lo expresa con claridad: «El objetivo de la vida no es la felicidad, la paz o la plenitud, sino la vitalidad»[142]. El autor, filósofo, teólogo y líder por los derechos humanos Howard Thurman dijo las famosas palabras: «No te preguntes qué necesita el mundo. Pregúntate qué te hace sentir vivo y hazlo. Porque el mundo necesita personas que hayan comenzado a vivir»[143].

La vitalidad es nuestra única riqueza verdadera

El psicólogo y filósofo Erich Fromm escribió que nuestra experiencia de vitalidad es el don más preciado que podemos compartir con los demás. Cuando compartimos nuestra experiencia interior de vitalidad, nuestra gratitud y miedos, nuestra comprensión y curiosidad, el humor y la tristeza, ofrecemos la esencia de nuestro ser. Al compartirla, enriquecemos la vida de los demás. Podemos despertar su sentido de vitalidad a través de nuestra propia experiencia de vivir el presente. No ofrecemos con la intención de recibir algo a cambio; en su lugar, el propio acto de compartir es un regalo que despierta una vitalidad en los demás, que a su vez es recíproca pues vuelve a nosotros en un flujo de refuerzo mutuo.

La ecologista y erudita espiritual Joanna Macy conecta el activismo climático con nuestra experiencia de vitalidad:

> Nos encontramos en un momento espléndido para vivir. La conciencia del colapso inminente es una invitación a hacernos preguntas profundas sobre el significado de las cosas que, por lo general, posponemos y que a veces ni siquiera llegamos a plantearnos. La desesperación climática atrae a la gente de nuevo a la vida [...] El camino a través de la desesperación implica la experiencia de ser parte de algo mayor y la rendición ante el misterio de la creación. La crisis climática nos invita a participar en el misterio de la vida con una visión renovada y con el corazón abierto[144].

Anne Baring, filósofa de la escuela de Carl Jung, describe cómo a las culturas de consumo les resulta difícil acceder a la experiencia de las culturas indígenas y su forma de entender que: «la vida del cosmos, la vida de la Tierra y la vida de la humanidad fueron una sola vida, impregnada y conocedora de un espíritu con alma»[145]. Escribe que la gran revelación de nuestro tiempo es que «pasamos del relato de un cosmos muerto y no sintiente al relato nuevo de uno que vibra de vitalidad y que es el sustrato de nuestra propia consciencia»[146].

Un universo inerte no tiene consciencia y es, por lo tanto, indiferente a cualquier sentido del propósito humano. Como formas de vida separadas en su existencia, a lo largo de la historia hemos tenido que buscar una razón a nuestra existencia en el universo, pero esto resulta infructuoso en un cosmos ajeno a la vida. Por el contrario, un universo vivo parece decidido a generar en sí mismo sistemas autorreferenciados y autoorganizados a todas las escalas. Somos expresiones de vitalidad que, tras cerca de 14 000 millones de años, permiten al universo mirar al pasado y reflexionar sobre sí mismo. El paradigma de un universo vivo provoca un cambio profundo en nuestro propósito evolutivo:

> *«La vida se encarga de perpetuarse y de superarse;*
> *si todo lo que hace es sostenerse, entonces vivir es,*
> *tan solo, no morir»[147].*
> —Simone de Beauvoir

Más allá de las diferencias de idioma e historia, existe una interpretación común: el universo es un sistema vivo que emerge de nuevo en todo momento. Somos una parte inseparable de ese proceso regenerativo. Esta interpretación es conocida y aceptada por los místicos, los poetas y los naturalistas[148]:

> *El cielo está bajo nuestros pies, así como sobre*
> *nuestra cabeza.*
> —Henry David Thoreau[149]

Cuanto más en profundidad miramos la naturaleza, mejor comprendemos que está llena vida... A través de este conocimiento se forja nuestra relación espiritual con el universo.

—Albert Schweitzer[150]

Y al bosque voy para perder mi mente y encontrar mi alma.

—John Muir[151]

No son solo hermosas, las estrellas son como los árboles en el bosque, viven y respiran. Y me observan.

—Haruki Murakami[152]

El propósito de la vida es lograr que el latido de tu corazón se acompase con el del universo, para acompasar tu naturaleza con la Naturaleza.

—Joseph Campbell[153]

Si deseas conocer lo divino, siente la brisa en tu cara y el calor del sol en tus manos.

—Buddha[154]

Creo en Dios, salvo que lo llamo Naturaleza.

—Frank Lloyd Wright[155]

El despertar a nuestra conexión consciente con el universo vivo expande de forma natural el alcance de nuestro interés y nuestra compasión, e ilumina la perspectiva de trabajar juntos para construir un futuro sostenible. No se trata de filosofía abstracta, sino de la simple experiencia visceral de estar vivos en la exclusiva vivencia que es ser nosotros mismos. A sus 90 años, las palabras de Florida Scott-Maxwell describen esta visión con mucha fuerza: «Solo necesitas reclamar los eventos de tu vida para hacerlos tuyos. Cuando posees todo lo que has sido y has hecho, eres feroz con la realidad»[156].

A medida que despertamos a la vitalidad en lo más profundo de nuestro ser, nos conectamos con la vitalidad del universo.

La vitalidad no cuesta nada y nos la entregan como un derecho por nacimiento. La experiencia de vitalidad está aquí y a nuestro alcance en todo momento. Es una vivencia materializada, poderosa y compartida de forma universal. Para ilustrar estas palabras, pedí a los participantes de una comunidad educativa que coordino que describieran lo que significaba para ellos «estar plenamente vivo». Las respuestas fueron inmediatas y directas: «dejarme llevar»; «que mi mente y mi cuerpo estén en consonancia»; «sentir todas las emociones»; «vivir con propósito y sin expectativas»; «expresar todos mis dones»; «la conexión profunda con la naturaleza»[157].

Es muy posible que aquellos que viven con una mentalidad materialista y consumista rechacen un camino dedicado a desarrollar la vitalidad, pues lo consideran una fantasía. Sin embargo, esta visión está cambiando. El materialismo se está transformando gracias a los nuevos descubrimientos de la ciencia, a los conocimientos imperecederos de las tradiciones de sabiduría y a la experiencia directa de una gran parte de la humanidad. Al integrar estas fuentes de comprensión tan diversas, descubrimos que la vitalidad es la nueva (y atemporal) experiencia que ofrece un punto de encuentro común y de curación colectiva a la humanidad.

Nuestra conexión con las antiguas enseñanzas nos llega a través de las tradiciones indígenas, cuyas raíces se hunden en el pasado de la humanidad. La sabiduría indígena fue el sostén de nuestros ancestros, que se enfrentaron a unas condiciones de vida extremas durante varios cientos de miles de años. ¿Cómo experimentan la vida y el mundo las personas que todavía conservan estas tradiciones?

La tribu koyukón al norte de Alaska central:

Los koyukón viven en «un mundo que vigila, en un bosque de ojos». Según su creencia nunca estamos del todo solos porque nuestro entorno conoce nuestra presencia, sin importar el lugar ni la distancia, y debe ser tratado con respeto[158].

Los sarayaku kichwa, en la selva amazónica ecuatoriana:

Creen que «todo lo que forma parte de la selva está vivo y tiene espíritu».

Luther Standing Bear, de los lakota siux de las regiones de Dakota del Norte y del Sur:

«No había tal cosa como el vacío en el mundo, incluso en el cielo no existían los espacios vacíos. En todas partes había vida, visible e invisible, y cada objeto nos generaba un gran interés en la vida. El mundo rebosaba de vida y sabiduría; no existía la soledad absoluta para los lakota»[159].

La idea y la experiencia de una presencia viva consciente que impregna el mundo es compartida por casi todas (o quizá todas) las culturas indígenas. El pueblo koyukón de Alaska describía el mundo natural como bosques de ojos conscientes de nuestra presencia, sin importar quién seamos o dónde nos encontremos. Una intuición relacionada nos dice que una fuerza vital o «viento sagrado» sopla a través del universo y trae consigo la capacidad de comprensión y comunión con todas las formas de vida.

Siguiendo la mirada indígena, en varias tradiciones espirituales encontramos una percepción sorprendente de la naturaleza del universo. Muchas de ellas interpretan que el universo se regenera de forma continua en todo momento, un todo indivisible que emerge en un proceso inabarcable de sorprendente poder y precisión:

Cristianismo: *«Dios está creando el universo entero, completo y total, en este preciso instante. Todo lo que ha creado Dios [...] lo crea a la vez»*[160].

—Meister Eckhart, místico cristiano

Islam (sufismo): *«En todo momento mueres y regresas. En todo momento el mundo renace, aunque al ver su aparente continuidad, no somos conscientes de su renacer»*[161].

—Yalal ad-Din Muhammad Rumi, maestro y poeta sufí del siglo XIII

Budismo (zen): *«Mi solemne declaración es que en todo momento se está creando un nuevo universo»*[162].

—D. T. Suzuki, maestro y erudito zen

Hinduismo: *«El universo entero contribuye de forma incesante a tu existencia. Y, por lo tanto, el universo entero es tu cuerpo»*[163].

—Sri Nisargadatta, maestro hindú

Taoísmo: *«El Tao es la fuerza vital y la madre de todas las cosas; a partir de él, todas las cosas se elevan y caen sin cesar»*[164].

—Lao Tse, fundador del taoísmo

¿Hasta qué punto están extendidas la experiencia de vitalidad que lo impregna todo y la unidad profunda en la vida diaria? ¿Con qué frecuencia siente la gente la vitalidad y la conexión íntima con la naturaleza en el mundo? La ciencia ha explorado estas cuestiones determinantes con encuestas:

- Una encuesta global que se realizó en 2008 e incluyó a 7000 jóvenes de 17 países, descubrió que el 75 % creía en un «poder superior» y la mayoría declaró haber vivido alguna experiencia trascendental, creer en la vida después de la muerte y considerar «probablemente cierto» que todas las formas de vida están interconectadas[165].

- En 1962, una encuesta de la consultora Gallup a la población adulta de Estados Unidos encontró que el 22 % afirmaba haber experimentado un despertar en el que se les reveló la conexión íntima con el universo. En 1976, Gallup informó que esta cifra había aumentado al 31 %. En 1994, una encuesta de *Newsweek* encontró que la cifra ascendía al 33 %. En 2009, una encuesta del instituto de investigaciones Pew Research Center declaró que los «momentos de inspiración religiosa repentina o despertar» se habían incrementado de forma drástica hasta el 49 % de la población adulta[166].

- En una encuesta nacional llevada a cabo en Estados Unidos en 2014, cerca del 60 % de los adultos declararon que, de forma habitual, tenían sentimientos profundos de «paz espiritual y bienestar» y el 46 % afirmó haber experimentado un profundo sentimiento de «asomobro ante el universo» al menos una vez a la semana[167].

- Una razón de peso para estos cambios puede ser el aumento drástico de la práctica de la meditación en los últimos años. Lo que fue una novedad de la *New Age* de la década de los 60 ha crecido hasta convertirse en un fenómeno generalizado en el siglo XXI. El porcentaje de adultos que meditan ha crecido a gran velocidad: de un 4 % estimado de la población de Estados Unidos en 2012, a más del 14 % solo cinco años después (2017)[168]. En la actualidad se considera que las actividades más extendidas para mejorar la salud y el bienestar son la meditación, la dieta y el ejercicio.

Figura 5: Crecimiento de las experiencias de despertar en Estados Unidos entre 1962 y 2009 por porcentaje de la población

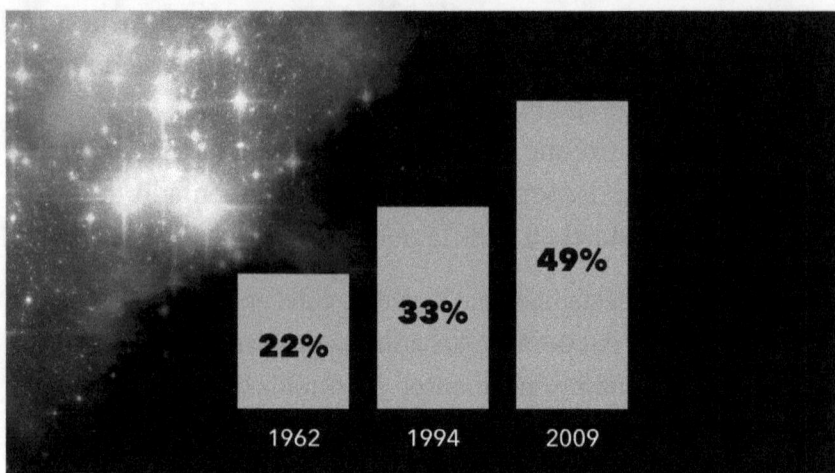

Estas entrevistas muestran que las experiencias de «despertar» a una comunión y una conexión con la vitalidad del universo no son un fenómeno aislado, sino que, para una gran parte de la población, son algo conocido. Existen datos que indican de forma objetiva que la población está despertando a la visión de la humanidad como una entidad inseparable del universo[169].

Hasta hace unas décadas, la ciencia general consideraba pura fantasía cualquier insinuación de la visión del universo como un sistema vivo unificado. En la actualidad, gracias a los descubrimientos de la física cuántica y de otras disciplinas, se está reconsiderando la antigua intuición de un universo vivo unificado, a medida que la ciencia se deshace de la superstición y descubre el cosmos como un lugar de inesperada maravilla, profundidad, dinamismo y unidad[170]. Las concepciones modernas perciben que el universo:

- **Es un todo unificado:** En los últimos años la física cuántica ha confirmado de forma reiterada que el universo es una vasta unidad, conectada consigo misma en todo momento y en todas partes. Una famosa cita de Albert Einstein pone en duda la visión de separación: «El ser humano es una parte de un todo, al que llamamos "universo", una parte limitada en el tiempo y el espacio. Experimentamos nuestra propia existencia, nuestros pensamientos y sentimientos como algo separado del resto. Una especie de ilusión óptica de la consciencia. La búsqueda de la liberación de esta esclavitud es el único objetivo de la religión verdadera»[171].

- **La mayoría es invisible:** En la actualidad, los científicos ponen en duda la idea de que en el universo tan solo existe la materia-energía, y creen que la inmensa mayoría del universo es invisible e inmaterial.

Se estima que cerca del 95 % del universo conocido es invisible a nuestros sentidos, del que el 72 % es energía «oscura» (o invisible) y el 23 % corresponde a materia «oscura» (invisible)[172]. Nuestra biología es una manifestación del 4 % del universo que es materia visible. Esta nueva interpretación de la ciencia sobre el universo confirma la percepción original de la humanidad de que, bajo el mundo físico, hay un mundo invisible mucho mayor de energía no reconocida e inmenso poder.

A continuación, una opinión aún más trascendental de Albert Einstein: «Lo que hemos llamado materia es energía cuya vibración ha sido reducida lo suficiente como para ser perceptible por los sentidos. La materia es el espíritu reducido hasta el punto de ser visible. La materia no existe».

Figura 6: Composición del universo: porcentajes de materia visible e invisible y energía

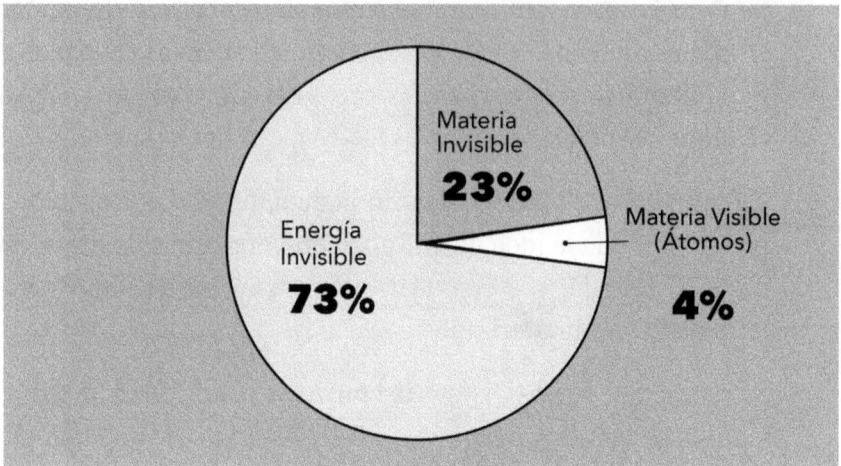

- **Emerge en todo momento:** El universo completo emerge de nuevo como una expresión cósmica orquestada. Nada perdura. Todo fluye. En palabras del cosmólogo Brian Swimme: «El universo emerge de un abismo que lo alimenta todo, no solo hace 14 000 millones de años, sino en cada momento»[173]. A pesar de las apariencias externas de solidez y estabilidad, cuando la ciencia explora en profundidad, descubrimos que el universo es un sistema regenerativo.

- **Tiene consciencia en todos los niveles:** En todo el universo parecen existir diferentes grados de consciencia, de modo que esta no se agota por completo a medida que exploramos expresiones de vida cada vez más pequeñas. En su lugar, disminuye a medida que se reduce la complejidad orgánica: desde los humanos a los perros, los insectos, las plantas, las criaturas unicelulares, y continúa desvaneciéndose en la materia inorgánica, como los electrones y los cuarks, que poseen una forma simple de consciencia en consonancia con su naturaleza simple[174]. Además, como el universo es un todo unificado y no hay partes independientes, implica que el universo mismo tiene consciencia, una expresión de su naturaleza holística, y que puede ser experimentada por los humanos como la consciencia del cosmos o «consciencia cósmica»[175]. El poder generativo del «universo madre», que ha dado a luz a nuestro «universo hija», sugiere que existe un océano subyacente de vitalidad generativa y de consciencia del que puede surgir todo un universo y crecer a partir de una semilla más pequeña que un átomo hasta un vasto sistema con varios billones de galaxias. Max Planck, fundador de la teoría cuántica, afirmó: «Considero que la consciencia es fundamental»[176].

- **Se perpetúa:** Para cualquier sistema vivo es imprescindible poder reproducirse. Una corriente creciente en la cosmología afirma que nuestro universo puede reproducirse a través de los agujeros negros. El físico John Gribbin escribe: «En lugar de un agujero negro que hace un viaje de ida a ninguna parte, hoy en día muchos investigadores creen que es un viaje de ida a algún lugar, a un nuevo universo en expansión con su propio conjunto de dimensiones»[177].

Una nueva visión del universo está ganando fuerza. Existe vida dentro de la vida. Nuestra vitalidad es inseparable de la vitalidad mayor del cosmos vivo. El universo es un superorganismo unificado que se regenera de manera continua en todo momento, y que incluye la consciencia, una capacidad de conocimiento que permite que los sistemas en todas las escalas de la existencia ejerzan su libertad de elegir hasta cierto punto.

No somos lo que pensábamos que éramos. Cuando consideramos la enormidad del universo con sus miles de millones de galaxias, cada una de ellas con miles de millones de estrellas, es natural llegar a la conclusión de que somos minúsculos en la escala de cosas. Sin embargo, este punto de vista es erróneo. No somos pequeñas criaturas; en la escala global del universo somos ¡verdaderos gigantes! Imagina que tienes una regla que mide desde la mayor escala del universo conocido hasta la más pequeña. A gran escala vemos cientos de miles de millones de galaxias, y en la escala más pequeña viajamos a través del núcleo de un átomo, y a continuación, mucho más abajo hasta los infinitesimales dominios de nuestro universo regenerativo. Si situamos a los humanos en esa regla cósmica, comprobamos que nos encontramos en la mitad. De hecho, ¡hay muchas más cosas minúsculas en nuestro interior que cosas inmensas más allá de nosotros! En la escala cósmica de las cosas, de verdad somos criaturas enormes, ¡somos gigantes! Como seres colosales, es fácil que obviemos los torbellinos de actividad regenerativa que trabajan sin descanso en los niveles microscópicos del universo.

Thomas Berry, erudito de las religiones del mundo, describe la conexión inseparable del individuo con el universo: «El universo forma parte de nuestro ser de la misma manera que nosotros formamos parte del suyo. Ambos tenemos una presencia total en el otro y en ese misterio más profundo del que, tanto el universo como nosotros mismos, hemos surgido»[178]. Es extraordinario: un campo de vitalidad crea y sustenta nuestro universo, sosteniéndolo con su amplio abrazo de miles de millones de años, a la vez que produce una expresión de vitalidad cada vez más consciente, con mayor capacidad de mirar hacia atrás con una consciencia reflexiva y apreciar sus orígenes.

Cuando aprendemos a reconocer nuestra experiencia de vitalidad y nos encontramos con esa energía en los cimientos del universo como experiencia sentida, cuando la vida se encuentra con la vida, se abre una ventana y surgen experiencias de despertar de manera natural. Cuando nuestra experiencia de vitalidad conecta con la vitalidad superior del universo, comprendemos, como una vivencia directa, que somos parte de un todo aún mayor. Es lo que somos: una vitalidad biológica única, además de una parte inseparable de la energía vital del cosmos. Somos, por naturaleza, seres biológicos y cósmicos: somos seres «biocósmicos». Resulta paradójico, tal y como lo describió con gran acierto el psicoterapeuta Thomas Yeomans, que a medida que alcanzamos la madurez espiritual y nos fundimos con la vida, también nos volvemos, cada vez más, nosotros mismos, más completos y únicos.

Cuando aunamos estas corrientes de sabiduría, el pensamiento indígena, las tradiciones espirituales, la sabiduría de la naturaleza, la experiencia directa y las pruebas científicas, nuestra comprensión de la *realidad* cambia y pasa de ser algo inerte a algo vivo. Esto modifica nuestra comprensión de la *identidad* humana, de naturaleza biológica y cósmica, lo que a su vez transforma nuestra percepción del *viaje* evolutivo, pues aprendemos a vivir en un universo vivo.

En pocas palabras, el paradigma del materialismo asume que habitamos un universo cuyos cimientos son algo inerte, sin consciencia, significado ni propósito. En consecuencia, solo nos identificamos con nuestra naturaleza material y biológica. Pienso y, por lo tanto, solo soy mis pensamientos. Sin embargo, en un universo vivo, nuestro ser incluye la consciencia, que alcanza una ecología sin límites que excede nuestro cerebro pensante. Por eso, como seres conscientes, nuestra identidad puede llegar mucho más allá de nuestra naturaleza biológica y nuestra actividad mental. Somos seres de dimensión biológica y cósmica, una vez más: somos seres biocósmicos. De la misma manera que podemos cultivar y desarrollar nuestra capacidad de pensamiento, también podemos desarrollar nuestra capacidad para un conocimiento infinito en la unidad del universo. La expansión y la profundización de nuestra capacidad natural para la consciencia cósmica transforma nuestra identidad y nuestro viaje evolutivo.

No obstante, siendo realistas, si no descubrimos un camino hacia el futuro tan extraordinario, transformador y acogedor cuya invitación nos atraiga lo suficiente, parece poco probable que abandonemos el camino de la división, con sus crecientes desigualdades, el consumo excesivo de recursos y el profundo daño a la Tierra. Para que, en este momento, nos sintamos atraídos a explorar ese camino, es necesario que lo sintamos como una posibilidad tangible. La convergencia de los conocimientos de la ciencia y de las tradiciones de sabiduría del mundo están revelando ese camino.

Descubrimos que, en lugar de luchar por un significado y un milagro de supervivencia en un universo inerte, tenemos la oportunidad de aprender y crecer para siempre en la ecología profunda de un universo vivo.

Aceptar la invitación de aprender a vivir en un universo vivo es un viaje tan extraordinario que nos llama a curar las heridas de la historia y a entender el futuro tan impresionante que podemos alcanzar juntos. A medida que nos abrimos a las dimensiones cósmicas de nuestro ser, nos sentimos más cómodos, menos egocéntricos, más empáticos hacia los demás, y aumenta nuestro deseo de ser útiles a la vida. Estos cambios de perspectiva tienen un gran valor para construir un futuro sostenible y lleno de propósito.

Aceptar la invitación a aprender a vivir de manera consciente en un universo vivo es comenzar un nuevo capítulo en la evolución de la humanidad, con una comprensión renovada de la realidad, de la identidad humana y de nuestro viaje evolutivo.

Aunque solo por un instante, tenemos la capacidad de ver y conocer la existencia como un todo. Alcanzar la vitalidad del universo por unos momentos puede transformar nuestra vida. El querido poeta sufí Kabir escribió que pudo ver el universo como un cuerpo vivo y en crecimiento «durante quince segundos y eso lo convirtió en un siervo de por vida»[179]. No importa lo mundana que sea la circunstancia, ni cómo de trivial parezca la situación, en cualquier momento podemos ser conscientes de la sutil vitalidad y consciencia, en nosotros y en nuestro entorno. Podemos vislumbrar el universo vivo en la luz dorada del atardecer o en las vetas de una vieja mesa de madera que brilla con una profundidad y una presencia inexplicables. También podemos presenciar la vitalidad vibrante de la existencia en lugares que, *a priori*, parecen ajenos a la naturaleza:

una habitación llena de plástico, de acero inoxidable y de cristal despliega una vitalidad feroz en estado puro. En la sutil contemplación de la realidad ordinaria podemos atisbar el gran huracán de energía que sopla con fuerza silenciosa a través de todas las cosas y, con un «bosque de ojos», es consciente de nuestra existencia. El espacio vacío muestra la realidad de un océano de vitalidad en movimiento, una sinfonía imperceptible de arquitectura invisible que, de forma activa, crea un contexto para que la materia se haga presente.

Haber nacido humanos es un don raro y preciado. Aunque tengamos la suerte de disponer de un cuerpo que ancle nuestra experiencia, es importante reconocer nuestra naturaleza biocósmica.

Somos seres biocósmicos:
nuestros cuerpos son vehículos biodegradables que nos
permiten adquirir experiencias del alma.

Como canales orgánicos de las experiencias del aprendizaje cósmico, nuestros cuerpos son expresiones de una vitalidad creativa que, tras cerca de 14 000 millones de años, permiten al universo mirar hacia atrás y reflexionar sobre sí mismo. Puesto que el cosmos es un sistema de aprendizaje, el propósito principal de nuestra existencia es aprender de ella, tanto de sus placeres como de sus miserias. Si no hubiese libertad para cometer errores, no habría sufrimiento. Si no hubiese libertad para el descubrimiento genuino, no habría asombro. La libertad nos permite experimentar el placer y el pesar en el proceso de desarrollar nuestra identidad como seres de ambas dimensiones, cósmica y terrestre.

Nos alzamos en la Tierra como agentes de la acción autorreflexiva y creativa, envueltos en un periodo de gran transición, que están aprendiendo de forma consciente a vivir en un universo vivo. Un antiguo dicho griego nos habla en nuestro viaje evolutivo: «Enciende la vela antes de que llegue la noche». Si el universo fuese algo inerte en sus cimientos, necesitaríamos un milagro para salvarnos de la extinción en el momento de la muerte y llevarnos al paraíso (o la tierra prometida) de vitalidad continua. Sin embargo, si el universo está vivo, entonces ya nos encontramos alojados y creciendo en su vitalidad.

Las cosas acaban.
Los seres perduran.
Es la naturaleza de todo.

Cuando nuestro cuerpo físico muere, el flujo de vida hace su tránsito a un espacio integrado en la ecología superior de la vitalidad. No necesitamos un milagro que nos salve, pues ya existimos en el milagro de perpetuar la vitalidad. En lugar de ser salvados de la muerte, nuestro trabajo es prestar atención consciente a la vitalidad que crece sin fin en el aquí y el ahora. Pasamos de vernos como creaciones accidentales que vagan por un cosmos sin vida, sin significado ni propósito, a participar en un viaje sagrado de descubrimiento en un cosmos vivo, cargado de un propósito profundo y rico. Cynthia Bourgeault, una mística moderna y sacerdotisa episcopal, escribe: «Cada persona y cada una de las acciones que esta realiza tienen una cualidad de vitalidad, una fragancia o efervescencia singulares que le son propias. Si la forma exterior de lo que somos en esta vida la transmite nuestro cuerpo físico, la forma interior, nuestra verdadera belleza y autenticidad, queda reflejada en la calidad de nuestra vitalidad. Ahí reside el secreto de nuestro ser»[180].

Al aprender a vivir en el universo vivo, aprendemos a vivir en la profunda ecología de la existencia. Es una llamada tan extraordinaria a nuestra naturaleza más emocional desde la compasión más profunda de un universo viviente que seríamos unos necios cósmicos si ignoramos esta invitación de valor incalculable.

Un antiguo dicho es «los muertos no hablan». De la misma forma, «un universo muerto no habla». Por el contrario, un universo vivo es, en sí mismo, una vasta historia que se desarrolla de forma continua con innumerables personajes que interpretan apasionantes dramas de despertar y expresión creativa, inseparables del arte

170

de crear mundo. El universo es una creación viva y en desarrollo. Santa Teresa de Ávila era consciente de ello cuando escribió: «El sentimiento es que Dios nos acompaña en este viaje»[181]. Cuando, de manera consciente, aceptamos que formamos parte del jardín cósmico de la vida que ha crecido con paciencia durante miles de millones de años, podemos despertar a la fuerza inspiradora de la vitalidad y evolucionar de la división a la participación, a la curiosidad y al amor cósmicos.

Elegir la consciencia

«En la historia colectiva, al igual que en la historia de cada uno, todo depende del desarrollo de la consciencia»
—Carl Jung

Según las antiguas tradiciones, existen tres milagros en la vida. En primer lugar, la propia existencia. En segundo lugar, la existencia de vida, las plantas y los animales. Y, por último, que aquello con vida sea consciente de su propia existencia. El tercer milagro es la capacidad de consciencia autorreflexiva y es fundamental a nuestra naturaleza humana. El nombre científico de nuestra especie es *Homo sapiens sapiens,* y no somos solo «sapientes» (seres con la habilidad de saber), sino que también podemos «saber que sabemos» y ser testigos de nuestra propia vida. Comprendemos que, cuando no vivimos de forma automática, es decir, no seguimos el modo de vida habitual preprogramado, tenemos libertad de elección. La consciencia y la libertad son íntimas compañeras en el baile de la evolución. La consciencia reflexiva es una fuerza poderosa para el crecimiento y el tránsito a través de este tiempo de iniciación para nuestra especie.

El primer paso para el crecimiento y la evolución es ver «qué es», observar de forma imparcial nuestra propia experiencia. Para alcanzar el crecimiento en nuestra vida son fundamentales la reflexión honesta y la mirada sin prejuicios. Cuando observamos con atención nuestra vida en el espejo de la consciencia, podemos hacer las paces con nosotros mismos y alcanzar una mayor capacidad de autodominio. La capacidad de autorreflexión honesta nos permite dejar atrás el ruido superficial de nuestra vida y descubrir la experiencia directa de nuestra existencia.

Peter Dziuban escribe sobre la relación entre la consciencia y la vitalidad[182]. Describe la «vitalidad» como una experiencia directa, en lugar de algo sobre lo que se puede reflexionar. Para entenderlo mejor nos plantea imaginar una cata de vinos en la que el objetivo es la degustación. Al igual que sucede con la vida. Estamos aquí para degustar el significado de estar vivos, experimentarlo de forma directa y vivir nuestra vitalidad. Dziuban escribe: «¡La vida no es nada si no está viva!» En la simplicidad del silencio podemos degustarla. Se trata de una presencia viva, no un pensamiento *sobre* la vitalidad, sino su *propia experiencia directa*.

> Eres consciente y vives. Las palabras y los pensamientos son aquello de lo que eres consciente. Por sí mismos no son conscientes, tan solo tú lo eres. Por lo tanto, tú eres pura consciencia, no eres palabras y pensamientos sin consciencia sobre sí mismos. Existe una gran diferencia. Pensar es un proceso cambiante. La vitalidad es una presencia inmutable[183].

El proceso de ser testigos u observar nuestro paso por la vida no es algo mecánico, sino una experiencia vital donde «degustamos» de forma consciente nuestra vida y hacemos las paces con nosotros mismos. En esta experiencia también hay cabida para los momentos de dudas, de ira, de miedo y de deseo que preferiríamos ignorar. Un «yo observador» o «yo testigo» nos permite mantener una cierta distancia de los deseos, las emociones y los pensamientos basados en la experiencia corporal. Cuando disponemos de un espejo de consciencia reflexiva en el que podemos confiar, nos miramos con distancia. Desde esta perspectiva, comprendemos que, aunque las experiencias físicas son una parte de nosotros, somos mucho más que las sensaciones de placer y de dolor del cuerpo. También entendemos que la experiencia emocional es una parte nuestra, pero somos más que nuestras vivencias de ira, de felicidad y de tristeza.

Cuando vivimos a través de la consciencia reflexiva, experimentamos más espacio y libertad. Ya no nos identificamos de forma exclusiva con las sensaciones, las emociones y con el diálogo interno. La separación y la perspectiva que nos proporciona el conocimiento reflexivo contribuyen a la reconciliación necesaria para atravesar este periodo de gran transición. Cuando estamos presentes y experimentamos la consciencia reflexiva, dejamos de vivir como autómatas. La expansión de la consciencia colectiva a una escala social nos permite vernos reflejados en el espejo de los medios de comunicación (internet, la televisión y otras herramientas del sistema nervioso global) y eso lo cambia todo. Al aceptar que vivimos en una ecología compartida de consciencia, la familia humana se entreteje en un todo de apreciación mutua en el que también hay espacio para honrar las diferencias.

La consciencia reflexiva es imprescindible para afrontar los desafíos y las tensiones globales. Nos encontramos ante una tormenta perfecta en la que los problemas críticos se entrelazan y requieren un nivel de reflexión y reconciliación global sin precedentes, inspirado por una visión compartida de un futuro sostenible. En 1985, el eminente científico Carl Sagan expresó de la siguiente manera nuestra situación cuando compareció ante el congreso para hablar sobre el impacto del efecto invernadero en el sistema climático global:

> Para solucionar este problema es imprescindible una consciencia global, una visión que trascienda nuestra forma de identificarnos con los grupos generacionales o políticos a los que pertenecemos por nacimiento, de forma casual. La solución a estos problemas exige una perspectiva que incluya al planeta y al futuro, pues nos encontramos juntos en este invernadero[184].

Es importante destacar que el despertar de la consciencia no termina con el pensamiento consciente o la atención reflexiva. Más allá de la consciencia reflexiva y la polaridad del observador y el observado, podemos evolucionar hacia una consciencia que nos una. Si perseveramos con una atención consciente sostenida, la distancia entre estos dos extremos se reduce de forma gradual hasta que nos convertimos en un flujo único e integrado de experiencia. A medida que el que conoce y aquello conocido convergen y se convierten en una única experiencia, entendemos que somos inseparables de nuestro objeto de observación. Puesto que el universo es un todo unificado, solo tenemos que dejar que nuestra sabiduría conocedora coincida con aquello que es conocido. Dejamos de considerar que la realidad es un objeto observable «en la distancia» y comprendemos que la realidad se puede experimentar de forma directa «aquí». Podemos pasar de «reflexionar» sobre la vida y alcanzar la experiencia de «coincidir» con la vida (o lo que es lo mismo, existir)[185].

Una nueva atmósfera social surge de una cultura compasiva y consciente. No importa en qué lugar del mundo nos encontremos, cada vez vemos con más claridad que estamos en familia. Nuestro sentido de identidad se expande y vemos a los demás como «ciudadanos compasivos del cosmos», seres inmersos en las profundidades del universo vivo, que sienten una profunda hermandad con la vida.

En su origen, la palabra «pasión» significa «sufrir» y «compasión» equivale a «sufrir con». Si presenciamos la transición dolorosa de otras personas podemos unirnos a su experiencia de sufrimiento y trabajar para aliviarlo de forma espontánea. Cuando nadamos en el gran océano de la vida sabemos de forma intuitiva que, si la Tierra sufre, nos sumergimos en un océano de sutil sufrimiento. Aceptamos que nuestra experiencia de la vida es permeable y que la felicidad o la tristeza son compartidas por el conjunto.

A medida que las necesidades del exterior convergen con las capacidades internas sin explotar, la humanidad despierta su habilidad para la reflexión y la sabiduría conscientes. Comprendemos que si nos distraemos, si negamos la realidad y si ignoramos la urgencia y la importancia de la transición que está en marcha, perderemos una oportunidad evolutiva única e irrepetible.

Cada generación tiene que esforzarse, pues tiene la responsabilidad de velar por el futuro de los que están por venir. La generación actual está sometida a las fuerzas que ejercen la Tierra herida y el universo acogedor con el fin de hacer un regalo sin precedentes al futuro de la humanidad: despertar juntos con ecuanimidad y madurez para asumir, de forma consciente, nuestro potencial biocósmico y el propósito de aprender a vivir en un universo vivo.

La atención o consciencia reflexiva pasan de ser un lujo espiritual al alcance de unos pocos en el fragmentado mundo anterior a ser una necesidad social para la mayoría de las personas en nuestra sociedad interdependiente. Ofrecer nuestra atención personal y social es el principal recurso y el don más preciado que podemos entregarle a la vida. Las sabidurías ancestrales cobran un nuevo significado: «el precio de la libertad es la vigilancia eterna». El nivel de vigilancia social es fundamental para el funcionamiento de una sociedad libre. Si no prestamos atención a la toma de decisiones que tienen importancia evolutiva, estaremos sacrificando nuestro futuro. Es el momento de mostrarnos más despiertos, como individuos y como colectivo.

Para escapar de la intromisión innecesaria de los gobiernos, los individuos y las comunidades deben desarrollar su capacidad de autorregularse de manera consciente a un ritmo que sea, al menos, igual al del crecimiento en complejidad, interdependencia y vulnerabilidad del orden social. Cuando aplicamos la consciencia reflexiva en este mundo interconectado, somos testigos, por ejemplo, de las profundas heridas del racismo, de la pobreza, de la intolerancia y de la discriminación de género. La consciencia observadora nos permite mantenernos al margen y experimentar nuestra humanidad común desde una perspectiva desapasionada, lo que proporciona el pegamento invisible que une a la familia humana en un futuro maleable.

Cuando trabajamos para crear una sociedad más consciente y reflexiva, emergen muchas otras capacidades, entre las que se incluyen las siguientes:

- **Autodeterminación:** una de las expresiones más básicas de una consciencia madura es la capacidad aumentada de autodeterminación. Una sociedad consciente es capaz de reconocer las opciones a su alcance, así como de observarse a sí misma en el proceso de elección. Somos capaces de observar nuestro yo colectivo desde una «perspectiva externa», igual que una cultura o una nación ven a las demás. Una sociedad reflexiva no tiene confianza ciega en una ideología, un líder o un partido político en particular. En su lugar, hace ajustes con frecuencia con el fin de elegir un camino hacia el futuro, pues es capaz de ver más allá de los mensajes publicitarios y los objetivos inespecíficos.

- **Aceptación de los errores:** una sociedad más consciente acepta que una parte inevitable del aprendizaje social incluye cometer errores. Por eso los fallos no se consideran como algo «malo» *per se*, sino como una respuesta positiva dentro del proceso de aprendizaje.

- **Ecuanimidad:** una sociedad más consciente tiende a ser objetiva y mantener la calma ante las presiones estresantes y las exigencias de los acontecimientos. La sociedad ecuánime muestra una templanza, una sensatez y una confianza férreas ante las pasiones del momento.

- **Inclusividad:** una sociedad más consciente busca de forma continua la sinergia, a medida que los diferentes grupos étnicos, geográficos e ideológicos se unen para colaborar en la búsqueda de un terreno común más elevado.

- **Anticipación:** al mirar el mundo con más objetividad y perspectiva, una sociedad reflexiva tiende a considerar, de manera consciente, caminos alternativos hacia el futuro. En lugar de esperar a que las crisis fuercen la acción, prestamos más atención y respondemos ante las señales de peligro.

- **Creatividad:** una sociedad consciente no se queda anclada en los patrones tradicionales de pensamiento y comportamiento. En lugar de responder con soluciones preprogramas, explora sus opciones con una nueva mentalidad renovada y flexible.

Estas cualidades de una consciencia reflexiva que despierta proporcionan un gran impulso para atravesar este periodo de iniciación colectiva.

Elegir la comunicación

La comunicación es la esencia de la civilización. La habilidad de comunicarnos ha permitido a los humanos evolucionar de recolectores y cazadores hasta alcanzar los límites de la civilización ecoplanetaria. Gracias a internet y a la televisión, la familia humana deja atrás una historia de divisiones y se encamina hacia un futuro de comunicación y conexión global instantáneas. Cada día, más de la mitad de la humanidad se conecta con la realidad ampliada que proporcionan la televisión e internet. Desarrollamos capacidades que favorecen la comunicación en dirección local a global y que están transformando la comunicación *y nuestra consciencia* como especie a una velocidad sorprendente. A medida que internet es más rápido, inteligente e inclusivo, entreteje a la humanidad en una única red de comunicaciones que funciona como un «cerebro» para el planeta.

Hemos dejado de lado el aislamiento individualista y juntos presenciamos nuestro mundo en profunda transición. El despertar y las innovaciones que suceden en una parte del planeta llegan a la otra parte del mundo al instante, permitiéndonos despertar juntos. La humanidad está despertando de su letargo colectivo a gran velocidad, para descubrir que somos una especie única, conectada por una red de comunicaciones planetarias extraordinarias. La Tierra comienza a encontrar su propia voz, una voz que trasciende los intereses locales y nacionales.

Estas herramientas pueden ofrecer al planeta una ventana para ver el mundo y un espejo firme en el que mirarnos. Gracias a internet y a la televisión disponemos de unas tecnologías muy poderosas que nos permiten sobreponernos de la negación y de la distracción, y avanzar hacia un futuro en profunda transformación. Sin embargo, bajo un control autoritario, estas mismas herramientas pueden utilizarse para centrar nuestra atención en una realidad limitada y censurada. Es importante tener en cuenta las dos posibilidades. Estos poderosos instrumentos de comunicación pueden permitirnos alcanzar unos potenciales humanos superiores o hacernos caer en el oscuro pozo del autoritarismo digital.

A lo largo de la historia, una de las primeras medidas que ponen en práctica los gobiernos autoritarios cuando toman el poder es aislar al país para evitar el flujo de comunicación libre con el exterior. A continuación, impiden la libertad de expresión y la disidencia dentro del país. Las dictaduras digitales que limitan la comunicación dentro y fuera del país están creciendo por todo el mundo. Países como China y Rusia bloquean sitios web, someten a los opositores e imponen penas de cárcel draconianas a la disidencia digital.

En otros países, como Estados Unidos, las restricciones a la libertad en los medios no son impuestas por el gobierno, sino por la autocensura de las empresas de comunicación, que buscan maximizar sus beneficios mediante programas de entretenimiento llenos de publicidad. En Estados Unidos los resultados de este sesgo se pueden ver en la escasa atención que se dedica a la catástrofe climática, la extinción de especies y otros aspectos de la crisis planetaria. Por ejemplo: al sumar la cantidad de minutos de cobertura televisiva dedicados al cambio climático en las emisiones de los canales de televisión (ABC, CBS, NBC y Fox) durante todo un año, vemos que el número total de minutos de programación en los informativos pasó de cuatro horas en 2017 a poco más de dos horas en 2018[186].

¡Dos horas de atención colectiva a la crisis climática en un año entero! Resulta increíble un nivel de atención tan insuficiente en una democracia moderna que se enfrenta a una crisis planetaria. Hay otros factores, como la extinción masiva de especies, a los que ni siquiera se presta atención.

Figura 7: Tiempo dedicado a la emisión sobre cambio climático en las cadenas de televisión en 2017, 2018 y 2020

Tiempo total de cobertura en las noticias en ABC, CBS, NBC y Fox

4,3 horas — 2017

2,3 horas — 2018

1,9 horas — 2020

En 2020, la cobertura total del cambio climático en los informativos se desplomó todavía más (hasta un 53 %). A lo largo de ese año, la cobertura total sobre el cambio climático en estos informativos fue de 112 minutos (menos de dos horas), el nivel más bajo desde 2016[187]. Esta caída drástica sucedió a pesar de los numerosos eventos meteorológicos extremos a consecuencia de la crisis climática, de los múltiples informes relacionados con los efectos del cambio climático, de la agresión reiterada al medioambiente con intereses políticos y económicos, así como de unas elecciones presidenciales en las que el cambio climático fue el protagonista. Y, aun así, la cobertura sobre este tema en 2020 ocupó tan solo cuatro décimas partes del 1 % del tiempo de emisión de los informativos. *Este ínfimo nivel de atención ilustra con asombrosa claridad cómo, al servicio de los beneficios empresariales, las emisoras de televisión están atontando a la población de Estados Unidos.*

¿Qué puede hacer la humanidad para sobreponerse del debilitante e innecesario empobrecimiento de la comprensión y el conocimiento colectivos? Desde mi punto de vista, debemos utilizar los medios de comunicación para cambiar a los medios de comunicación. Si los ciudadanos, en lugar de dirigir las protestas hacia las compañías petroleras o la burocracia gubernamental, dirigiésemos nuestras quejas a las empresas de televisión y las emisoras, y clamásemos su total incompetencia para servir al interés público, esto podría causar un aumento drástico en la cantidad de tiempo de emisión dedicado a explorar los retos del futuro. Por ejemplo, ¿cómo cambiaría el conocimiento del público de la crisis del planeta si, en lugar de dedicar la mitad del 1 % del tiempo de emisión, las cadenas de televisión dedicaran un 10 % o incluso un 20 % del horario de máxima audiencia a esta amenaza a nuestra existencia? Hay muchas probabilidades de que aumente el interés, la comprensión y la implicación de la población.

Es muy importante que comprendamos el papel tan importante que juegan los medios de comunicación fomentando la locura colectiva del materialismo. Es descabellado que consumamos los recursos de la Tierra por encima de su capacidad y forcemos nuestra situación hasta el autoritarismo digital o la extinción funcional de la especie. Estados Unidos es un ejemplo claro de este sinsentido, pues el ciudadano medio ve más de cuatro horas de televisión al día, lo que significa que, *como civilización, los estadounidenses pasan más de mil millones de horas viendo televisión cada día.* Por lo tanto, se estima que el ciudadano medio verá ¡más de 25 000 anuncios publicitarios al año! Estos son mucho más que publicidad de los productos que venden: son mensajes e historias muy sofisticados que priorizan y promueven los valores y la vida materialista.

Es posible que la amenaza más peligrosa para nuestro futuro sea la hipnosis cultural creada por la televisión comercial, que trivializa la vida humana y nos aleja del ritual de paso a la adultez temprana. *Cuando la televisión se programa para alcanzar el éxito comercial, la mentalidad de la civilización queda programada para el estancamiento evolutivo y el fallo ecológico.* Desde los medios nos piden que consumamos más, pero nuestra preocupación ecológica nos dice que consumamos menos. Carl Jung dijo que la esquizofrenia es una condición en la que «el sueño se convierte en la realidad». El sueño americano de la vida consumista se ha convertido en la realidad fundamental, cada vez más alejada de la realidad de la Tierra y de nuestros potenciales evolutivos. Hace varias décadas, el profesor Gene Youngblood ya alertó de la posibilidad de que los medios nos atrapasen en una mentalidad consumista que detuviese la evolución humana mediante el control de la percepción de nuestras opciones.

El orden industrializado perdura, no por conspiración, sino por defecto, tan solo porque no hay demanda popular de una alternativa definida específica... El deseo se aprende. El deseo se cultiva. Es un hábito que se crea a través de la repetición continua [...] Pero no podemos cultivar lo que no está disponible. No pedimos un plato que no está en el menú. No votamos a un candidato que no está en las papeletas [...] Rara vez elegimos lo que apenas está disponible, poco destacado o presentado [...] ¿Qué mejor ejemplo de totalitarismo que el poder de los medios de comunicación, que sintetizan la única realidad política relevante y deciden por la gente, la mayor parte del tiempo, lo que es real y lo que no, lo que es importante y lo que no? Esta es, en mi opinión, la esencia misma del totalitarismo: el control del deseo a través del control de la percepción [...] Lo que impide que nuestra frustración moldee nuevas instituciones es la incapacidad de percibir las opciones, lo que provoca la ausencia de deseo, y por tanto de demanda de esas alternativas[188].

Nos encontramos en una situación histórica sin precedentes. Los humanos nos enfrentamos al reto pionero de unirnos por el bien de un futuro común sostenible y significativo. Martin Luther King, Jr. describió el desafío de la siguiente manera:

> Nos enfrentamos al reto de elevarnos más allá de los estrechos confines de las preocupaciones individualistas para alcanzar las grandes inquietudes de la humanidad [...] Gracias a nuestro talento científico hemos podido hacer del mundo una comunidad; ahora debemos usar el talento moral y espiritual para convertirlo en una hermandad[189].

Estos años son decisivos para el futuro de las comunicaciones de la humanidad. ¿Cómo será la comunicación, que es la savia de nuestra especie? ¿Será débil, apagada y mortecina? O por contra, ¿será fuerte, creativa y vibrante? Nuestra capacidad para comunicarnos marcará una diferencia importante, pues determinará si somos capaces de movilizar el empuje necesario para elevarnos sobre las corrientes de la extinción y el autoritarismo, que nos arrastran a las profundidades.

Puede ser de utilidad reconocer las fortalezas y las debilidades de las dos tecnologías principales en la revolución de la comunicación: la televisión e internet.

- La televisión tiene gran amplitud de alcance, pero este es muy superficial.

- Internet, por su parte, ofrece un alcance mucho más profundo, pero muy focalizado.

Por separado, estas herramientas tienen un poder de comunicación *superficial y focalizado*. Sin embargo, si combinamos el poder de las dos, podemos crear una comunicación *profunda y amplia.* Estas tecnologías no compiten entre sí, al contrario, son complementarias y sinérgicas. Disponemos de los instrumentos para comenzar una revolución en las comunicaciones siempre y cuando las sepamos usar de forma consciente.

Volviendo al empoderamiento local, en Estados Unidos contamos con más de un siglo de experiencia con los *Town meetings* de Nueva Inglaterra o asambleas ciudadanas, en las que los residentes del pueblo votaban los asuntos de interés común. En la actualidad, podemos considerar toda un área metropolitana (San Francisco, Filadelfia, París, etc.) como el «pueblo» y los residentes de esa área son «votantes» y ofrecen su punto de vista en asuntos relevantes, como la crisis climática.

A escala metropolitana las asambleas ciudadanas electrónicas no son una fantasía y, ya en 1987, en el Área de la Bahía de San Francisco quedó demostrado que es un sistema factible. En aquella época yo era codirector de una organización sin ánimo de lucro y apartidista llamada Voz de la Bahía, la voz electrónica del Área de la Bahía. En colaboración con la emisora de televisión ABC, produjimos una asamblea ciudadana electrónica, apartidista, de una hora de duración en horario de máxima audiencia. *Según nuestro parecer, en Estados Unidos las emisoras de televisión (ABC, CBS, NBC y Fox) que usan las ondas de radiofrecuencia públicas tienen la obligación legal estricta de «servir al interés público, a la conveniencia y a las necesidades» de la comunidad a la que se dirigen, antes de servir a sus propios intereses económicos*[190]. Cuando creamos nuestra organización Voz de la comunidad, incluimos diversas coaliciones de asociaciones ciudadanas, en las que había representación de diferentes grupos étnicos, empresas y organizaciones sindicales, así como medioambientales. Esta amplia coalición era una representación genuina de los múltiples puntos de vista e intereses de la comunidad del Área de la Bahía. Trabajamos con dos de las principales universidades: Stanford y la Universidad de California, Berkeley para producir el programa piloto de la asamblea comunitaria electrónica y asignamos de manera científica (aleatoria) una muestra de ciudadanos que participarían desde casa dando su opinión. A los que aceptaron les enviamos una lista de números de teléfono que correspondían a varias opciones que podían marcar en el teléfono (el experimento tuvo lugar más de una década antes de la expansión de internet).

El programa piloto «Asamblea Ciudadana Electrónica» (ETM, por sus siglas en inglés) comenzó con un pequeño documental informativo para poner el tema en contexto. Tras el breve documental, pasamos a un diálogo con expertos y un público variado en el estudio. A medida que en la charla iban surgiendo cuestiones clave, las presentábamos a la muestra aleatorizada de telespectadores desde su casa del programa Voz de la comunidad. En el teléfono marcaban el número con sus preferencias, y estos votos se mostraban a los participantes en el estudio de grabación y a los telespectadores. A lo largo de la hora de duración del programa, emitido en horario de máxima audiencia, y con más de 300 000 espectadores en el Área de la Bahía de San Francisco, pudimos llevar a cabo seis votaciones. Con esa cantidad, se pudo establecer el punto de vista y la postura general del público del Área de la Bahía. (Mira los primeros 3,5 minutos de este video)[191].

El éxito de nuestro programa piloto en 1987 demuestra el potencial para conseguir un aumento drástico del alcance y la profundidad del diálogo y la creación de consenso a escala metropolitana. En la actualidad es factible desarrollar organizaciones apartidistas Voz de la comunidad o ETM, que combinen la televisión e internet para recopilar la opinión de una muestra de ciudadanos seleccionados de forma aleatoria. Con estas sencillas herramientas, la población puede tener acceso a la mente colectiva con un alto grado de precisión. Con Asambleas Ciudadanas Electrónicas frecuentes, las perspectivas y las prioridades de los ciudadanos pueden llegar al foco público con agilidad, y el proceso democrático puede alcanzar un nuevo nivel de participación y funcionalidad.

Las organizaciones Voz de la comunidad no tienen el valor y el propósito de controlar al gobierno a través de la democracia directa; más bien tienen por objetivo facilitar que los ciudadanos descubran sus preocupaciones compartidas y las prioridades que pueden guiar a sus representantes en el gobierno. Desde mi punto de vista, el propósito de las organizaciones Voz de la comunidad no es participar de forma directa en complejas decisiones políticas, sino permitir que los ciudadanos expresen su punto de vista y puedan orientar a los políticos. El hecho de incluir a la población en la elección de nuestro camino hacia el futuro no garantiza que siempre se tomen las decisiones «correctas», pero asegura que los ciudadanos se impliquen y participen en dichas decisiones. En lugar de sentir desconfianza e impotencia, los ciudadanos sienten que pueden participar y que tienen una responsabilidad en el futuro colectivo.

Las principales áreas metropolitanas de todo el mundo son la escala natural para organizar este nuevo nivel de diálogo ciudadano y creación de consensos. El liderazgo de una comunidad inspira a otras comunidades para crear sus propias organizaciones Voz de la comunidad, y así una nueva capa de diálogo sostenido y significativo puede extenderse a través de los países por todo el planeta. Los ciudadanos pueden poner voz a sus opiniones, sus propuestas y sus soluciones, y de esta manera ayudar a romper el bloqueo.

Al poner en marcha las organizaciones Voz de la comunidad, el factor que tendrá más impacto en el diseño, el carácter y la implantación de las Asambleas Comunitarias Electrónicas serán sus patrocinadores. Consideremos las tres posibilidades principales:

- En primer lugar, si las cadenas comerciales de televisión patrocinan las ETM, las diseñarán para vender publicidad y entretener a la audiencia, no para informar a la población y hacerla partícipe de las decisiones sobre su futuro.

- En segundo lugar, si los gobiernos locales, estatales o nacionales patrocinan las ETM, es probable que las utilicen como herramientas de relaciones públicas, más que como un foro para el diálogo abierto.

- En tercer lugar, si los patrocinadores son organizaciones o instituciones con un fin específico y que representan a un grupo étnico, racial o de género determinado es posible que centren la atención en los intereses de dicho colectivo.

Por tanto, podemos concluir que para patrocinar las ETM es necesaria una organización Voz de la comunidad *independiente y apartidista, que actúe en representación de toda la población.* Una vez que estas organizaciones estén establecidas y operativas en las principales áreas metropolitanas, sería muy práctico unirse y crear ETM regionales; por ejemplo, las ciudades costeras podrían unirse en un esfuerzo común para responder al aumento del nivel del mar. Una vez que las ETM estén en marcha y establecidas con comunicación fiable, el siguiente paso sería crear diálogos a nivel nacional sobre el futuro que queremos. Más allá de las ETM regionales y nacionales, ya disponemos de la tecnología para crear ETM globales con un sistema Voz de la Tierra que podría potenciar el ascenso de la humanidad a escala planetaria. Poner en marcha Voz de la Tierra es algo práctico y factible:

- *Televisión*: Entre 3000 y 4000 millones de personas ya ven las Olimpiadas en todo el mundo por televisión[192]. La mayoría de los ciudadanos del planeta tiene acceso a un aparato de televisión dentro del rango de alcance de la señal[193].

- *Internet*: En 2021, cerca del 65 % de la población global tenía acceso a internet[194]. Se estima que al final de esta década esta cifra ascenderá al 75 %[195].

Aunque nos cuesta aceptar el inmenso poder del movimiento apartidista Voz de la Tierra, ya disponemos de herramientas de increíble potencia para comunicarnos en nuestro camino hacia un futuro factible y lleno de propósito.

La gran superpotencia no será una nación o un conjunto de naciones, sino miles de millones de ciudadanos de a pie en todo el planeta que exigen, con una voz colectiva, la cooperación sin precedentes y la acción creativa para cuidar la Tierra en peligro y que la humanidad evolucione a una civilización planetaria madura.

Un nuevo superpoder emerge de la combinación de la voz y la consciencia de los habitantes del mundo, movilizados a través de una revolución de las comunicaciones en dirección local a global. Cuando los ciudadanos sean más que meros receptores pasivos de información, es decir, *testigos* de la alteración del clima, la pobreza extrema y la extinción de especies, y sean capaces de ofrecer su *voz* colectiva para el cambio, ahí será cuando se libere una nueva y poderosa fuerza para la transformación creativa del mundo. ¡Justo a tiempo! *Nunca en la historia ha sido necesario que tanta gente haga cambios tan drásticos en tan poco tiempo.*

Una vez que los ciudadanos conozcan lo que otros están dispuestos a hacer y sepan, con la mente y el alma, qué es lo correcto, ellos y sus representantes en el gobierno podrán actuar con diligencia y autoridad. A menudo se ha considerado la democracia como el arte de lo posible. Si ignoramos lo que piensan y sienten las demás personas acerca de los esfuerzos colectivos para crear un futuro sostenible y con propósito, nos encontramos flotando en un mar de ambigüedad, incapaces de movilizarnos para llevar a cabo acciones constructivas. Una sociedad y una democracia maduras no solo requieren aceptación pasiva, sino la participación activa y el consentimiento de un público informado. Cuando la humanidad consiga desarrollar la simple habilidad de la reflexión social sostenida y genuina, dispondremos de los medios para alcanzar una comprensión compartida y un consenso útil sobre las medidas necesarias para lograr un futuro positivo. En este punto las acciones se producirán de forma rápida y voluntaria. Nos movilizamos con un propósito, y cada individuo puede contribuir con sus talentos únicos a construir un futuro a favor de la vida. Coincido con las palabras de Lester Brown, presidente del Worldwatch Institute: «La industria de las comunicaciones es el único instrumento que tiene la capacidad de educar a la escala necesaria y en el tiempo disponible».

Elegir la madurez

A lo largo de los últimos cuarenta años me he dirigido a un público diverso de todo el mundo y, por lo general, mis presentaciones comenzaban con una pregunta sencilla: «Cuando miran a la familia humana y su comportamiento, ¿en qué etapa de la vida consideran que se encuentra nuestra especie? ¿Nos comportamos como niños, como adolescentes, como adultos o como personas mayores?». He hecho esta misma pregunta a diferentes líderes empresariales en Brasil, en Estados Unidos y en Europa; a líderes espirituales en Japón y Estados Unidos; a maestras graduadas en la India; a organizaciones sin ánimo de lucro y a estudiantes en Estados Unidos, Canadá y Europa; y a una comunidad internacional de mujeres líderes, entre muchos otros. Siempre que he planteado esta cuestión, la respuesta ha sido inmediata y sorprendente: *Cerca de tres cuartas partes de la humanidad se encuentra, como especie, en una fase de comportamiento adolescente*. Las razones más habituales para explicar esta opinión son las siguientes:

- Los adolescentes son por lo general *rebeldes* y quieren demostrar su independencia. La humanidad se ha rebelado contra la naturaleza, tratando de demostrar su independencia y superioridad.

- Los adolescentes pueden ser *imprudentes* y viven despreocupados por las consecuencias de su comportamiento, pues se sienten inmortales. La familia humana ha consumido de forma imprudente los recursos naturales, como si estos fueran inagotables, ha contaminado el aire, el agua y la tierra; y ha acabado con una parte significativa de la vida animal y vegetal.

- Los adolescentes a menudo se preocupan por su *apariencia* y por encajar a nivel material. Muchos humanos se preocupan por la manera en la que expresan su identidad y estatus a través de las posesiones materiales.

- Los adolescentes se mueven por la *gratificación* inmediata. Como especie, buscamos los placeres a corto plazo y dejamos de lado las necesidades a largo plazo de otras especies o las generaciones humanas futuras.

- Los adolescentes tienden a unirse en grupos o pandillas y es habitual que piensen o se comporten basándose en «estás dentro o estás fuera». La mayoría de la población se agrupa de acuerdo con intereses políticos, socioeconómicos, raciales o religiosos, entre otros, que favorecen la separación y crean una mentalidad de «nosotros contra ellos».

Veo una posibilidad esperanzadora en estas respuestas. Si somos capaces de avanzar de la adolescencia colectiva a la adultez temprana, la rebelión puede convertirse en colaboración; la imprudencia puede evolucionar a discernimiento; el ensimismamiento centrado en la apariencia externa puede evolucionar a la atención a la integridad interior; dar prioridad a la gratificación personal puede crecer hasta convertirse en un deseo de servir a los demás; y la separación en pandillas y grupos puede desarrollar un interés por el bienestar de una comunidad más amplia.

Los adolescentes tienen cualidades importantes que son necesarias a medida que maduramos: suelen tener mucha energía y entusiasmo, y con su coraje y valentía están listos para experimentar la vida y marcar la diferencia en el mundo. Muchos tienen un sentimiento oculto de grandeza y consideran que, si se les brinda la oportunidad, pueden alcanzar metas extraordinarias. Al enfrentarnos a la adultez temprana como especie, podemos liberarnos de las cadenas del pasado, despiertos con una energía, una creatividad y un coraje inexplorados, y trabajar para alcanzar la grandeza que se encuentra oculta.

Crecer es algo natural, aunque hay que ser consciente de la exigencia del viaje. Maya Angelou escribió estos versos que describen la dificultad de crecer:

> Estoy segura de que la mayoría de las personas no crecen. Encontramos aparcamiento y usamos nuestras tarjetas de crédito. Nos casamos y tenemos hijos, y a eso lo llamamos crecer. Para mí eso es envejecer. Arrastramos el paso de los años en el cuerpo y en la cara, pero, por lo general, nuestro verdadero yo, nuestro niño interior, sigue siendo inocente y tímido como una magnolia[196].

Toni Morrison dijo en un discurso de apertura del curso universitario: «La verdadera edad adulta es de una belleza complicada, una gloria ganada con mucho esfuerzo, de la que no deberían privaros los poderes comerciales o la insipidez cultural»[197].

Cuando le pregunto a la gente cuál ha sido su motivación para evolucionar de la adolescencia a la edad adulta, surgen temas comunes que pueden instruir a la humanidad en su iniciación y gran transición. La gente suele dar estas respuestas:

- *Un encuentro con la muerte*: la muerte de un amigo o amiga, o un familiar despierta una comprensión de nuestra propia mortalidad y del tiempo limitado del que disponemos en la Tierra para aprender y crecer. La amenaza de nuestra propia extinción es una gran motivación para alcanzar la adultez temprana.

- *Los referentes sociales*: inspiran a los adolescentes a superar sus comportamientos actuales y explorar nuevos potenciales. Los referentes de esta época suelen ser estrellas del cine, deportistas y músicos populares. Sin embargo, estos modelos a seguir con frecuencia promueven el comportamiento adolescente más que atraernos hacia una madurez temprana.

- La obligación de *ocuparse por el bienestar de otros*: por ejemplo, cuidar a un ser querido enfermo o anciano, o buscar un segundo empleo para ganar dinero para la familia. En estos momentos tenemos la obligación de ir un paso más allá para hacernos cargo del bienestar de la Tierra.

- La obligación de *ponernos frente al espejo de la realidad*: mirar de frente nuestro estilo de vida adolescente, en el que priorizamos el consumo sobre el servicio. La televisión e internet nos devuelven una visión penetrante de nosotros mismos. Podemos ver con más claridad las consecuencias de nuestro comportamiento y la necesidad de alcanzar un nivel mayor de madurez.

Que la población humana se encuentre en una fase adolescente explica gran parte de nuestro comportamiento y sugiere que debemos cambiarlo si queremos avanzar unidos hacia la adultez temprana:

- **Los adultos maduros dan prioridad a los demás sobre sí mismos.** Cuando son más maduros, los adultos son capaces de ver más allá de las necesidades y deseos propios y, en su lugar, consideran la manera de servir al bienestar de los demás y del planeta. En lugar de preocuparse tan solo por sí mismos, los adultos pueden ser desinteresados y sacrificarse por los demás sin esperar nada a cambio. Una persona y una sociedad maduras disfrutan con el éxito de los demás y obtienen satisfacción al compartir su buena fortuna con el resto.

- **Los adultos maduros mantienen sus compromisos a largo plazo y eligen la gratificación diferida.** Si vamos a comprometernos con el bienestar de las próximas generaciones y a alejarnos del consumo desmesurado de la Tierra, es imprescindible alcanzar un nivel de madurez mayor. Más allá de la generosidad simbólica, la sociedad y la economía mundiales deben adquirir una nueva configuración en favor de la equidad y el bien común. Esta es, sin duda, una tarea para adultos maduros.

- **Los adultos maduros tienen un sentido de la humildad mayor.** Los adultos tienen menos pretensiones y sienten menor necesidad de alardear ante los demás; al contrario, prefieren formas más modestas de existir y vivir. Cuanto mayor es la madurez, mayor es el interés por la justicia y la igualdad de derechos.

- **Los adultos maduros se aceptan a sí mismos y a los demás.** Una persona o una sociedad madura ha experimentado los sinsabores de la vida y comprende que nuestra presencia en este mundo tiene más finalidad que la búsqueda de placer: estamos aquí para aprender, crecer y contribuir al bienestar de los demás. Cuando maduramos aceptamos nuestra humanidad y mostramos mayor compasión por nosotros y por los demás.

- **Los adultos maduros hablan menos y escuchan más.** Una persona madura tiende a escuchar para comprender, en lugar de buscar la oportunidad para interrumpir y dar su punto de vista. En esta época de tensión y conflictos crecientes, tenemos que escuchar con atención, sobre todo a los grupos más jóvenes y marginales. Escuchar y aprender van de la mano, y son habilidades muy valiosas en un mundo en gran transición.

- **Los adultos maduros solucionan sus problemas.** Los adultos no esperan que otros solucionen los problemas que ellos han creado. En lugar de esperar que los demás se ocupen, los adultos se hacen cargo de su propia vida.

- **Los adultos maduros comprenden que los fallos y los errores son parte del crecimiento.** No siempre vivimos de acuerdo con nuestros ideales, nuestra moralidad o nuestras cualidades más elevadas. La gente madura reconoce cuándo no se encuentra en consonancia con sus valores y compromisos e integra lo aprendido para mejorar.

- **Los adultos maduros comprenden que todos tenemos puntos ciegos.** Madurar es reconocer que nuestros puntos de vista pueden limitar la forma de vernos y conocernos a nosotros, a los demás y al amplio mundo. Madurar es reconocer nuestros propios sesgos y limitaciones y, con humildad, desarrollar empatía por la perspectiva y los puntos de vista de los demás.

Estos cambios prácticos y significativos, en conjunto, podrían suponer un impulso enorme para el viaje de la humanidad. Ponen de relieve la necesidad de reconocer hasta qué punto la humanidad forma parte de una red de relaciones interconectadas. En este momento, la supervivencia humana depende de que la humanidad despierte y ocupe su lugar en la red de la vida; de que nos convirtamos en creadores responsables junto con el resto de la vida; y de que vivamos con respeto consciente, reverencia y cuidado por el bienestar de todas las formas de vida.

Elegir la reconciliación

Las múltiples divisiones presentes en nuestro mundo absorben una gran cantidad de tiempo y energía. La desaparición de estas divisiones permitiría liberar la energía y la atención necesarias para evolucionar y crear un mundo viable y con propósito. Los conflictos, la agitación, el retroceso, el antagonismo, etc. drenan la atención personal y pública, nos distraen y nos impiden acercarnos para encontrar un terreno común más elevado que nos permita afrontar la crisis existencial de nuestro futuro colectivo. Nos enfrentamos a la posibilidad real de la extinción funcional como especie y, si no remediamos estas divisiones, nuestros esfuerzos para alcanzar un futuro sostenible y regenerativo serán insuficientes.

La injusticia y las desigualdades florecen al abrigo de la oscuridad de la inatención. Exponerlas a la luz sanadora del conocimiento público genera una nueva consciencia entre la gente implicada. Con la revolución de las comunicaciones, el mundo se vuelve transparente. Poco a poco, los medios ponen el foco en la injusticia, la opresión y la violencia, que quedan expuestas al juicio de la atención pública y la opinión. En este mundo interdependiente, rico en comunicaciones, es más difícil que las viejas formas de represión y violencia se perpetúen sin que la opinión pública mundial se vuelva contra los opresores.

A medida que nuestra capacidad de consciencia colectiva despierta, las profundas heridas psíquicas que han ido pudriéndose a lo largo de la historia de la humanidad emergen a la superficie. Entonces, podremos oír las voces que habíamos estado ignorando y el dolor reprimido. El profesor Christopher Bache lo explica de la siguiente manera:

> El suelo del inconsciente colectivo se está elevando. Al hacerlo, arrastra consigo el fango psíquico de la historia. El primer paso hacia el entendimiento es, siempre, la purificación. El residuo kármico de las decisiones tomadas por incontables generaciones de seres humanos que eran solo conscientes a medias está surgiendo en nuestra conciencia individual y colectiva, a medida que nos enfrentamos a todo al legado de nuestro pasado[198].

Aunque parezca poco sensato sacar a relucir el lado oscuro del pasado de la humanidad, es algo necesario, pues si no lo hacemos, este dolor enquistado nos pesará en la consciencia para siempre y limitará nuestros potenciales futuros. Por suerte, la claridad compasiva de la consciencia reflexiva crea un espacio psicológico para la sanación.

El primer paso para la curación es sentirse escuchado. Cuando sentimos que los demás nos escuchan de forma activa, nos abrimos por completo a nuestras penas y las de los demás. Al reconocer y escuchar las historias de quienes han sufrido, sentamos las bases de la compasión para participar en el proceso de curación. Para que la sociedad pueda sanar, es necesario que, juntos, escuchemos las historias más dolorosas de la humanidad. La curación implica que, de forma pública, reconozcamos y cumplamos un duelo por los agravios, además de buscar soluciones justas y realistas.

Dicho de otra manera, la curación cultural implica superar nuestras divisiones más profundas: entre nosotros, con la Tierra y con el cosmos vivo. La curación tiene lugar cuando comprendemos que la fuerza vital que nos une es más poderosa que las diferencias que nos separan. La curación cultural consciente permite a la familia humana avanzar más allá de conflicto étnico crónico, de la opresión racial, de la injusticia económica, de la discriminación de género y de otras cuestiones que nos dividen. Si podemos soportar la visión del dolor sin resolver y acumulado a lo largo de la historia, liberaremos un enorme caudal de creatividad y energía reprimidas. Esta liberación de la energía colectiva de la humanidad proporciona un impulso enorme de crecimiento evolutivo, al servicio de la construcción de un futuro positivo y enriquecedor. Como especie, este es un proyecto extraordinario. A medida que el mundo interior de las experiencias de la humanidad se entremezcla de manera consciente con el mundo exterior de las acciones, podemos comenzar el trabajo común de construir una especie-civilización sostenible, gratificante y emotiva.

Todas las personas comparten el océano común de la consciencia. Todos participamos en la ecología profunda de la consciencia, lo que crea un espacio común para el encuentro, la comprensión mutua y la reconciliación más allá de las diferencias de género, raza, riqueza, religión, etc. La reconciliación no implica que las injusticias y los agravios del pasado desaparezcan; al contrario, al aceptarlos y hacer el esfuerzo consciente de restituirlos, dejan de interponerse en el camino del progreso colectivo. El reconocimiento consciente de las injusticias, junto con la disculpa y la reparación públicas, permiten que los implicados se liberen de la carga de las acusaciones y el resentimiento, y puedan centrarse en llevar a cabo acciones de restauración y cooperación para crear un futuro constructivo. La comunidad de la Tierra se enfrenta a una difícil decisión ante el futuro:

- podemos **unirnos** en una comunidad humana y aceptar los *sacrificios* que sean necesarios o

- podemos **separarnos** en grupos menores de humanos y perpetuar la *violencia* inevitable que esto conlleva.

Cuando nos unimos y nos reconciliamos, los humanos podemos conseguir logros increíbles. El crecimiento verdadero es consecuencia de la curación de las heridas de la división y del esfuerzo común como especie. No se trata de una ilusión, al contrario, es la pura realidad de nuestra situación actual en el mundo. Nos encontramos divididos a tantos niveles que trabajar juntos en un esfuerzo común parece imposible. Sin embargo, el camino de brasas que recorremos durante la gran iniciación puede quemar las barreras que nos mantienen separados de la totalidad y del esfuerzo colectivo como especie.

Si la comunidad de la Tierra elige unirse y cooperar por el bienestar de todos, la claridad de la voluntad social unificada traerá consigo una cascada de acciones e innovaciones. Sin embargo, si la voluntad social de la gente no despierta al bienestar colectivo y permanece dividido en lo más profundo, es probable que tomemos rumbo hacia la seguridad que proporcionan los autoritarismos o la fragmentación en incontables grupos, pues las heridas no se cierran, las divisiones persisten y aumenta la separación y el grado de violencia.

Para lograr la transición hacia una comunidad planetaria debemos unirnos y trabajar en equipo, pues es una tarea imposible de alcanzar si entre nosotros predominan las divisiones profundas. ¡Todos a colaborar! El mundo está inundado de discriminación racial y de género, de genocidios, de guerras religiosas, de opresión de las minorías étnicas y de especies que se extinguen. Algunas de estas tragedias llevan miles de años creciendo y pudriéndose, lo que dificulta la unión en un esfuerzo colectivo. Sin embargo, si no somos capaces de superar todas las barreras en una reconciliación profunda y genuina, la humanidad permanecerá separada y desconfiada, y nuestro futuro colectivo se verá amenazado[199]. A pesar de lo difícil y desagradable de este proceso, la reconciliación consciente que incluya la sinceridad, las disculpas públicas y la reparación significativa es una parte imprescindible para la sanación colectiva, que resulta esencial si la humanidad quiere avanzar unida en este viaje.

La división del mundo y el enfrentamiento son los ingredientes para el colapso global y la extinción funcional de la humanidad. Podemos reconocer la sabiduría del Dr. Martin Luther King, Jr.: «Debemos aprender a vivir juntos como hermanos o perecer juntos como necios»[200]. En palabras del activista sudafricano antiapartheid Alan Paton: «No se trata de "perdonar o ser perdonado", como si nada hubiese sucedido: hay que "perdonar y avanzar", construyendo sobre los errores del pasado y con la energía generada en la reconciliación, con el fin de crear un nuevo futuro»[201].

Aunque podemos intuir la silueta de un futuro sostenible, la familia humana todavía está lejos de encontrarse lista para trabajar unida. Para reducir la distancia que nos separa, los habitantes de la Tierra debemos implicarnos en un proceso de verdadera reconciliación en diferentes áreas:

- **Reconciliación racial, sexual, étnica y de género:** La discriminación divide a la humanidad. Para trabajar juntos por nuestro futuro común, debemos construir una cultura global de respeto mutuo que nos permita colaborar como humanos. Esto no implica que olvidemos las diferencias de género, raza, sexo y etnia; al contrario, si aprendemos a respetar e incluir estas diferencias, podemos trabajar para transformar las estructuras y los sistemas que nos oprimen. Dejamos atrás los juicios externos que nos limitan y tejemos una nueva cultura de respeto, inclusividad y justicia.

- **Reconciliación generacional:** El desarrollo sostenible se ha descrito como aquel que cubre las necesidades del presente sin poner en riesgo la capacidad de las próximas generaciones para cubrir las propias[202]. Puesto que muchas de las naciones industrializadas están agotando los recursos no renovables imprescindibles a corto plazo, las opciones disponibles para que las próximas generaciones cubran sus necesidades están en riesgo. Para actuar unidos, debemos reconciliarnos con nosotros mismos a través de las generaciones. Por ejemplo, los adultos pueden ayudar a los jóvenes prestando atención a lo que necesitan, dando importancia a los movimientos juveniles y sus preocupaciones y escuchando cómo el estilo de vida actual ha contribuido a la creación de la crisis climática.

- **Reconciliación económica:** Existen disparidades abismales entre los ricos y los pobres. La reconciliación exige reducir esas diferencias y establecer un estándar de bienestar mínimo global que ayude a las personas a alcanzar sus potenciales. En palabras del profesor de Yale, Narasimha Rao: «Reducir las desigualdades, entre países y dentro de ellos, mejoraría nuestra capacidad para mitigar algunos de los peores efectos del cambio climático además de permitir tener un futuro climático más estable [...] El cambio climático es, en su esencia, una cuestión de justicia»[203]. Las investigaciones de Naciones Unidas muestran que la desigualdad global tiene más que ver con la disparidad de oportunidades que con la diferencia de ingresos[204]. Es posible que el cambio más profundo sea romper la asociación que existe entre el valor personal y la posición en la jerarquía de clase social o económica.

- **Reconciliación ecológica:** Vivir en armonía sagrada con la biosfera de la Tierra es esencial si queremos sobrevivir y evolucionar como especie. Es imprescindible restaurar la biosfera, pues el futuro común depende de la presencia de una amplia diversidad de plantas y animales. El paso de la indiferencia y la explotación al cuidado reverenciador exige que nos reconciliemos con la gran comunidad de vida en la Tierra y que honremos a aquellos que han preservado las culturas de reciprocidad sagrada con todas las formas de vida. La cultura de consumo antepone los deseos materiales de unos pocos a las necesidades del conjunto de la comunidad humana y esto ha causado desastres ecológicos. Los humanos somos una parte inseparable de la Tierra y lo que le sucede al planeta nos sucede a nosotros.

- **Reconciliación religiosa:** La intolerancia religiosa ha causado algunas de las guerras más sangrientas de la historia. Para el futuro de la humanidad es imprescindible la reconciliación entre las tradiciones espirituales del mundo; por ejemplo, los católicos y los protestantes en Irlanda del Norte; los musulmanes y los judíos en Oriente Medio; o los musulmanes y los hindús en la India. A medida que las tradiciones religiosas y espirituales del mundo se vuelven más accesibles a través de internet y las redes sociales, descubrimos la esencia de cada una de ellas y las vemos como una faceta diferente del tesoro común de la sabiduría espiritual humana.

Muchas de estas diferencias son evidentes en nuestro mundo, y la disrupción del clima va a afectar sobre todo a las mujeres y a aquellos más pobres. A continuación, se puede leer un resumen contundente de un informe reciente de Oxfam:

Dentro de los países las comunidades más pobres (y sobre todo las mujeres) son con frecuencia las más vulnerables. Las comunidades pobres suelen vivir en casas de construcción deficiente en zonas marginales donde son más vulnerables a los fenómenos meteorológicos extremos, como las tormentas o las inundaciones. Con frecuencia viven en áreas con infraestructuras deficientes, lo que dificulta el acceso a servicios básicos, como la sanidad o la educación, después de que se produzca una emergencia. Además, es poco probable que dispongan de seguros o ahorros que les permitan reconstruir sus vidas tras el desastre. Asimismo, muchas dependen de la agricultura o la pesca, actividades particularmente vulnerables a los fenómenos meteorológicos más extremos y erráticos. A medida que aumentan la frecuencia y la intensidad de las amenazas relacionadas con el clima, la capacidad de las personas que viven en situación de pobreza para resistir a estas crisis va mermando. Cada desastre las va sumiendo en una espiral descendente de pobreza y hambre cada vez más profundas, y finalmente se ven obligadas a desplazarse. Cuando se ven en la obligación de abandonar sus hogares, las mujeres, los niños y las niñas son especialmente vulnerables a la violencia y los abusos [...] Las niñas y los niños desplazados no suelen tener acceso a la educación, lo que los encierra en un ciclo intergeneracional de pobreza[205].

El resurgimiento del paradigma de un «universo vivo» reaviva una profunda perspectiva femenina que honra la unidad de la vida[206]. Desde hace al menos 50 000 años hasta hace aproximadamente 6000, una perspectiva de «Diosa Tierra» guiaba la relación de los seres humanos con el amplio mundo[207]. El arquetipo femenino reconocía y honraba la vitalidad y los poderes regenerativos de la naturaleza y la fertilidad de la vida. Más adelante, hace unos 6000 años, con el crecimiento de las ciudades-estado, con clases más diferenciadas (los clérigos, los guerreros, los mercaderes) y culturas más complejas, se hizo predominante la mentalidad masculina y la espiritualidad basada en el «Dios Cielo» que apoyaba el desarrollo de una sociedad humana organizada en estructuras e instituciones a mayor escala. La mentalidad masculina y patriarcal ha crecido y se ha desarrollado durante miles de años y ha reforzado el individualismo creciente, la diferenciación y el empoderamiento de las personas. También ha contribuido a la separación y la explotación crecientes de la naturaleza que nos han llevado hasta la crisis ecológica actual. Una perspectiva de una «Diosa Cósmica», por el contrario, considera la naturaleza generadora y sustentadora del universo desde un punto de vista femenino. Si queremos superar las divisiones del pasado es necesario que nos enfrentemos a miles de años de separación, a través de una profunda reconciliación que honre la sagrada feminidad y su afirmación de la unidad de la vida.

Para aceptar y poner fin a las injusticias y que la familia humana pueda trabajar unida por el bienestar común, es necesaria una gran madurez personal y social. Las complejas acciones que constituyen el núcleo de la era de la reconciliación son: sacar a la luz pública los agravios legítimos, lamentar los errores del pasado, asumir la responsabilidad por ellos y buscar soluciones justas y realistas.

Para descubrir nuestra humanidad común a partir de una mentalidad de humildad poco frecuente, necesitamos una comunicación sin precedentes.

Con la reconciliación y la restauración, la energía social que estaba atrapada por la opresión y la injusticia puede liberarse y quedar disponible para establecer unas relaciones productivas y funcionales.

El proceso de reconciliación es complejo e implica tres etapas principales: escuchar en público a los perjudicados; aquellos que han obrado mal deben pedir disculpas públicas y responsabilizarse del impacto de sus acciones; y por último deben restituir o reparar en compensación por el pasado, además de proporcionar unos cimientos para crear una unidad mayor sobre la que podamos avanzar hacia el futuro.

El primer paso para la curación es sentirse escuchado. Al escuchar y aceptar las historias de aquellos que han sufrido, comenzamos el proceso de sanación. Para la sanación colectiva es necesaria una escucha conjunta de las heridas de la mente y del alma de la humanidad. Escuchar no significa olvidar, sino compartir en la conciencia colectiva las heridas de división y recordarlas, mientras buscamos maneras de avanzar hacia el futuro.

El arzobispo Desmond Tutu fue un gran conocedor del proceso de reconciliación. Fue presidente de la Comisión para la Verdad y la Reconciliación (TRC, por sus siglas en inglés), creada para investigar los crímenes cometidos durante la época del *apartheid* en Sudáfrica entre 1960 y 1994. Cuando este terminó, la mayoría negra de esa región se vio frente a tres posibilidades para buscar justicia y convivir junto a la minoría blanca del país. Podrían haber buscado justicia basada en la *retribución*: ojo por ojo; o en el *olvido*: no pienses en el pasado, solo avanza hacia el futuro; o en la *restauración*: asegurar una amnistía a cambio de la verdad. El arzobispo Tutu explicó la elección que tomaron:

> Creemos en la justicia restaurativa. En Sudáfrica buscamos el camino de la curación y la restauración de la armonía entre nuestras comunidades. Si solo buscas la justicia retributiva siguiendo la ley al pie de la letra, estás acabado. Jamás encontrarás la estabilidad. Necesitas algo más que represalias. Necesitas perdón[208].

El segundo paso para la curación son las disculpas públicas sinceras. A continuación, muestro varios ejemplos importantes de disculpas públicas[209]:

- En 1988, un acta del Congreso pedía disculpas «en representación de los ciudadanos y ciudadanas de Estados Unidos» por el internamiento de japoneses americanos durante la Segunda Guerra Mundial.

- En 1996, oficiales alemanes pidieron perdón por la invasión de Checoslovaquia en 1938 y crearon un fondo para compensar los abusos de los nazis a las víctimas checas.

- En 1998, el primer ministro de Japón expresó un «profundo arrepentimiento» por el trato que el país dio a los prisioneros británicos durante la Segunda Guerra Mundial.

- En 2008, el congreso de Estados Unidos se disculpó formalmente por el pecado original del país: el trato que dieron a los afroamericanos durante el periodo de la esclavitud y las consiguientes leyes de discriminación contra las personas de color como ciudadanos de segunda clase en la sociedad estadounidense.

Otro ejemplo significativo de una disculpa pública y curación social es el intento de remediar las diferencias entre los aborígenes y los colonos europeos en Australia. En 1998, Australia conmemoró el primer «Día del Perdón» para expresar su arrepentimiento y el dolor compartido por un episodio trágico en la historia del país: la separación sistemática de los niños aborígenes de sus familias por cuestión de raza.

Durante gran parte del siglo XX, los niños aborígenes fueron separados de sus familias en contra de su voluntad, con el fin de integrarlos en la cultura occidental[210]. El «Día del Perdón» pavimenta un camino para que los australianos hagan las paces con su historia y rememoren juntos, y así puedan construir un futuro basado en el respeto mutuo. Patricia Thompson, miembro del consejo indígena declaró: «Queremos el reconocimiento, la comprensión, el respeto y la tolerancia de los demás, por los demás y para los demás». En las ciudades, en los pueblos, en los núcleos rurales, en las escuelas y en las iglesias, la gente deja sus actividades diarias para reconocer esta injusticia. Además, cientos de miles de australianos han firmado los «Libros del perdón». Un requisito indispensable para la reconciliación es la petición consciente de perdón además de la conmemoración.

El tercer paso de la reconciliación es la restitución o pago de las reparaciones. El arzobispo Desmond Tutu explicó el papel de la restitución cuando declaró que la reconciliación conlleva más que el reconocimiento y el recuerdo de la injusticia: «Si me robas un lápiz y dices "lo siento" sin devolverlo, tu disculpa no tiene ningún valor»[211]. Las disculpas sientan un precedente de confianza, pero la restitución también es necesaria: sienta un precedente nuevo. La finalidad de la reparación es recomponer las condiciones materiales de un grupo y restaurar el equilibrio de poder y oportunidad material[212].

Una vez se alcanza la auténtica reconciliación, que incluye escuchar, recordar, pedir disculpas y restaurar, las divisiones y el sufrimiento del pasado ya no se interponen en el camino hacia un futuro en armonía. No es tan simple como proporcionar dinero o tierras, o establecer políticas dirigidas a acabar con las desigualdades. Las profundas heridas de los oprimidos también se manifiestan como un trauma generacional que el dinero no puede solucionar. La verdadera reparación debe incluir la curación y la integridad.

A pesar de lo difícil y lo desagradable de este proceso, es una etapa indispensable en la curación colectiva que puede proporcionarnos un enorme impulso en nuestro viaje común. De la misma manera que la marea eleva todas las barcas, un incremento en el nivel de comunicación global puede sacar a la superficie todas las injusticias y exponerlas a la luz del conocimiento público. Para alcanzar la reconciliación es determinante que seamos capaces de comunicarnos sobre estas dolorosas heridas como una especie planetaria.

Elegir la comunidad

La idea de elegir la Tierra genera una pregunta acerca de nuestro sentimiento de pertenencia a ella. ¿Nos sentimos en nuestro hogar? Donde «hogar» no es solo un espacio físico sino también un sentimiento del cuerpo, del corazón y del alma. ¿Nos conecta nuestro hogar físico con una comunidad local, que a su vez nos conecta con la Tierra? El hogar y la comunidad que habitamos generan un lenguaje y un sentimiento invisibles que se expresan a través de su estructura física. El arquitecto Christopher Alexander escribe sobre el lenguaje de patrones *(pattern language)* que comunican los hogares, las comunidades y las ciudades que habitamos.

> Un lenguaje de patrones expresa la sabiduría más profunda de aquello que aporta vitalidad a la vida de nuestra comunidad. La vitalidad es un término para «aquello que no tiene nombre»: un sentido del todo, el espíritu, la gracia que, aunque de formas diversas, es precisa y comprobable en nuestra experiencia directa[213].

Las cualidades de vitalidad que expresan los patrones físicos de nuestras casas y nuestras comunidades comunican un mensaje que nuestros oídos pueden no percibir, pero que es evidente para nuestras intuiciones. ¿Cómo podemos elegir la Tierra si no sentimos pertenecer a ella ni formar parte de sus patrones?

Es frecuente que los habitantes de los países más desarrollados a nivel material traten de vivir en el más absoluto aislamiento. En los extensos suburbios, las viviendas unifamiliares están diseñadas para mantenerse separadas de las demás casas, por lo general con un vallado que confirma la separación entre vecinos. Cuando vivimos en un aislamiento contenido, todo lo que necesitamos para nuestra vida cotidiana puede comprarse en tiendas bien surtidas o pedirse por internet para una entrega inmediata. No hay necesidad de molestar a los demás o que los demás nos molesten. Pueden pasar años sin que conozcamos a nuestros vecinos más cercanos.

El diseño físico de nuestros hogares y comunidades puede crear una experiencia de pertenencia edificante o de aislamiento existencial. Hemos diseñado nuestra vida moderna de forma deliberada para mantenernos separados, lo que contrasta profundamente con nuestras raíces ancestrales y la existencia tribal, asentada en la relación cercana con otras personas, con la naturaleza local y con las fuerzas indivisibles en el mundo. La palabra africana *ubuntu* expresa la importancia de la comunidad. *Ubuntu* hace referencia a la idea de nuestro propio descubrimiento a través de las relaciones con los demás. *Ubuntu* es saber que «yo soy porque nosotros somos». Nos desarrollamos a través de nuestras interacciones con los demás. A su vez, la calidad de estas relaciones forma parte de la esencia de nuestra vida. Con *ubuntu*, nos abrimos a los demás y nos sentimos parte de un todo mayor. *Ubuntu* es relación y crecimiento. La soledad es aislamiento y decadencia.

Una existencia individual y aislada puede funcionar cuando tenemos acceso a la abundancia material y a cadenas de abastecimiento que funcionan, y podemos comprar alimentos y los productos necesarios para nuestro día a día. Sin embargo, cuando las cadenas de abastecimiento se rompen y el dinero no puede comprar el acceso a nuestras necesidades, la calidad de nuestra relación con los demás vuelve a ser lo que define nuestra vida.

La innovación en el diseño físico de las comunidades es imprescindible para transformar nuestro modo de vida en la Tierra. El patrón de habitabilidad que prioriza los suburbios extensos con viviendas aisladas no es el más sostenible. Los patrones hiperindividualistas generan grandes barreras para la innovación. El crecimiento crea límites y los límites frenan el crecimiento. El desarrollo urbano conforma patrones de habitabilidad, como los suburbios extensos, y una vez estas formas físicas se anclan al suelo, restringen la capacidad de crear nuevos patrones para vivir.

Un mundo en transformación necesita nuevas configuraciones en la forma de vivir, mejor adaptadas a los rápidos cambios en la ecología, la sociedad y la economía. A su vez, comienza a abrirse un abanico de innovaciones desde los niveles locales hacia el plano global:

- Los **vecindarios de bolsillo** consisten en unas pocas casas unidas para promover un sentimiento muy estrecho de comunidad y de vecindad con un alto nivel de conexiones constructivas.

Por lo general, los vecindarios de bolsillo son grupos de casas vecinas o apartamentos unidos en torno a un espacio común abierto, un jardín, una calle peatonal, una serie de patios traseros unidos o un callejón recuperado, con un claro sentimiento de terreno y cuidado compartidos. Pueden encontrarse en áreas urbanas, suburbanas o rurales. Los vecindarios de bolsillo *no* son vecindarios enormes de varios cientos de viviendas y una red de calles, sino un conjunto de cerca de una docena de vecinos que interactúan a diario en relación con los bienes comunes, una especie de vecindario dentro de un vecindario.

- Las **ecoaldeas** están diseñadas desde cero o, lo más común, que sean readaptadas para proporcionar una forma de vivir integrada, con cerca de un centenar de personas. Las ecoaldeas son comunidades conscientes unidas por unos valores comunes y cuyo objetivo es ser más sostenibles desde el punto de vista social, cultural, económico y ecológico. Por lo general, son de propiedad local y se rigen por procesos participativos. Una característica frecuente de muchas de las ecoaldeas y las comunidades de cohabitación son los espacios comunes para reuniones, celebraciones y comidas conjuntas habituales, un jardín comunitario orgánico, un área de reciclaje y compostaje, una red particular de energía renovable, un espacio común abierto para compartir encuentros, quizá un área de juegos y conversación para los jóvenes, y un taller con herramientas para hacer trabajos, arte y reparaciones.

Las ecoaldeas disponen de su propia microeconomía en la que los miembros de la comunidad intercambian horas y así crean una economía local, ofreciendo sus servicios, como atención médica, cuidado de niños y personas mayores, jardinería, educación, construcción ecológica, resolución de conflictos, apoyo técnico con internet o electrónica, preparación de comidas, y otras habilidades que aporten una conexión satisfactoria y una contribución a la comunidad. Su pequeño tamaño es adecuado para que todos se conozcan, pero a la vez grande como para sustentar una microeconomía con roles de trabajo significativos para la mayoría. Las ecoaldeas tienen la cultura y la cohesión de un pueblo pequeño y la sofisticación de una ciudad, pues la mayoría de los habitantes están conectados con el mundo a través de internet y otras herramientas electrónicas de comunicación. Las ecoaldeas impulsan las expresiones de sostenibilidad singulares pues promueven la simplicidad, educan a niños sanos, celebran la vida en comunidad con otros y tratan de honrar la Tierra y las generaciones futuras. El florecimiento de múltiples ecoaldeas puede suponer un impulso poderoso a nuestra vida[214].

- Los **pueblos de transición** aúnan los vecindarios de bolsillo y las ecoaldeas en ciudades de varios miles de personas. Es habitual que apoyen proyectos populares dirigidos a mejorar la autosuficiencia y a reducir los efectos dañinos del cambio climático y la inestabilidad económica. La organización sin ánimo de lucro Transition Network, fundada en 2006, ha inspirado la aparición de iniciativas de pueblos de transición por todo el mundo[215].

- Las **ciudades sostenibles** buscan conectar los vecindarios de bolsillo, las ecoaldeas y los pueblos de transición en un sistema superior de habitabilidad sostenible y ecológica. Una ciudad sostenible está modelada siguiendo la estructura autosuficiente y resiliente de los ecosistemas naturales. El objetivo de una ecociudad es proporcionar una vida saludable a sus habitantes sin consumir más recursos renovables de los que produce, sin generar más desechos de los que puede asimilar y sin resultar tóxica para sí misma o los ecosistemas vecinos[216]. Los habitantes tienden a elegir modos de vida ecológicos que representan los principios de igualdad, justicia y equidad.

- Las **ecocivilizaciones** adaptan las lecciones aprendidas a pequeña escala y las extienden a las naciones, a grupos de naciones y a toda la comunidad de la Tierra. Responden a la disrupción del clima y las injusticias sociales con enfoques alternativos basados en los principios ecológicos. Una civilización ecológica avanza hacia un futuro regenerativo con una síntesis de diseños económicos, educativos, políticos, agrícolas y sociales para una vida sostenible.[217]

Un conglomerado de innovaciones en la vivienda, en la actividad económica y en los modos de vida ecológicos ilustran hasta qué punto estamos comenzando a reconfigurar nuestra vida local para adaptarla a las nuevas realidades globales. La necesidad urgente de cambiar a una economía de cero emisiones de carbono aleja a la humanidad de la «egoeconomía» que está destruyendo la Tierra y la atrae hacia una «economía de la vitalidad» que refuerza nuestra relación con la Tierra.

En nuestro mundo en rápida transformación surgen diseños para adaptar nuestra vida a modos de vida ecológicos constructivos a todos los niveles: desde los vecindarios de bolsillo a pequeña escala hasta las ecocivilizaciones enteras a gran escala. A medida que el siglo avanza, se desarrollarán millones de experimentos innovadores de modos de vida regenerativa. Las comunidades alternativas de todo tipo de diseños inimaginables se adaptarán a las condiciones locales creando islas de sostenibilidad, seguridad y apoyo mutuo. Sin embargo, hago una llamada a la precaución, pues la fuerza de las ecoaldeas locales y las comunidades podría suponer una debilidad si se perciben como refugios aislados de seguridad para capear las tormentas de transición. *Los salvavidas no nos servirán cuando la Tierra se hunda y se convierta en un lugar inhabitable.* Para la cohesión que se desarrolla en las colaboraciones locales es imprescindible ir un paso más allá y proporcionar el pegamento social que sostiene las redes más amplias. Las sinergias entre los vecindarios de bolsillo y las ecoaldeas locales deben subir de nivel a pueblos de transición y ciudades sostenibles, para llegar, por último, a la escala de una ecocivilización mundial. Estas sinergias generan una potente fuerza de crecimiento en todo el espectro de la innovación.

Elegir la simplicidad

La magnitud y la velocidad del cambio climático que está en marcha es asombrosa y exige modificaciones drásticas en nuestra forma de habitar la Tierra. Durante los últimos siglos, las sociedades orientadas al consumo han explotado los recursos mundiales en beneficio de una parte de la humanidad. El objetivo de este enfoque ha sido obtener la felicidad en el consumo y satisfacer nuestros deseos materiales, sin tener en cuenta las necesidades de una Tierra habitable. Este enfoque egoísta supone la ruina para el planeta y el futuro de la humanidad. En lugar de preguntarnos qué *queremos* los humanos (qué deseamos, anhelamos o qué ansiamos), estamos obligados a responder a una pregunta mucho más importante: ¿qué *necesita* la ecología global de la vida (qué es esencial, básico o necesario) para construir un futuro regenerativo? Para vivir de forma sostenible, tenemos que elegir modos de vida que adapten nuestro consumo a las capacidades regenerativas de la Tierra y a las necesidades del resto de las formas de vida con las que compartimos la biosfera. En lugar de que una minoría rica hunda a la humanidad, una mayoría generosa puede vivir con moderación y bondad, y mejorar en gran medida la vida a nivel global.

Un estudio sobre lo que se necesita para «vivir más allá del desarrollo» concluyó que «un país como Japón tendría que reducir el consumo de recursos y su impacto medioambiental en más de un 50 %, mientras que Estados Unidos tendría que hacerlo en un 75 %»[218]. Por lo tanto, cuando nos preguntamos «¿qué podemos hacer para apoyar la ecología de la vida?», la primera acción que podemos llevar a cabo es alinear nuestra vida personal con las necesidades regenerativas de la Tierra. Además, la minoría acomodada debe reconocer que una mayoría empobrecida vive al margen de la existencia material y en su caso la sencillez de vida es involuntaria:

tienen pocas opciones y poca capacidad de elección en su lucha diaria por la supervivencia.

Aunque la simplicidad es muy importante para construir un mundo viable, este enfoque de la vida no es algo novedoso. La sencillez hunde sus profundas raíces en la historia y encuentra su expresión en todas las tradiciones de sabiduría del mundo. Hace más de 2000 años, en el mismo periodo histórico que la cristiandad defendía «No me des pobreza ni riquezas» (Proverbios 30:8); según Lao Tse: «Solo hay tres cosas que puedo enseñar: simplicidad, paciencia y compasión. Estos son tus tres mayores tesoros»; Platón y Aristóteles proclamaban la importancia del «aurea mediocritas», el camino de la vida que se vive sin exceso ni defecto; y el budismo abogaba por el «camino medio» entre la pobreza y la acumulación sin medida. Está claro que la sabiduría de la simplicidad no es una revelación nueva[219]. La novedad es la realidad de la humanidad, que ha alcanzado los límites del crecimiento material y reconoce la importancia de construir una nueva relación con los aspectos materiales de la vida.

La simplicidad no se opone al consumo de recursos; en su lugar, pone el consumo material en un contexto más amplio. La simplicidad no fomenta negar el progreso material; al contrario, defiende que una relación progresiva con el lado material de la vida es parte del núcleo de una civilización madura. Arnold Toynbee, un renombrado historiador que dedicó su vida a investigar el ascenso y la caída de las civilizaciones del mundo, resumió la esencia del crecimiento de una civilización en lo que él llamó *The Law of Progressive Simplification* (es decir, ley de la simplificación progresiva)[220]. Escribió que el progreso de una civilización no debe medirse según la conquista de tierras y personas, sino por su capacidad para transferir cada vez más energía y atención de lo material a lo inmaterial: el crecimiento personal, las relaciones familiares, el contacto con la naturaleza, la madurez psicológica, la exploración espiritual, la expresión cultural y artística, y el fortalecimiento de la democracia y la ciudadanía.

Recordemos que la física moderna reconoce que el 96 % del universo conocido es invisible e inmaterial. El aspecto material (incluyendo las galaxias, las estrellas, los planetas y los seres biológicos) sólo representa un 4 % del universo conocido. Si aplicamos estas proporciones a nuestra vida, conviene prestar mayor atención a los aspectos invisibles que a menudo se ignoran y que representan, precisamente, los aspectos que Toynbee describe como la expresión de nuestro progreso como civilización.

Este historiador también acuñó la palabra «eterealización» para describir el proceso mediante el cual los seres humanos aprenden a lograr los mismos resultados, o incluso mejores, empleando menos tiempo, recursos materiales y energía. Buckminster Fuller denominó a este proceso «efimerización», aunque él ponía más énfasis en conseguir un mayor rendimiento material con una inversión menor de tiempo, de peso y de energía. Utilizando las ideas de ambos autores como inspiración, podemos redefinir el progreso como un proceso doble que implica el perfeccionamiento simultáneo de los aspectos material e inmaterial de la vida.

Con la simplificación progresiva, el aspecto material de la vida se hace más ligero, menos pesado, más fácil, elegante y sin esfuerzo y, al mismo tiempo, el aspecto no material de la vida se torna más vital, expresivo y artístico.

La simplicidad incluye la coevolución de las facetas internas y externas de la vida de forma simultánea. La simplicidad no rechaza el aspecto material de la vida, sino que promueve una nueva asociación en la que las cuestiones materiales e inmateriales evolucionen de manera conjunta. Entre los aspectos externos se incluyen los básicos, como la vivienda, el transporte y la producción de alimentos y de energía. El aspecto interno incluye el aprendizaje de habilidades para entrar en contacto con el mundo con más ligereza y amor: con nosotros mismos y nuestras relaciones, con el trabajo y nuestro paso por la vida. Al perfeccionar ambos aspectos de la vida (la simplicidad exterior combinada con la riqueza interior) podemos fomentar un auténtico progreso y construir un mundo sostenible y con sentido para miles de millones de personas, sin destruir la ecología de la Tierra.

Una ética de la moderación y de lo «suficiente» cobrará importancia a medida que las comunicaciones globales revelen las grandes desigualdades en el bienestar material. La justicia económica no promueve replicar el modo de vida de la era industrial en todo el mundo, más bien hace referencia al derecho de las personas a una parte justa de la riqueza mundial que permita garantizar un nivel de vida «decente»: alimentos, vivienda, educación y atención sanitaria suficientes para alcanzar un nivel razonable de decencia humana[221]. Dados los diseños inteligentes para vivir con ligereza y simplicidad, lo que se considera un nivel y una forma de vida decentes puede variar de forma significativa en función de las costumbres locales, la ecología, los recursos y el clima.

Llevar a cabo una gran transición en unas pocas décadas requiere la aparición de nuevos enfoques de vida que transformen todas las facetas de la vida: el trabajo que realizamos, las comunidades y hogares en los que vivimos, los alimentos que comemos, el transporte que utilizamos, la ropa que vestimos, los símbolos de estatus que moldean nuestros patrones de consumo, etc. Podemos llamar a esta forma de vida «simplicidad voluntaria», «simplicidad consciente» o «vida ecológica»[222]. Sea cual sea su descripción, necesitamos algo más que un cambio en nuestro estilo de vida.

Un cambio del *estilo* de vida implica un cambio superficial o exterior: un nuevo capricho, moda o tendencia. Necesitamos un cambio mucho más profundo en nuestro *modo* de vida, que acepte que la Tierra es nuestro hogar y que debemos conservarla para el futuro a largo plazo. La vida ecológica comienza con la aceptación de que nos enfrentamos juntos a las circunstancias y que esa unión también nos proporciona seguridad, comodidad y compasión.

Una economía con consciencia ecológica deja de centrarse en la mera expansión física y evoluciona hacia un crecimiento cualitativo, de mayor riqueza, profundidad y conexión. Los productos se diseñan cada vez con mayor eficiencia (consiguiendo más con menos), a la vez que aumenta su belleza, su resistencia y su integridad ecológica.

La simplicidad voluntaria no aboga por una vida de pobreza, de deficiencias y de deprivación, pues esta se puede transformar en simplicidad elegante a través del diseño inteligente[223]. Es posible mejorar el nivel de satisfacción y belleza a la vez que disminuye la cantidad de recursos que se consumen y la polución que se genera.

¿Cómo podemos despertar un nuevo interés por la vida simple en un mundo tan centrado en el consumo material? Para dar un giro hacia la simplicidad y la sostenibilidad, es útil recordar el paradigma de la vitalidad y cómo, durante decenas de miles de años, nuestros antepasados comprendieron que formaban parte de una ecología sutil de vitalidad. De un tiempo a esta parte esa sabiduría ha sido sustituida por la visión de que nuestro universo está formado sobre todo de materia muerta y espacio vacío, sin propósito ni significado. Recordemos la lógica de los dos paradigmas tratados antes:

- Si consideramos que el universo carece de vida, entonces es natural explotar la Tierra y agotar sus recursos;

- Si consideramos que el universo es algo vivo, entonces es natural apreciar la Tierra y cuidarla.

¿Cómo podemos evolucionar hacia una mentalidad de vida regenerativa cuando gran parte del mundo todavía vive con una mentalidad de explotación? Una cita muy perspicaz de Antoine de Saint-Exupery sugiere un camino: «Si quieres construir un barco, no reúnas gente para recoger madera ni les asignes tareas y trabajo. Tan solo enséñales a anhelar la inmensidad infinita del mar» Según esta cita, si queremos construir un mundo regenerativo, no debemos movilizar a la gente para que recoja materiales y asignarles tareas; en su lugar, *enseñémosles a anhelar la inmensidad infinita de nuestro universo viviente y las formas singulares de participar en él.* Despertar el deseo de vivir en la inmensidad y la riqueza ilimitadas de nuestro universo vivo despertará de forma natural la energía y la creatividad de la gente para construir un mundo regenerativo y hermoso.

Si consideramos que la vitalidad es nuestra mayor riqueza, nos resultará natural elegir modos de vida que nos proporcionen más tiempo y oportunidades para desarrollar aquellas áreas de nuestra vida en las que nos sentimos más vivos, como cultivar relaciones enriquecedoras, participar en comunidades afectivas, pasar tiempo en la naturaleza, expresar nuestra creatividad y prestar servicio a los demás. Al ver el universo como algo vivo, nuestras prioridades se desplazan de forma natural de una egoeconomía orientada al consumo de objetos inertes hacia una economía dirigida al crecimiento de las experiencias de vitalidad.

Una economía de la vitalidad busca acercarse a la vida con más ligereza, mientras que genera abundancia de propósito y satisfacción. El teólogo Matthew Fox ha escrito: «Vivir con lujos no es el objetivo de la vida. ¡Vivir es el objetivo de la vida! Pero la vida exige disciplina, desprendimiento y necesitar menos en una cultura superdesarrollada. Requiere un compromiso con el desafío y la aventura, con el sacrificio y la pasión»[224].

En las sociedades más prósperas, el consumismo comienza a considerarse como una búsqueda vital poco gratificante y, en su lugar, se valoran cada vez más las nuevas fuentes de bienestar[225]. Un importante estudio realizado en Estados Unidos por Pew Research ilustra la creciente importancia de la experiencia directa en lugar del consumo material. A la pregunta sobre qué es lo que da más sentido a su vida, la gente respondió: «pasar tiempo con la familia» (69 %), «pasar tiempo al aire libre» (47 %), «pasar tiempo con los amigos» (47 %), «cuidar de las mascotas»(45 %) y la «fe religiosa» (36 %). No son caros: el tiempo de calidad con la familia, los amigos, las mascotas, y la naturaleza son fuentes de riqueza al alcance de casi todos.

Un estudio publicado en el *Wall Street Journal* demuestra que las naciones más ricas están dispuestas a sacrificar sus niveles de consumo material a cambio de una vida más rica en experiencias:

> La gente piensa que las experiencias solo proporcionan felicidad temporal, pero en realidad generan más felicidad y tienen un valor más duradero [que el consumo material]. Las experiencias suelen cubrir mejor nuestras necesidades psicológicas. A menudo las compartimos con otras personas, lo que nos genera un sentimiento de conexión mayor y forman una parte importante de nuestra identidad[226].

La prestigiosa *Encuesta Mundial de Valores* también encontró un viraje hacia valores «postmaterialistas», y concluía que, durante un periodo de aproximadamente tres décadas (1981-2007), se ha producido un «cambio postmaterialista» en una docena de países, sobre todo en Estados Unidos, Canadá y el norte de Europa. En estas sociedades está cambiando el foco de los logros económicos a los valores postmaterialistas, que hacen hincapié en la autoexpresión individual, el bienestar subjetivo y la calidad de vida[227].

Aunque la simplicidad cuenta con una larga historia, entramos en tiempos de cambio radical a muchos niveles: ecológico, social, económico y psicoespiritual, y debemos esperar que las expresiones mundanas de la simplicidad evolucionen y crezcan en respuesta a ello. La simplicidad no es sencilla. Existen múltiples formas de expresión de la vida simple, y la forma más práctica de describir este enfoque es con la metáfora de un jardín.

Para expresar la riqueza de la simplicidad, a continuación, describo desde mi punto de vista diez posibilidades de florecer en el «jardín de la simplicidad». Aunque en cierta medida se solapan, cada una de estas expresiones de simplicidad es tan singular que dispone de una categoría propia. Para evitar favoritismos, las categorías están ordenadas siguiendo el orden alfabético de la lista en inglés.

1. **Simplicidad artística:** La simplicidad significa que nuestro modo de vivir la vida representa una obra de arte en desarrollo. Leonardo da Vinci dijo: «La simplicidad es la sofisticación definitiva». En palabras de Gandhi: «Mi vida es mi mensaje». Y para Frederic Chopin: «La simplicidad es el logro final [...] La recompensa suprema del arte». Siguiendo este espíritu, la simplicidad artística hace referencia a la estética orgánica y sobria, que contrasta con el exceso propio de los estilos de vida consumistas. Con influencias que van desde el zen hasta los cuáqueros, la simplicidad es un camino de belleza que celebra los materiales naturales y las expresiones limpias y funcionales.

2. **Simplicidad selectiva:** La simplicidad significa tomar las riendas de una vida demasiado ocupada, estresada y fragmentada. Significa elegir nuestro camino único por la vida de forma consciente, deliberada y por voluntad propia. Significa vivir de forma completa y sin divisiones en nuestro propio interior. Este camino hace hincapié en los desafíos de la libertad por encima de la comodidad del consumismo. La simplicidad consciente significa mantener la atención, profundizar y no dejarse distraer por la cultura consumista. Significa organizar nuestra vida de forma consciente, de manera que podamos ofrecer nuestros «dones verdaderos» al mundo: ofrecer la esencia de lo que somos. Como dijo Ralph Waldo Emerson: «El único regalo verdadero es una porción de ti mismo»[228].

3. **Simplicidad compasiva:** La simplicidad significa sentir un vínculo tan fuerte con los demás que, como dijo Gandhi: «Elegimos vivir simple para que otros puedan simplemente vivir». La simplicidad compasiva significa sentir un vínculo con la comunidad de la vida y sentir la atracción hacia un camino de reconciliación, sobre todo con otras especies y con las generaciones futuras. La sencillez compasiva sigue

un camino de cooperación y justicia en busca de un futuro de desarrollo mutuo asegurado para todos.

4. **Simplicidad ecológica:** La simplicidad significa elegir formas de vivir que entren en contacto con la Tierra con más ligereza y que reduzcan nuestro impacto ecológico. Esta forma de vida recuerda nuestras hondas raíces en el mundo natural. Nos invita a conectar con la naturaleza, las estaciones y el cosmos. La simplicidad natural responde a una profunda reverencia por la comunidad de la vida y acepta que los reinos no humanos de las plantas y otros animales también tienen dignidad y derechos. Albert Schweitzer escribió: «De la simplicidad más ingenua llegamos a una simplicidad más profunda».

5. **Simplicidad económica:** La simplicidad significa elegir el consumo consciente y la economía colaborativa. La simplicidad económica reconoce que gestionamos la relación con nuestro hogar, la Tierra, creando formas adecuadas de «sustento correcto». También acepta la necesidad de una transformación profunda de la actividad económica en favor de la vida sostenible mediante el rediseño de productos y servicios de todo tipo, desde la vivienda y los sistemas energéticos hasta los sistemas de alimentación y de transporte.

6. **Simplicidad familiar:** La sencillez significa priorizar la vida de nuestros hijos y nuestra familia, y no dejarnos distraer por la sociedad de consumo. Cada vez son más los padres que renuncian a un estilo de vida consumista y buscan formas de aportar valores y experiencias enriquecedoras a la vida de sus hijos y su familia.

7. **Simplicidad frugal:** La sencillez implica recortar los gastos que de verdad no están a nuestro servicio y practicar una gestión inteligente de nuestras finanzas personales, pues en conjunto puede ayudarnos a alcanzar mayor independencia

financiera. La frugalidad y una gestión cuidadosa de la economía proporcionan libertad financiera y la oportunidad de elegir de forma más consciente nuestro camino en la vida. El hecho de vivir con menos también reduce el impacto de nuestro consumo en la Tierra y libera recursos para los demás.

8. **Simplicidad política:** La simplicidad significa organizar nuestra vida colectiva para que podamos vivir de forma más ligera y sostenible en la Tierra, lo que a su vez implica cambios en casi todos los ámbitos de la vida pública: la división en zonas o zonificación, la educación, el transporte y los sistemas energéticos. Para ello son necesarias decisiones políticas. La política de la simplicidad implica también una política mediática, pues los medios de comunicación son los principales vehículos de promoción del consumismo.

9. **Simplicidad de alma:** La simplicidad significa afrontar la vida como si de una meditación se tratase y cultivar una conexión íntima con todo lo que existe. Una presencia espiritual impregna el mundo y, al vivir con sencillez, podemos despertar de forma directa al universo vivo que nos rodea y nos sostiene, en todo momento. La simplicidad del alma implica disfrutar de la vida de forma consciente, en su riqueza sin adornos, y no de acuerdo con una norma o una forma determinada de vida material. Al cultivar una conexión rica en sentimientos con la vida, tendemos a mirar más allá de las apariencias superficiales y a aportar nuestra vitalidad interior a todo tipo de relaciones.

10. **Simplicidad ordenada:** La simplicidad significa reducir las distracciones triviales, materiales e inmateriales, y centrar la atención en lo esencial, sea lo que sea en la vida única de cada persona. Como dijo Thoreau: «La vida se consume en los detalles [...] simplifica, simplifica» O como escribió Platón: «Para encontrar la dirección, es necesario simplificar el funcionamiento de la vida cotidiana».

Como ilustran estos enfoques, la creciente cultura de la simplicidad contiene un floreciente jardín de expresiones cuya gran diversidad, y unidad entrelazada, crean una ecología resiliente y robusta de aprendizaje de la forma de vida más sostenible y con un propósito. Al igual que suceden con otros ecosistemas, la diversidad de expresiones fomenta la flexibilidad, la adaptabilidad y la resiliencia. Puesto que hay muchos caminos diferentes que nos pueden llevar al jardín de la sencillez, esta forma de vida tiene un enorme potencial de crecimiento, sobre todo si se cultiva en los medios de comunicación como una vía legítima, creativa y prometedora para un futuro más allá del materialismo y el consumismo.

Elegir nuestro futuro

«Empieza por hacer lo necesario, luego haz lo posible, y de pronto estarás logrando lo imposible».
—Francisco de Asís

La transición a nuestra adultez temprana como especie es el momento más crucial, trascendental y de mayor alcance al que jamás nos enfrentaremos los seres humanos. Cerramos una puerta al pasado y despertamos a un nuevo comienzo. Podemos recurrir a las fuerzas inspiradoras en nuestro viaje hacia la madurez como especie. Podemos aprovechar los potenciales del despertar de la humanidad que nos elevan y nos inspiran, y alcanzar un nuevo mundo y una nueva vida. Nuestra aparente caída es el preludio del ascenso. Con valentía, podemos aprovechar la corriente ascendente de las posibilidades y crecer como una comunidad humana.

Si evaluamos las poderosas fuerzas de crecimiento, en su mayoría sin explotar, queda claro que tenemos la posibilidad de avanzar hacia un futuro en transformación. Si dejamos pasar la oportunidad de elegir un nuevo camino, tendremos que asumir las terribles consecuencias: por un lado, la extinción funcional de nuestra especie, junto con gran parte de la vida en la Tierra, y por otro, el aterrador descenso al autoritarismo, que nos obliga a sacrificar muchos de nuestros potenciales más preciados para siempre. El tiempo de la negación y la demora se ha agotado. Ha llegado la hora de la verdad. Aunque la cuenta atrás está llegando a su fin, aún disponemos del potencial para crecer y seguir una trayectoria transformadora. El crecimiento no es una fantasía ni una esperanza imaginaria. Las fuerzas del crecimiento nos exigen avanzar unidos a través de una difícil transición como especie, que cambiará de forma profunda nuestra identidad y nuestro viaje. El crecimiento requiere una nueva humanidad; la llamada y los potenciales son reales, verdaderos, genuinos. A continuación, un resumen para enfatizar el poder de estos potenciales imprescindibles para el crecimiento

1. Elegir vivir a partir de la experiencia directa de *vitalidad* nos proporciona una guía de aprendizaje para habitar el universo vivo.

2. Elegir la *consciencia reflexiva* aporta una forma madura de ver la vida y tomar decisiones durante nuestro viaje.

3. Elegir movilizar nuestros potenciales para establecer una *comunicación* del nivel local al global da voz en las conversaciones colectivas sobre el futuro.

4. Elegir crecer a la adultez temprana despierta una *madurez* mayor, con consideración consciente por el bienestar de la vida.

5. Elegir la *reconciliación* y tratar de curar las heridas de la historia de manera consciente nos permite avanzar en nuestro esfuerzo común.

6. Elegir unirnos en un sentimiento de *comunidad* de lo local a lo global nos proporciona una acogedora sensación de hogar ante el viaje que nos espera.

7. Elegir la *simplicidad* como una forma de vida que es más sencilla en el exterior y más rica en el interior aporta realismo y equilibrio a nuestro enfoque de la vida.

Cuando estos siete factores se combinan como una forma de afrontar la vida con apoyo mutuo, generan el potencial de crecimiento en el viaje de la humanidad. Si de forma colectiva elegimos la vitalidad, la consciencia, la comunicación, la madurez, la reconciliación, la comunidad y la simplicidad, podemos despertar una fuerza casi imparable para superar la iniciación colectiva como especie y avanzar hacia un futuro acogedor. Si somos capaces de imaginar cómo superar este rito de paso, tenemos la responsabilidad de intentarlo. Lo posible se convierte en esencial; lo factible en vital; y lo práctico se hace crítico.

Al despertar estas capacidades para el crecimiento, la humanidad y el planeta pueden emerger transformados. El poder de estos potenciales es mucho mayor de lo que podemos imaginar. Si tenemos confianza, podemos vivirlos de forma consciente y en el proceso descubrirnos a nosotros mismos con más profundidad. Roger Walsh, psiquiatra, practicante de meditación durante toda su vida y profesor, escribe: «Profundizamos en nosotros mismos para salir mejor al mundo, y salimos al mundo para profundizar en nosotros mismos»[229]. Tenemos ante nosotros un viaje de crecimiento en el que podemos invertir nuestra singular y valiosa vida de todo corazón.

Agradecimientos

Este libro es resultado del trabajo en equipo y quiero expresar mi enorme gratitud a todos aquellos que han participado en su creación. La valiente y generosa financiación de la Roger and Brenda Gibson Family Foundation ha permitido la investigación, la redacción y la divulgación de *Elegir la Tierra*. Roger y Brenda han sido unos aliados fundamentales y unos amigos afectuosos en esta labor tan exigente. No habría sido capaz de terminar este libro, la culminación de una vida de investigación, escritura y aprendizaje, sin su apoyo, su amistad y su confianza en mí. No solo han respaldado la creación de este libro, sino también el proyecto y los recursos de aprendizaje que lo acompañan. Estoy profundamente agradecido por su colaboración para crear y dar vida a este proyecto.

Quiero expresar mi gran aprecio por Fred y Elaine LeDrew por sus contribuciones anuales a este proyecto pionero. Sus modestas donaciones han sido un gran mensaje de apoyo y amor. También quiero mostrar mi enorme agradecimiento a los demás contribuyentes que han hecho aportaciones esenciales para este proyecto: Lynnaea Lumbard, Bill Melton y Mei Xu, Vivienne Verdon-Roe, la Betsy Gordon Foundation, Chris Bache, Scott Elrod, Ben Elgin, Justyn LeDrew, Barbara y Dan Easterlin, Carol Normandi, Lyra Mayfield y Charlie Stein, Arthur Benz, Lorraine Brignall, Frank Phoenix, Erik Schten, Scott Wirth, Sandra LeDrew, Charles Gibbs, Marianne Rowe, Kathy Kelly y Darlene Goetzman. Roger Walsh ha contribuido de diversas maneras en este proyecto y estoy muy agradecido por su apoyo y su amistad.

Mi compañera y esposa, Coleen LeDrew Elgin, ha sido una colaboradora imprescindible en todas las facetas de esta tarea creativa. Ella ha producido y dirigido el documental que acompaña al proyecto, una pieza esclarecedora, integradora y muy valiosa: *Frente a la adversidad: elegir la Tierra, elegir la vida*. Coleen también ha impartido cursos conmigo, ha dirigido la creación del currículo académico de los cursos que acompañan a este libro y ha sido una pieza fundamental como codirectora de este proyecto. Por todo ello, esta iniciativa no habría echado raíces si no fuera por su incansable esfuerzo y talento, por los que le estoy muy agradecido.

También quiero agradecer a Christian de Quincey y su magistral habilidad para editar este libro, pues gracias a su atención al detalle me ayudó a corregir y pulir la redacción en esta edición revisada. Además, quiero agradecer de corazón a las siguientes personas que me brindaron comentarios reflexivos y críticas constructivas sobre el libro: Coleen LeDrew Elgin, Laura Loescher, Sandy Wiggins, Roger Gibson, Brenda Gibson, David Christel, Ben Elgin, Scott Elrod, Marga Laube, Bill Melton, Chris Bache, Eden Trenor y Liz Moyer.

Estoy agradecido a aquellas personas que han sido parte del equipo de asesoramiento y enseñanza de los cursos que acompañan a este libro: Carol Normandi, Barbara Easterlin, Sandy Wiggins, Marianne Rowe, Jim Normandi, Kathy Kelly, Diana Badger y James Wiegel.

Birgit Wick ha aportado su arte y sus habilidades en el diseño y la maquetación de este libro, así como en otros materiales de este proyecto. Dedicó su espíritu y una meticulosa atención en cada una de las fases del diseño y la maquetación, y por todo ello le estoy muy agradecido. Mi agradecimiento a Karen Presuss quien fotografió las manos para la portada. También quiero agradecer a Isabel Elgin por tendernos una mano para la imagen de la portada.

Un enorme agradecimiento al equipo de traducción de la edición en español. Ana Navarro Martínez y Manuela Vulcano colaboraron para crear una excelente traducción de este libro y ofrecieron un enorme regalo a Choosing Earth Project. Ana y Manuela fueron más allá de la simple traducción del texto, con un sorprendente nivel de atención al detalle en la edición y la revisión. Su dedicación para asegurar la máxima calidad de la obra final es digna de admiración. Que el regalo de su labor sea una luz que contribuya a iluminar el camino de la humanidad hacia una comunidad planetaria madura.

Andrew Morris, coordinador de ProZ Pro Bono, ha sido un aliado inestimable. Ha ejercido un liderazgo determinante a la hora de guiar a los equipos a través de las complejidades de los múltiples idiomas implicados en este proyecto. Andrew es un modelo a seguir en la construcción de una comunidad mundial y ha sido un placer trabajar con él. Agradezco a Fabio Laniado por la meticulosa maquetación de la edición española.

Un viaje personal

Nací en 1953 y crecí en la granja de mi familia, a unos pocos kilómetros a las afueras de un pequeño pueblo en el sur de Idaho. Vivíamos en contacto con la tierra, con las estaciones, con los animales y entre nosotros. No vi una televisión hasta que cumplí once años. Así pues, sin un periódico habitual y con solo tres emisoras de radio (que emitían sobre todo música *country* y anuncios comerciales), mi principal compañía eran los animales de la granja (perros, gatos, pollos, cerdos, un caballo y una vaca), el campo a mi alrededor y los vecinos de las granjas cercanas. En mi juventud era muy curioso y me encantaba leer. También me gustaba crear cosas junto a mi padre en su completo y bien equipado taller de carpintería, en el que construía barcos, muebles y mucho más, durante los largos meses de invierno, cuando se detenía la actividad en la granja. Al crecer en un espacio así, pude aprender de primera mano lo vulnerables que son los cultivos a los cambios meteorológicos, a las invasiones de insectos y a las enfermedades.

Mi madre era enfermera y eso me animó a asistir a clases de preparación para acceder a los estudios de medicina, con la intención de convertirme en médico o en veterinario. Tras dos años en la universidad, sentía inquietud y ansiaba conocer el mundo. Así que aparqué los estudios durante un año y me dediqué a trabajar en varias granjas en las que gané suficiente dinero para comprar un billete de avión de ida y vuelta de Idaho a Francia. En 1963 viajé a París donde hice vida estudiantil durante un semestre. Al llegar, me enteré de que mi residencia de estudiantes estaba en el mismo edificio en el que se alojaba el capellán, un sacerdote jesuita llamado Daniel Berrigan. El padre Berrigan era un conocido activista pacifista y, mientras vivimos en París, charlamos en incontables ocasiones. Había tres temas que aparecían de forma recurrente en nuestras conversaciones: la guerra de Vietnam, el racismo en Estados Unidos y en el mundo, y la importancia de vivir la vida de forma completa y pacífica. El padre Berrigan me dejó una impresión duradera por su implicación con la paz y la justicia social, su resistencia activa a la guerra de Vietnam y la forma sencilla en la que vivía.

Después de pasar seis meses en Europa en una época de agitación social estudiantil, comprendí que mi verdadera motivación no era ser un médico al estilo tradicional. En lugar de la curación física me atraía la curación social, pero no tenía una idea clara de cómo lograrlo. Tras finalizar mis estudios universitarios, cursé cuatro años de posgrado en la Universidad de Pensilvania, donde obtuve un máster en administración de empresas de la Wharton School y un máster en historia económica.

En 1972 terminé mis estudios de posgrado y comencé mi primer trabajo de oficina como investigador principal de la Comisión Presidencial sobre Crecimiento Poblacional y el Futuro de Estados Unidos, en Washington D. C. Para un chico criado en una granja, trabajar en una comisión presidencial fue una experiencia reveladora. Teníamos órdenes de mirar treinta años hacia delante (desde 1970 a 2000) y explorar el crecimiento demográfico y la urbanización. Aunque la comisión tenía un presupuesto y una duración de solo dos años, resultó ser una introducción a la investigación sobre el futuro a largo plazo muy valiosa. También supuso una gran oportunidad para observar la política en la Casa Blanca y aprender el funcionamiento del gobierno. Me sorprendió comprobar hasta qué punto las políticas se rigen por las consideraciones a corto plazo y el poder de los intereses particulares.

Con gran desilusión cambié Washington por California para comenzar a trabajar como científico social sénior en el grupo de investigación sobre los escenarios del futuro del comité de expertos del Stanford Research Institute (SRI International). En los siguientes seis años, fui coautor de numerosos estudios sobre el futuro a largo plazo, por ejemplo, *Anticipating Future National and Global Problems* (para la Fundación Nacional de Ciencias), *Alternative Futures for Environmental Policy: 1975–2000* (para la Agencia de Protección Ambiental) y *Limits to the Management of Large, Complex Systems* (para el Consejero Científico del Presidente). También lo fui de un estudio pionero con Joseph Cambpell y un pequeño grupo de académicos titulado *Changing Images of Man*. Esta investigación exploraba los arquetipos que llevan a la humanidad hacia un futuro en transformación y me sirvió para profundizar mi comprensión del viaje evolutivo de la humanidad. En conjunto, estos años de investigación dejaron claro que los humanos transitábamos una senda insostenible y que, en pocas décadas, empezaríamos a consumir los recursos de la Tierra hasta el punto de llegar a una situación de destrucción y colapso planetario. Vi la necesidad de hacer cambios profundos si queríamos evitar la destrucción de la biosfera. Al mismo tiempo, se catalizaba mi crecimiento interior de forma sorprendente.

Mientras trabajaba en el SRI surgió una oportunidad extraordinaria: convertirme en sujeto de una investigación psíquica que acababa de comenzar. El gobierno de Estados Unidos había comenzado a financiar los primeros estudios para explorar las habilidades intuitivas y los potenciales psíquicos de la humanidad. La investigación inicial comenzó en el SRI a principios de la década de 1970, financiada por la NASA y a disposición de la población. Tuve la suerte de convertirme en uno de los cuatro sujetos principales y de participar en una amplia gama de experimentos que exploraban los aspectos «receptores» y «emisores» de la consciencia. El aspecto receptor incluía la «visión remota» o ver lugares y personas a distancia gracias a la intuición directa. El aspecto emisor incluía la «psicoquinesis» y la relación intuitiva con los sistemas físicos. Durante tres años, aprendí una lección fundamental una y otra vez: el mundo está vivo e impregnado de consciencia y energía sutil. Nuestro cuerpo físico proporciona una base estable para el aprendizaje sobre la naturaleza de la consciencia, que no se limita a nuestro cuerpo, sino que se extiende por el universo como un conocimiento inteligente y una vitalidad siempre presentes. A su vez, somos mucho más grandes que nuestro cuerpo físico y estamos dotados de capacidades mucho más sutiles de lo que antes se imaginaba. Estamos empezando a utilizar tecnologías muy sensibles para dar respuestas y a desarrollar una «alfabetización de la consciencia». Todo lo que aprendí en este trabajo de laboratorio sigue influyendo en mis interpretaciones medio siglo después.

En 1977 dejé el SRI y centré mis esfuerzos en convertirme en «activista de los medios de comunicación». Durante décadas, observé cómo los medios de comunicación dominan y orientan la mente de civilizaciones enteras. Nuestra consciencia colectiva sufría, tanto por la enorme cantidad de anuncios comerciales que vendían una mentalidad materialista como por el hecho de que los medios de comunicación ignoraban desafíos fundamentales como el cambio climático, la pobreza y el racismo. Comencé a organizar una comunidad apartidista en el Área de la Bahía de San Francisco con el objetivo de fomentar medios de comunicación mucho más atentos a las necesidades de los ciudadanos. Para lograrlo, creamos una organización sin ánimo de lucro, Voz de la Bahía, que impugnó las licencias de las principales cadenas de televisión de la Bahía de San Francisco, alegando que no cumplían el derecho legal de los ciudadanos a estar informados. En 1987, Voz de la Bahía colaboró con la cadena de televisión ABC para producir una «Asamblea Ciudadana Electrónica» histórica, de una hora de duración en horario de máxima audiencia, seguida por más de 300 000 personas y que incluyó seis votaciones de una muestra aleatorizada de ciudadanos durante la emisión en directo. El público respondió a la cadena de televisión con valiosos comentarios sobre su programación. Una expresión contemporánea de este trabajo es la iniciativa Voz de la Tierra descrita en este libro, que aprovechará la tecnología de internet, accesible a la mayoría de los ciudadanos del planeta, para crear una Voz de la Tierra a escala planetaria.

Escribir e investigar han sido partes fundamentales de mi trabajo. Para mí, escribir es mucho más que un ejercicio mental; es una experiencia corporal completa de sentimientos y procesamiento del significado de algo, de modo que las palabras encarnan la experiencia que les da origen. Comencé a escribir sobre la vida simple a mediados de los 70 al ver y sentir cómo estábamos consumiendo al planeta por encima de sus posibilidades. Mi libro **Voluntary Simplicity:** *Toward a Way of Life that is Outwardly Simple, Inwardly Rich* se publicó por primera vez en 1981 y se volvió a publicar en 2009. Sentía que mi experiencia cuando trabajaba en el proyecto *Changing Images of Man* había sido incompleta y dediqué cerca de quince años a escribir mi propia versión de este informe. **Awakening Earth:** *Exploring the Evolution of Human Culture and Consciousness* se publicó en 1993. Ante la lentitud con la que avanzábamos hacia un futuro más constructivo y sostenible, escribí: **Promise Ahead**: *A Vision of Hope and Action for Humanity's Future*, que se publicó en el año 2000. Mientras participaba en los experimentos de parapsicología a principios de la década de los 70, comencé a escribir sobre la naturaleza del universo como un sistema impregnado de consciencia y el proyecto culminó más de treinta años después en mi libro: **The Living Universe**: *Where Are We? Who Are We? Where Are We Going?*, publicado en 2009. Además de estos libros, he contribuido con capítulos en más de dos docenas de libros y he publicado más de cien artículos importantes. Estas décadas de investigación y escritura han confluido y contribuido a la escritura de **Elegir la Tierra**.

A lo largo de estas décadas, he tenido la suerte de viajar a distintos lugares del mundo y dar charlas ante públicos muy variados sobre temas diversos. He dado más de 350 discursos ante diferentes audiencias, desde líderes empresariales y organizaciones sin ánimo de lucro hasta universidades, asociaciones cinematográficas y de medios de comunicación, así como organizaciones religiosas, entre otros. También he tenido la oportunidad de asistir a reuniones y encuentros con personas de todos los ámbitos de la vida, incluidos líderes, profesores, estudiantes y trabajadores.

En 2006, tuve el honor de recibir en Tokio el premio Goi de la Paz de Japón, en reconocimiento a mi contribución a «una visión, una conciencia y un estilo de vida» globales que fomenten una «cultura más sostenible y espiritual». En 2001, fui nombrado doctor *honoris causa* en Filosofía por el California Institute of Integral Studies en reconocimiento a mi trabajo por la «transformación ecológica y espiritual».

Cuando miro con perspectiva este último medio siglo, puedo ver cómo mi carrera profesional me ha dirigido a escribir este último libro, *Elegir la Tierra*. Mi intención en este momento es mostrar al mundo esta obra, el documental que lo acompaña y los cursos, a través de colaboraciones, organización de actividades, de consultorías, de conferencias y de la docencia. Para obtener más información, visita mi sitio web personal, www.DuaneElgin.com, y profesional, www.ChoosingEarth.org.

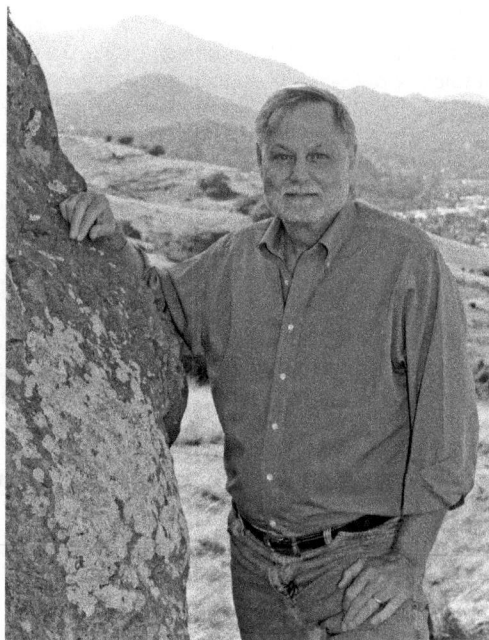

Notas finales y referencias

1   James Hillman, *Re-imaginar la psicología* (Madrid: Ediciones Siruela, 1999), 82.

2   Robin Wall Kimmerer, *Braiding Sweetgrass* (Minneapolis, MN: Milkweed Editions, 2013), 359.

3   Alexis Pauline Gumbs, *Undrowned* (Chico, CA: AK Press, 2020), 15.

4   Mia Birdsong, *How We Show Up* (Nueva York: Hachette Books, 2020), 38.

5   «The Beginning of the End», editores de la revista, *New Scientist*, 13 de octubre, 2018. https://www.newscientist.com/article/mg24031992-900-weve-missed-many-chances-to-curb-global-warming-this-may-be-our-last/

6   «The Report of The Commission on Population Growth and the American Future», https://www.population-security.org/rockefeller/001_population_growth_and_the_american_future.htm

7   Willis Harman y Peter Schwartz, *Assessment of Future National and International Problem Areas*, preparado para la National Science Foundation, contrato NSF/STP76-02573, proyecto del SRI, febrero, 1977.

     Además de contribuir con la elaboración del informe, también fui autor de un informe individual de 77 páginas: *Limits to the Management of Large, Complex Systems*, publicado como un volumen complementario, febrero, 1977.

8   *Ibid.* Duane Elgin, *Limits to the Management of Large, Complex Systems*. También se publicó un resumen del informe de 77 páginas: «Limits to Complexity: Are Bureaucracies Becoming Unmanageable», en *The Futurist*, diciembre de 1977. https://duaneelgin.com/wp-content/uploads/2014/11/Limits-to-Large-Complex-Systems.pdf

9   Se incluyó una descripción resumida del medio año que pasé dedicado a la meditación en 1978 como apéndice en mi libro *Awakening Earth*. Este libro se puede descargar de manera gratuita en mi página web personal: https://duaneelgin.com/wp-content/uploads/2016/03/AWAKENING-EARTH-e-book-2.0.pdf Las enseñanzas de esta experiencia de meditación fueron la base para continuar explorando en profundidad el paradigma materialista actual y son descritas como una teoría de «evolución dimensional». *Awakening Earth* establece la mitad de la década de 2020 como el marco temporal aproximado para pasar al siguiente contexto dimensional, más amplio, de un paradigma de universo viviente y su visión de la realidad, la identidad humana y el viaje evolutivo.

10   Con gratitud al monje budista Thich Nat Hanh por ofrecernos esta descripción.

11   Caroline Hickman, *et al.*, «Young people's voices on climate anxiety, government betrayal and moral injury: a global phenomenon».

Universidad de Bath, R. U., 14 de septiembre, 2021. https://papers.ssrn.com/sol3/papers.cfm?abstract_id=3918955

12   «Peoples' Climate Vote», Programa de las Naciones Unidas para el Desarrollo (PNUD) y la Universidad de Oxford, enero, 2021, https://www.undp.org/publications/peoples-climate-vote#modal-publication-download.

13   «World Scientists' Warning to Humanity», *Union of Concerned Scientists*, 1992 en adelante. https://www.ucsusa.org/resources/1992-world-scientists-warning-humanity

14   *Ibid.*

15   Owen Gaffney, «Quit Carbon, and Quick», *New Scientist*, 5 de enero, 2019. https://www.sciencedirect.com/science/article/abs/pii/S0262407919300181

16   Eugene Linden, «How Scientists Got Climate Change So Wrong», *The New York Times*, 8 de noviembre, 2019. https://www.nytimes.com/2019/11/08/opinion/sunday/science-climate-change.html Además:

«Climate Change Speed-Up», *Atmospheric Sciences & Global Change Research Highlights*, marzo, 2015. Según un nuevo estudio, el ritmo de incremento de la temperatura aumentará en las próximas décadas. Los cambios de temperatura de la Tierra son más rápidos que los valores históricos y están empezando a acelerarse. https://www.pnnl.gov/science/highlights/highlight.asp?id=3931

David Wallace-Wells, periodista climático y autor de *The Uninhabitable Earth*, plantea: «¿A qué velocidad está cambiando el clima? Ha sucedido en el transcurso de una generación». Puedes verlo en este video: https://www.youtube.com/watch?v=RA4mIbQo52k

17   Aunque las escalas temporales de los acontecimientos descritos como «abruptos» pueden variar de manera drástica, hay pruebas preocupantes de que pueden tener una duración de años.
Por ejemplo: «Los cambios registrados en el clima de Groenlandia al final del Dryas Reciente (hace unos 11 800 años), medidos por los núcleos de hielo, revelan un aumento repentino de +10 °C (+18 °F) en una escala de tiempo de unos pocos años». Grachev, A. M.; Severinghaus, J. P., «A revised +10±4° C magnitude of the abrupt change in Greenland temperature at the Younger Dryas termination using published GISP2 gas isotope data and air thermal diffusion constants», *Quaternary Science Reviews*, marzo de 2005. https://ui.adsabs.harvard.edu/abs/2005QSRv...24..513G/abstract

18   Suecia es una excepción: Christian Ketels, "Sweden's ministry for the future: how governments should think strategically and act horizontally," *Centre for Public Impact*, 29 de noviembre, 2018. https://www.centreforpublicimpact.org/swedens-ministry-for-the-future-how-governments-should-think-strategically-and-act-horizontally/

19   Gus Speth, citado en *Canadian Association of the Club of Rome*, 27 de marzo, 2016. https://canadiancor.com/scientists-dont-know/

20 John Vidal, «The Lost Decade: How We Awoke To Climate Change Only To Squander Every Chance To Act», *HuffPost*, 30 de diciembre, 2019. https://www.huffpost.com/entry/lost-decade-climate-change-action-2020_n_5df7af92e4b0ae01a1e459d2

21 «Workers Flee and Thieves Loot Venezuela's Reeling Oil Giant», *The New York Times*, 14 de junio, 2018. https://www.nytimes.com/2018/06/14/world/americas/venezuela-oil-economy.html

22 «Gangs Rule Much of Haiti. For Many, It Means No Fuel, No Power, No Food», https://www.nytimes.com/2021/10/27/world/americas/haiti-gangs-fuel-shortage.html

     «Haiti descends into chaos, yet the world continues to look away», comité editorial, *Washington Post*, 21 de noviembre, 2021. https://www.washingtonpost.com/opinions/2021/10/31/haiti-descends-into-chaos-yet-world-continues-look-away/

23 Véase, por ejemplo: Future of Life Institute, https://futureoflife.org/background/existential-risk/

24 A modo de ejemplo, en la cultura popular está en marcha un movimiento «transhumanista» descrito como «un movimiento social y filosófico dedicado a promover la investigación y el desarrollo de tecnologías sólidas para la mejora de los humanos. Dichas tecnologías aumentarían o mejorarían la percepción sensorial, las habilidades emotivas o la capacidad cognitiva del ser humano, además de mejorar su salud de forma revolucionaria y prolongar su esperanza de vida». https://en.wikipedia.org/wiki/Transhumanism

25 Aunque es una cuestión muy controvertida, es importante reconocer el papel que juega la edición genética en el futuro. La tecnología que permite reescribir el código de la vida está cambiando muy deprisa y podría cambiar el futuro evolutivo de la humanidad, sobre todo en el plazo de 50 años que tratamos en este libro. La tecnología CRISPR es una herramienta de edición genética que actúa como la función de buscar y reemplazar de un procesador de textos. Se ha vuelto muy accesible y no requiere grandes instalaciones, lo que ha permitido que numerosos emprendedores a pequeña escala del ámbito de la genética se lancen a crear y vender nuevas líneas genéticas a la humanidad. La Organización Mundial de la Salud ha señalado que *las herramientas de edición genética no requieren conocimientos o habilidades bioquímicas excepcionales ni una financiación importante o grandes cantidades de tiempo*. Resulta fácil entender que estas herramientas hayan pasado de los sofisticados laboratorios de las universidades a pequeñas instalaciones caseras en el garaje de los «biohackers» que, casi sin regulación, trabajan para crear nuevas líneas de vida que son imposibles de deshacer. La edición genética es una tecnología de doble impacto: por un lado, puede traer grandes beneficios a la humanidad, pero también puede acarrear graves consecuencias.

     Los beneficios potenciales de esta tecnología son enormes. La edición genética puede ayudar a alimentar al mundo con cultivos resistentes a las enfermedades y a la sequía. Estas herramientas también pueden utilizarse para crear seres humanos de diseño, con tolerancia al calor intenso y al estrés, así como resistencia a muchas enfermedades. Por ejemplo, puede contribuir a curar unas 7000 enfermedades humanas causadas por mutaciones genéticas. Podría hacer que las personas fueran más resistentes al virus del sida y a otras enfermedades, como la anemia falciforme, la fibrosis quística, las cardiopatías, la leucemia, la malaria e incluso el Alzheimer. Otro beneficio considerable sería en respuesta al recuento de espermatozoides humanos, que ha caído de forma drástica. En el momento en el que el total se aproxime a cero seremos incapaces de reproducirnos y es muy probable que se produzca la extinción funcional de la especie humana. A su vez, los esfuerzos de la edición genética podrían centrarse en producir esperma más fuerte y resistente que pueda sobrevivir a las presiones evolutivas de nuestro mundo en profunda transición.

Las consecuencias derivadas de esta tecnología también podrían ser muy graves. Aparte del cambio climático, sólo hay dos tecnologías que podrían matar a miles de millones de personas en un corto lapso: las armas nucleares y las biológicas. Un ejemplo es la viruela, una de las enfermedades más contagiosas, desfigurantes y mortales que ha afectado a los seres humanos durante miles de años y cuya mortalidad es de cerca del 30 % de los infectados. Aunque ha sido erradicada de la Tierra, los científicos han descubierto que puede volver a recrearse en un laboratorio de biohackers mediante componentes disponibles en nuestro planeta. La edición genética también podría utilizarse para fabricar carbunco o ántrax maligno resistente a los medicamentos o gripe muy transmisible, entre muchas otras.

La edición genética es un comodín evolutivo que podría cambiar el rumbo de la evolución en direcciones impredecibles. El historiador y futurista Yuval Noah Harari escribe en su polémico libro *Homo Deus* que, si utilizamos esta tecnología, la humanidad romperá las leyes de la selección natural que han dado forma a la vida durante los últimos 4000 millones de años y las reemplazará por las «leyes de un verdadero diseño inteligente». En pocas décadas, la Tierra podría estar habitada por humanos mejorados genéticamente, cuyas grandes ventajas podrían hacerlos imprescindibles y casi imparables, lo que crearía una sociedad estratificada de acuerdo con la biogenética. Cada generación de humanos «mejorados» podría establecer una nueva línea basal para mejorar a la generación siguiente y así producir tipos de humanos radicalmente diferentes, pero ¿en qué dirección? Si las capacidades aumentadas parten del paradigma superficial del materialismo, el futuro de la humanidad se presenta sombrío. Para ilustrarlo, Harari explica que los humanos aumentados genéticamente serán alabados por «la contribución que hagan a los flujos de datos que varios algoritmos asistidos por ordenador utilizan para generar valor y crear producción».

El paradigma del materialismo sienta las bases de esta visión empobrecida y superficial de los potenciales evolutivos de la humanidad. Harari escribe que «en el futuro podríamos ver cómo se abren brechas reales en las capacidades físicas y cognitivas entre una clase superior mejorada y el resto de la sociedad» y que podríamos tener «superhumanos mejorados que dominen el mundo», y así crear «una nueva casta superhumana que abandone sus raíces liberales y trate a los humanos normales no mejor que los europeos del siglo XIX trataron a los africanos». A su vez, afirma que la estrategia evolutiva más despiadada podría ser abandonar a los pobres e inútiles del mundo y potenciar el progreso de la clase aumentada. Sin un contexto ético que trascienda para guiar esta revolución biogenética emergente, hay un enorme peligro de crear un nuevo sistema de castas y un futuro muy limitado y distorsionado para la humanidad. (Véase Yuval Harari, *Homo Deus* (Nueva York: Harper Collins, 2017), 352 - 355. Véase también la entrevista por Ezra Klein: «Yuval Harari, author of *Sapiens*», https://www.vox.com/2017/2/28/14745596/yuval-harari-sapiens-interview-meditation-ezra-klein).

26   «We›ve missed many chances to curb global warming. This may be our last», equipo editorial, *New Scientist,* 13 de octubre, 2018. https://www.newscientist.com/article/mg24031992-900-weve-missed-many-chances-to-curb-global-warming-this-may-be-our-last/

27   Jared Diamond, *Collapse: How Societies Choose to Fail or Succeed* (Nueva York: Penguin Group, 2005). También: Diamond, «Easter's End», *Discover Magazine,* 31 de diciembre, 1995. https://www.discovermagazine.com/ planet-earth/easters-end

28   *Op. cit.*, Diamond, *Collapse,* 109.

29   *Ibid.* 119.

30   Garry Kasparov y Thor Halvorssen, «Why the rise of authoritarianism is a global catastrophe», *Washington Post,* 13 de febrero, 2017. https://www.washingtonpost.com/news/democracy-post/wp/2017/02/13/why-the-rise-of-authoritarianism-is-a-global-catastrophe/

31   Maria Repnikova, «China's "responsive" authoritarianism», *Washington Post,* 27 de noviembre, 2019. https://www.washingtonpost.com/news/ theworldpost/wp/2018/11/27/china-authoritarian/ También: Paul Mozur y Aaron Krolik, «A Surveillance Net Blankets China's Cities, Giving Police Vast Powers», *The New York Times,* 17 de diciembre, 2019. https://www.nytimes.com/2019/12/17/technology/china-surveillance.html?action=click&module=Top%20Stories&pgtype=Homepage

32   Nicholas Wright, «How Artificial Intelligence Will Reshape the Global Order», *Foreign Affairs,* 10 de julio, 2018. https://www.foreignaffairs.com/articles/world/2018-07-10/how-artificial-intelligence-will-reshape-global-order?fa_anthology=1123571

33   Mathew Macwilliams, «Trump is an authoritarian. So are millions of Americans», *Politico,* 23 de septiembre, 2020. https://www.politico.com/news/magazine/2020/09/23/trump-america-authoritarianism-420681

Zack Beauchamp, «Call it authoritarianism», *Vox,* 15 de junio, 2021, https://www.vox.com/policy-and-politics/2021/6/15/22522504/republicans-authoritarianis m-trump-competitive

34   *Op. cit.* Elgin, *The Living Universe,* 2009, 141-142.

35 «World Income Inequality Report», *World Inequality Lab*, diciembre de 2021. https://wid.world/news-article/world-inequality-report-2022/

36 Otra muestra del peligro al que nos enfrentamos aparece en el informe del IPCC sobre el cambio climático y la tierra. Véase: Chris Mooney y Brady Dennis, «The world has just over a decade to get climate change under control, U.N. scientists say», *Washington Post,* 7 de octubre, 2018. Según el IPCC, no existe un precedente histórico documentado sobre la magnitud de los cambios necesarios. Aquí hay una respuesta al nuevo informe de dicho organismo: «Climate Change and Land». Según Jennifer Morgan, directora ejecutiva de Greenpeace Internacional, «1.5 °C son los nuevos 2 °C». El documento habla de manera específica sobre las inestabilidades en la Antártida y Groenlandia, que podrían causar a un aumento del nivel del mar mucho mayor a lo previsto, y que «podrían desencadenarse en torno a 1,5 °C y 2 °C de calentamiento global». Además, según el informe, los arrecifes de coral tropicales corren un serio peligro, pues se prevé que con un aumento de 1,5 °C desaparezcan entre el 70 % y el 90 % de ellos. Con 2 °C, esa cifra aumenta a más del 99 %. El informe confirma que un calentamiento de 1,5 °C sería muy perjudicial y que la cifra de 2 °C (que solía considerarse un objetivo razonable) podría tener consecuencias devastadoras en algunas partes del mundo. https://www.ipcc.ch/report/srccl/ También:

El informe actualizado del IPCC: Chris Mooney y Brady Dennis, «New U.N. climate report: Massive change already here for world's oceans and frozen regions», *Washington Post*, 25 de septiembre, 2019. https://www.washingtonpost.com/climate-environment/2019/09/25/new-un-climate-report-massive-change-already-here-worlds-oceans-frozen-regions/

«IPCC Special Report on the Ocean and Cryosphere in a Changing Climate». Para descargarlo , visita: https://www.ipcc.ch/srocc/download-report/

37 Un ejemplo de los daños causados por el aumento del nivel del mar es la grave erosión costera a nivel mundial: la mitad de las playas del mundo podrían desaparecer a finales del siglo, y en 2050 algunas costas podrían ser irreconocibles en comparación con la actualidad. Michalis I. Vousdoukas, *et al.*, «Sandy coastlines under threat of erosion», *Nature: Climate Change*, 2 de marzo, 2020. https://www.nature.com/articles/s41558-020-0697-0

38 Hans-Otto Portner, *et al.*, «IPCC Special Report on the Ocean and Cryosphere in a Changing Climate», 25 de septiembre, 2019 https://www.ipcc.ch/site/assets/uploads/sites/3/2022/03/00_SROCC_Frontmatter_FINAL.pdf.

Para descargarlo, visita: https://www.ipcc.ch/srocc/download-report/

39 «Sea levels set to keep rising for centuries even if emissions targets met», *The Guardian,* 6 de noviembre, 2019. Según el nuevo estudio, el tiempo transcurrido entre el aumento de la temperatura global y el impacto de la inundación de las costas implica que el mundo se enfrentará a un aumento constante del nivel del mar hasta el año

2300, aunque se tomen medidas inmediatas para hacer frente a la crisis climática.

https://www. theguardian.com/environment/2019/nov/06/ sea-level-rise-centuries-climate-crisis Véase el estudio: Alexander Nauels, *et al.*, «Attributing long-term sea-level rise to Paris Agreement emission pledges»: https://www.pnas.org/content/ early/2019/10/31/1907461116 También: Zeke Hausfather, «Common Climate Misconceptions: Atmospheric Carbon Dioxide», *Yale Climate Connections*, 16 de diciembre, 2010. En este estudio se descubrió que, aunque una buena parte de las emisiones de gases de efecto inver-nadero podrían eliminarse de la atmósfera en unas pocas décadas, incluso aunque estas cesaran de forma inmediata, alrededor del 10 % continuarían calentando la Tierra durante miles de años. Este porcen-taje es significativo porque incluso un pequeño aumento de los gases de efecto invernadero en la atmósfera puede tener un gran impacto en las capas de hielo y el nivel del mar si persiste durante milenios. Y lo que es más importante: el mayor peligro no es el calentamiento global, sino el clima extremo que se produce al sobrepasar los puntos de inflexión que, a su vez, provocan hambrunas catastróficas y una gran agitación civil. https://www.yaleclimateconnections.org/2010/12/ common-climate-misconceptions-atmospheric-carbon-dioxide/

40   «BP Statistical Review of World Energy», *British Petroleum*, (68ª edi-ción), 2019. https://www.bp.com/content/dam/bp/business-sites/en/ global/corporate/pdfs/energy-economics/statistical-review/bp-stats-review-2019-full-report.pdf

41   «Hothouse Earth Fears», *New Scientist*, 11 de agosto, 2018. https:// www.sciencedirect.com/journal/new-scientist/vol/239/issue/3190 «Durante la mayor parte de los últimos 500 millones de años, la Tierra ha estado mucho más caliente que en la actualidad, sin hielo perma-nente en los polos: lo que se conoce como estado de Tierra invernadero. Más tarde, hace unos 3 millones de años, al descender los niveles de CO_2, las temperaturas empezaron a oscilar entre dos estados más fríos: edades glaciales con extensas capas de hielo que cubrían gran parte de la tierra en el hemisferio norte y periodos interglaciares como el actual. Como consecuencia del aumento de CO_2 podríamos estar a punto de sacar al planeta del actual estado interglaciar y llevarlo al estado de Tierra invernadero. Las consecuencias serían catastróficas. También:

McGrath, «Climate change: "Hothouse Earth" risks even if CO_2 emis-sions slashed», *BBC*, 5 de agosto, 2018. https://www.bbc.com/news/ science-environment-45084144

Robert Monroe, «New Climate Risk Classification Created to Account for Potential "Existential" Threats», *Scripps Institute of Oceanography*, 14 de septiembre, 2017. «Según los investigadores, un aumento de la temperatura superior a 3 ºC (5,4 ºF) podría tener efectos "catastróficos" y si se superan los 5 ºC (9 ºF), las consecuencias serían "desconocidas", mucho peor que catastróficas, incluidas posi-bles amenazas existenciales. El espectro de las amenazas existenciales se plantea para reflejar los graves riesgos para la salud humana y la extinción de especies derivados de un calentamiento superior a 5 ºC, algo que no se ha experimentado, al menos, en los últimos 20 millones de años». https://scripps.ucsd.edu/news/new-climate-risk-classification-created-account-potential-existential-threats

Will Steffen, *et al.*, «Trajectories of the Earth System in the Anthropocene»

PNAS: Proceedings of the National Academy of Sciences, 6 de agosto, 2018. «Exploramos el riesgo de que los bucles de retroalimentación empujen al sistema terrestre hacia un umbral planetario en el que, una vez cruzado, resulte imposible la estabilización del clima aunque las emisiones se reduzcan, con aumentos de temperatura intermedios y un calentamiento continuado, en una trayectoria hacia la "Tierra invernadero". Cruzar ese umbral provocaría una temperatura media global mucho más alta que en cualquier periodo interglaciar de los últimos 1200 millones de años y elevaría el nivel del mar a cotas mucho mayores que en cualquier momento del Holoceno». https://doi.org/10.1073/pnas.1810141115

42 «Climate Change: How Do We Know?», *NASA: Global Climate Change, Vital Signs of the Planet,* 2019. Aquí puedes encontrar las pruebas: https://climate.nasa.gov/ evidence/ Aquí puedes leer el consenso científico sobre el calentamiento global: https:// climate.nasa.gov/scientific-consensus/ También:

Alistair Woodward, «Climate change: Disruption, risk and opportunity» *Science Direct* (publicado originalmente en *Global Transitions*, Volumen 1, 2019, 44-49). El estudio concluye que el cambio climático es disruptivo porque los seres humanos se han adaptado a unas condiciones ambientales muy específicas. El cambio es más arriesgado cuando es poco predecible, a gran escala, de inicio rápido e irreversible. https://doi.org/10.1016/j.glt.2019.02.001

«Global Warming Science: The science is clear. Global warming is happening». *Union of Concerned Scientists*, 2019. https://www.ucsusa.org/ our-work/global-warming/science-and-impacts/global-warming-science

Op. cit., «IPCC Special Report on the Oceans and Cryosphere in a Changing Climate», 25 de septiembre, 2019.

Bob Berwyn, «Ocean Warming Is Speeding Up, with Devastating Consequences, Study Shows», *Inside Climate News*. 14 de enero, 2020. Según el autor principal del estudio, en 25 años los océanos habrán absorbido el calor equivalente a la energía de 3600 millones de explosiones equivalentes a la bomba de Hiroshima. https://insideclimatenews.org/news/14012020/ocean-heat-2019-warmest-year-argo-hurricanes-corals-marine-animals-heatwaves

Sabrina Shankman, «Dead Birds Washing Up by the Thousands Send a Warning About Climate Change», *Inside Climate News*, 15 de enero, 2020. Un nuevo estudio desvela el misterio de la causa de que tantas de estas aves marinas [arao común] , por lo general muy resistentes, murieran de hambre en medio de una ola de calor oceánico alimentada, en parte, por el

calentamiento global. https://insideclimatenews.org/news/15012020/
seabird-death-ocean-heat-wave-blob-pacific-alaska-common-murre

43 «Problemas sanitarios apremiantes que el mundo afronta de cara al
próximo decenio» *Organización Mundial de la Salud (OMS)*, 13 de
enero, 2020. https://www.who.int/es/news-room/photo-story/d-tail/
urgent-health-challenges-for-the-next-decade

44 «Powerful actor, high impact bio-threats — initial report», *Wilton
Park/UK*, 9 de noviembre, 2018. https://www.wiltonpark.org.uk/
event/powerful-actor-high-impact-bio-threats-wp1625 También:

Nafeez Ahmed, «Coronavirus, Synchronous Failure and the Global
Phase-Shift», *Insurge Intelligence*, 2 de marzo, 2020. https://
medium.com/insurge-intelligence/coronavirus-synchronous-failu-
re-and-the-global-phase-shift-3f00d4552940

Jennifer Zhang, «Coronavirus Response Shows the World May Not Be
Ready for Climate-Induced Pandemics», *Universidad de Columbia*,
24 de febrero, 2020. https://blogs.ei.columbia.edu/2020/02/24/
coronavirus-climate-induced-pandemics/

Brian Deese y Ronald Klain, «Another deadly conse-
quence of climate change: The spread of dangerous
diseases», *Washington Post,* 30 de mayo, 2017. https://www.
washingtonpost.com/opinions/another-deadly-consequence-of-cli-
mate-change-the-spread-of-dangerous-diseases/2017/05/30/
fd3b8504-34b1-11e7-b4ee-434b6d506b37_story.html

Valoro mucho las observaciones de Sandy Wiggins por establecer una
diferencia entre los retos de responder a las pandemias y los de actuar
frente al cambio climático.

45 Otro estudio llega a la conclusión de que en este momento: «Dos
tercios de la población mundial (4000 millones de personas) viven
en condiciones de escasez grave de agua al menos un mes al año».
Https://www.seametrics.com/blog/future-water/ También:

Mesfin M. Mekonnen y Arjen Y. Hoekstra, «Four billion people facing
severe water scarcity», *Science Advances*, 12 de febrero, 2016. https://
advances.sciencemag.org/content/2/2/e1500323.full

Según otro estudio, entre 1995 y 2025, las zonas afectadas por estrés
hídrico severo se expanden y se intensifican, y el número de personas
que viven en ellas también crece de 2100 a 4000 millones de personas.
En el estudio afirman que «el estrés continuado sobre los recursos
hídricos aumenta el riesgo de que se produzca escasez simultánea
en todo el mundo e incluso de que se desencadene una crisis mundial del agua». Joseph Alcamo, Thomas Henrichs, Thomas Rösch,
«World Water in 2025: Global modeling and scenario analysis for
the World Commission on Water for the coming century», *Center for
Environmental Systems Research,* Universidad de Kassel, febrero,
2000 http://www.env-edu.gr/Documents/World%20Water%20in%20
2025.pdf ld Water in 2025.pdf

46 «The Water Crisis», Water.org, 2019. https://water.org/our-impact/
water-crisis/

47 «Informe mundial de las Naciones Unidas sobre el desarrollo de los recursos hídricos 2019: no dejar a nadie atrás», 2019. /https://www. unwater.org/publications/un-world-water-development-report-2019 También: https://water. org/our-impact/water-crisis/

48 La cantidad de personas con desnutrición en el mundo ha ido en aumento desde 2015 y ha alcanzado los niveles de 2010-2011. http:// www.fao.org/state-of-food-security-nutrition/en/ También:

«The Hungry Planet: Global Food Scarcity in the 21st Century», Wilson Center staff, 16 de agosto, 2011. https://www.newsecuritybeat.org/2011/08/ the-hungry-planet-global-food-scarcity-in-the-21st-century/

Julian Cribb, «The coming famine: risks and solutions for global food security», 21 de octubre, 2009. https://www.perlego.com/ book/551417/the-coming-famine-pdf

49 Nafeez Ahmed, «West's "Dust Bowl" Future now "Locked In", as World Risks Imminent Food Crisis» *Insurge Intelligence*, 6 de enero, 2020. https://www.resilience.org/stories/2020-01-06/wests-dust-bowl-futu- re-now-locked-in-as-world-risks-imminent-food-crisis/

50 Anup Shah, «Poverty Facts and Stats», *Global Issues*, actualizado el 7 de enero, 2013. http://www.globalissues.org/article/26/poverty-facts- and-stats#src1 También:

Anup Shah, «Poverty Around The World» *Global Issues,* 12 de noviembre, 2011. http://www.globalissues.org/print/article/4#World- BanksPovertyEstimates Revised

51 Julian Cribb, «The coming famine: risks and solutions for global food security», 21 de octubre, 2009. https://www.perlego.com/ book/551417/the-coming-famine-pdf

52 Izabella Koziell, «Our Food Systems Are in Crisis», *Scientific American*, 15 de octubre, 2019. https://blogs.scientificamerican.com/ observations/our-food-systems-are-in-crisis/

53 «Migration, Agriculture and Climate Change», *Organización de las Naciones Unidas para la Alimentación y la Agricultura (FAO)*, 2017. http://www.fao. org/3/I8297EN/i8297en.pdf

54 Véase el informe: «Nature's Dangerous Decline 'Unprecedented'; Species Extinction Rates 'Accelerating'», *Intergovernmental Science- Policy Platform on Biodiversity and Ecosystem Services (IPBES)*, 22 de mayo, 2019. https://www.ipbes.net/news/Media-Release- Global-Assessment También: https://www.washingtonpost.com/ climate-environment/2019/05/06/one-million-species-face-extinc- tion-un-panel-says-humans-will-suffer-result/

55 «Plummeting insect numbers "threaten collapse of nature"» *The Guardian*, 10 de febrero, 2019. https://www.theguardian.com/ environment/2019/ feb/10/plummeting-insect-numbers-threaten-co- llapse-of-nature Cada vez son más los estudios que alertan de la crisis de los **insectos** en todo el planeta. Por ejemplo, un estudio realizado en Alemania reveló una disminución del 76 % de los insectos volado- res en las últimas décadas. Otro sobre las selvas tropicales de Puerto

Rico reveló que la desaparición de insectos se había multiplicado por sesenta. También:

Damian Carrington, «Car "splatometer" tests reveal huge decline in number of insects» *The Guardian*, 12 de febrero, 2020. Una investigación revela que la población de insectos en Europa ha disminuido hasta un 80 % en dos décadas. https://www.theguardian.com/environment/2020/feb/12/car-splatometer-tests-reveal-huge-decline-number-insects

Damian Carrington, «"Insect apocalypse" poses risk to all life on Earth, conservationists warn», *The Guardian*, 13 de noviembre, 2019. Un informe afirma que 400 000 especies de insectos se enfrentan a la extinción debido al uso intensivo de pesticidas. https://www.theguardian.com/environment/2019/nov/13/insect-apocalypse-poses-risk-to-all-life-on-earth-conservationists-warn

Dave Goulson, «Insect declines and why they matter», encargado por *South West Wildlife Trusts*, 2019. «Las pruebas más recientes sugieren que la abundancia de insectos puede haber disminuido en un 50 % o más desde 1970. Esto es preocupante, porque los insectos son de vital importancia, como alimento, como polinizadores y como recicladores, entre otras funciones». https://www.somersetwildlife.org/sites/default/files/2019-11/FULL%20AFI%20REPORT%20WEB1_1.pdf https://doi.org/10.1016/j.biocon.2019.01.020

56   «Pollinators Help One-third Of The World's Food Crop Production», *Science Daily*, 26 de octubre, 2009. https://www.sciencedaily.com/releases/2006/10/061025165904.htm Las abejas son los principales iniciadores de la reproducción de las plantas, ya que transfieren el polen de los estambres masculinos a los pistilos femeninos.

57   Carl Zimmer, «Birds Are Vanishing from North America», *The New York Times*, 19 de septiembre, 2019. https://www.nytimes.com/2019/09/19/science/bird-populations-america-canada.html

58   Kenneth Rosenberg, *et al.*, «Decline of the North American avifauna», *Science*, 4 de octubre, 2019. https://science.sciencemag.org/content/366/6461/120

59   J. Emmett Duffy, *et al.*, «Science study predicts collapse of all seafood fisheries by 2050», *Stanford Report*, 2 de noviembre, 2006. Según un nuevo estudio de un equipo internacional de ecologistas y economistas «todas las especies de marisco salvaje habrán colapsado en 50 años[...] Basándose en las tendencias mundiales actuales, los autores predijeron que todas las especies de marisco salvaje, desde el atún hasta las sardinas, habrán colapsado para el año 2050. El colapso se ha definido como el agotamiento del 90 % de la abundancia básica de la especie». También:

Jeff Colarossi, «Climate Change And Overfishing Are Driving The World's Oceans To The "Brink Of Collapse"», *Think Progress*, 2015. https://thinkprogress.org/climate-change-and-overfishing-are-driving-the-worlds-oceans-to-the-brink-of-collapse-2d095e127640/ «En una sola generación, la actividad humana ha dañado de gravedad los océanos a casi todos los niveles. Esa es la conclusión de un nuevo estudio del Fondo Mundial para la Naturaleza (conocido como WWF, por sus siglas en inglés), que revela que las poblaciones marinas han disminuido un 49 % entre 1970 y 2012 [...] El panorama es ahora más claro que nunca: la mala gestión humana de los océanos los está empujando al colapso».

«Living Blue Planet Report: Species, habitats and human well-being», *WWF*, 2015. http://assets.wwf.org.uk/downloads/living_blue_planet_report_2015.pdf?_ga=1.259860873.2024073479.1442408269

Ivan Nagelkerken y Sean D. Connell, «Global alteration of ocean ecosystem functioning due to increasing human CO_2 emissions», *PNAS: Proceedings of the National Academy of Sciences*, 27 de octubre, 2015. https://doi.org/10.1073/pnas.1510856112

60   Adam Vaughan, «Humanity driving "unprecedented" marine extinction», *The Guardian,* 14 de septiembre, 2016. https://www.theguardian.com/environment/2016/sep/14/humanity-driving-unprecedented-marine-Extinction El estudio se puede leer aquí: Jonathan L. Payne, *et al.* «Ecological selectivity of the emerging mass extinction in the oceans», *Science*, 14 de septiembre, 2016. https://science.sciencemag.org/content/353/6305/1284

61   «Saving Life on Earth: a plan to halt the global extinction crisis», *Center for Biological Diversity*, enero, 2020. https://www.biologicaldiversity.org/programs/biodiversity/elements_of_biodiversity/extinction_crisis/pdfs/Saving-Life-On-Earth.pdf

62   Estimaciones de la ONU sobre la población mundial actual: https://www.worldometers.info/world-population/

63   Rob Smith, «These will be the world's most populated countries by 2100», *Foro Económico Mundial*, 28 de febrero, 2018. https://www.weforum.org/agenda/2018/02/these-will-be-the-worlds-most-populated-countries-by-2100/ También: Jeff Desjardins, «The world's biggest countries, as you've never seen them before», *Foro Económico Mundial*, 4 de octubre, 2017. https://www.weforum.org/agenda/2017/10/the-worlds-biggest-countries-as-youve-never-seen-them-before

64   Crecimiento de la población mundial. Fuentes: División de Población del Departamento de Asuntos Económicos y Sociales de las Naciones Unidas, 2013, y *World Population Prospects, the 2012 Revision*, Nueva York, *Naciones Unidas*. Regiones menos desarrolladas: África, Asia (excepto Japón), América Latina y el Caribe, y Oceanía (excepto Australia y Nueva Zelanda). Regiones más desarrolladas: Europa, América del Norte (Canadá y Estados Unidos), Japón, Australia y Nueva Zelanda. https://kids.britannica.com/students/assembly/view/171828

65   Fred Pearce, « A killer plague wouldn't save the planet from us», *New Scientist,* 29 de octubre, 2014. https://www.newscientist.com/article/mg22429934-100-a-killer-plague-wouldnt-save-the-planet-from-us/ En el artículo se puede encontrar una aproximación de la capacidad de carga de la Tierra. Dadas las actuales pautas de consumo y las tecnologías occidentales disponibles, los autores estiman que una población

humana sostenible se situaría entre 1000 y 2000 millones de personas. También:

Otra perspectiva sobre la capacidad de carga de la Tierra: Christopher Tucker, *A Planet of 3 Billion* (Atlas Observatory Press: agosto de 2019). http://planet3billion.com/index.html

Según el científico y visionario James Lovelock, la población del planeta se reducirá a tan sólo 500 millones para 2100, y la mayoría de los que sobrevivan habitarán en las latitudes más septentrionales: Canadá, Islandia, Escandinavia y la cuenca ártica. Véase la entrevista: Jeff Goodell, «Hothouse Earth Is Merely the Beginning of the End», *Rolling Stone*, 9 de agosto, 2018. https://www.rollingstone.com/politics/politics-features/hothouse-earth-climate-change-709470/

«4 Degrees Hotter, A Climate Action Centre Primer», *Climate Code Red*, febrero, 2011. Melbourne, Australia. https://www.scribd.com/fullscreen/78620189 El estudio cita al profesor Kevin Anderson, director del Centro Tyndall para el Cambio Climático, que opina que «sólo alrededor del 10 % de la población del planeta (unos 500 millones de personas) sobrevivirá si la temperatura global aumenta 4 °C». Según él, las consecuencias serían «terroríficas». «Para la humanidad es una cuestión de vida o muerte», añade. «No haremos que todos los seres humanos se extingan, ya que unas pocas personas con los recursos adecuados podrían ubicarse en los lugares más favorables del mundo y sobrevivir. Pero veo muy probable una mortalidad masiva a 4 °C». En 2009, el profesor Hans Joachim Schellhuber, director del Potsdam Institute y uno de los climatólogos más eminentes de Europa, dijo a su audiencia que a 4 °C se estimaba que la capacidad de carga de la Tierra fuera inferior a 1000 millones de personas.

«Carrying capacity», *Wikipedia*, 2019. Se han llevado a cabo varias estimaciones de la capacidad de carga, con una amplia gama de cifras de población. Según un informe de la ONU de 2001, dos tercios de las estimaciones se sitúan entre 4000 y 16 000 millones, con un error estándar no especificado, y una mediana de unos 10 000 millones. Las estimaciones más recientes son mucho más bajas, sobre todo si se tiene en cuenta el agotamiento de los recursos no renovables (non-renewable resource depletion) y el aumento del consumo (increased consumption). https://en.wikipedia.org/wiki/Carrying_capacity

«How many people can Earth actually support?», *Academia Australiana de Ciencias*, 2019. https://www.science.org.au/curious/earth-environment/how-many-people-can-earth-actually-support «Si todo el mundo en la Tierra viviera como la clase media estadounidense, el planeta tendría una capacidad de carga de unos 2000 millones». Sin embargo, si la gente consumiera sólo lo que necesita de verdad, entonces la Tierra podría soportar una cifra mucho mayor.

Marian Starkey, «What is the Carrying Capacity of Earth?», *Population Connection*, 13 de abril, 2017 . https://populationconnection.org/blog/carrying-capacity-earth/ «Ya consumimos los recursos renovables de la Tierra a un ritmo 1,5 veces superior a la tasa sostenible. Y eso con miles de millones de personas que viven en la pobreza y que apenas consumen. Imaginemos qué ocurriría si las personas más pobres tuvieran la suerte de llevar un estilo de vida de clase media. Entonces imagina qué pasaría si los pobres pudiesen formar parte de la clase media y la población humana creciese de los 7500 millones actuales a 9000, 10 000 u 11 000 millones».

Andrew D. Hwang, «The human population is 7.5 billion and counting — a mathematician counts how many humans the Earth can actually support», *Business Insider*, 10 de julio, 2018. https://www.businessinsider.com/how-many-people-earth-can-hold-before-runs-out-resources-2018-7 Según el Worldwatch Institute, un equipo de expertos mediambientales, la Tierra dispone de 1,9 hectáreas de tierra por persona para cultivar alimentos y textiles para vestir, suministrar madera y absorber residuos. Una persona promedio en Estados Unidos utiliza unas 9,7 hectáreas. Estos datos sugieren que la Tierra puede soportar, como máximo, una quinta parte de la población actual, 1500 millones de personas, según el modelo de vida estadounidense. El planeta sólo soporta los niveles de vida industrializados porque estamos agotando la «cuenta de ahorros» de recursos no renovables, como el mantillo fértil, el agua potable, los bosques vírgenes, las pesquerías y el petróleo.

Natalie Wolchover, «How Many People Can Earth Support?», *Live Science*, 11 de octubre, 2011. https://www.livescience.com/16493-people-planet-earth-Support.html «El límite máximo de población en lo que a alimentación se refiere es de 10 000 millones de personas. Como es muy improbable que todo el mundo se ponga de acuerdo para dejar de comer carne, E. O. Wilson cree que la capacidad máxima de carga de la Tierra, en función de los recursos alimentarios, es muy probable que sea inferior a 10 000 millones».

«El problema no es el número de habitantes del planeta, sino el número de consumidores y la escala y naturaleza de su consumo», afirma David Satterthwaite, investigador del Institute for Environment and Development de Londres. Cita a Gandhi: «El mundo tiene suficiente para las necesidades de todos, pero no suficiente para la codicia de todos». «Lo que de verdad debería preocuparnos es que los habitantes de estas zonas decidieran exigir el estilo de vida y los índices de consumo que se consideran normales en las naciones de renta alta; algo que muchos argumentarían que es lo justo [...] Solo cuando los grupos más ricos estén dispuestos a adoptar estilos de vida bajos en carbono y a permitir que sus gobiernos apoyen una medida, de entrada poco aceptada, reduciremos la presión sobre los problemas mundiales del clima, los recursos y los residuos [...] En un futuro inmediato, la Tierra es nuestro único hogar y debemos encontrar la manera de vivir en ella de forma sostenible. Está claro que eso requiere reducir nuestro consumo. En particular es necesario llevar a cabo una transición hacia estilos de vida bajos en carbono, y mejorar la situación de la mujer en todo el mundo. Solo cuando hayamos logrado esto, podremos estimar de verdad el tamaño de una población sostenible en el planeta».

«One Planet, How Many People? A Review of Earth's Carrying Capacity», *UNEP*, junio, 2012. https://na.unep.net/geas/archive/pdfs/GEAS_Jun_12_Carrying_Capacity.pdf Aunque las estimaciones de la capacidad de carga de la Tierra son muy variadas, la mayoría se sitúan entre 8000 y 16 000 millones de personas (3). La población mundial se está acercando al límite inferior de ese rango y se espera que se sitúe en torno a los 10 000 millones a finales del siglo.

66   Ecological Footprint, https://www.footprintnetwork.org/our-work/ ecological-footprint/

67   Kimberly Amadeo, «Consumer Spending Trends and Current Statistics», *The Balance*, 27 de junio, 2019. https://www. thebalance.com/consumer-spending-trends-and-current-statistics-3305916 También:

      Hale Stewart, «Consumer Spending and the Economy», *The New York Times*, 19 de septiembre, 2010. https://fivethirtyeight.blogs.nytimes.com/2010/09/19/consumer-spending-and-the-economy/

      «La base de la economía estadounidense es el consumo, que representa aproximadamente el 70 % de todo el crecimiento económico. Para que los consumidores continúen impulsando la economía, deben estar en una posición financiera sólida; si se cargan de deudas, no podrán mantener su posición como motor principal del crecimiento económico».

68   Roger Harrabin, «Climate change: Big lifestyle changes 'needed to cut emissions'», *BBC*, 29 de agosto, 2019. https://www.bbc.com/news/ science-environment-49499521

69   El informe ha sido elaborado por la Organización Meteorológica Mundial bajo el auspicio del Comité de Consejo Científico de la ONU. Cumbre sobre la Acción Climática de 2019 de la ONU. https:// wedocs.unep.org/bitstream/handle/20.500.11822/30023/climsci. pdf?sequence=1&isAllowed=y

70   Katherine Rooney, «Climate change will shrink these economies fastest», Foro Económico Mundial, 30 de septiembre, 2019. https://www.weforum.org/agenda/2019/09/ climate-change-shrink-these-economies-fastest/

71   Nicholas Stern, «Climate change will force us to redefine economic growth», *Foro Económico Mundial*, 11 de julio, 2018. https://www.weforum.org/agenda/2018/07/ here-are-the-economic-reasons-to-act-on-climate-change-immediately

72   Paul Buchheit, «These 6 Men Have as Much Wealth as Half the World's Population», *Common Dreams*, 20 de febrero, 2017. https://www. ecowatch.com/richest-men-in-the-world-2274065153.html

73   «Oxfam says wealth of richest 1 % equal to other 99 %», *BBC*, 18 de enero, 2016. https://www.bbc.com/news/business-35339475

74   David Leonhardt, «The Rich Really Do Pay Lower Taxes Than You», *The New York Times*, 6 de octubre, 2019. https://www.nytimes. com/interactive/2019/10/06/opinion/income-tax-rate-wealthy. html?action=click&module=Opinion&pgtype=Homepage

75   Jason Hickel, «Global inequality may be much worse than we think», *The Guardian*, 8 de abril, 2016. «La desigualdad mundial está en su peor momento desde el siglo XIX [...] No importa cómo se mire: la desigualdad mundial es cada vez peor. Mucho peor . La

teoría de la convergencia ha resultado ser errónea, pues la desigualdad no desaparece de manera directa; todo depende del equilibrio de poder político en la economía mundial. Mientras unos pocos países ricos tengan el poder de fijar las reglas en su propio beneficio, la desigualdad seguirá empeorando ». https://www.theguardian.com/global-development-professionals-network/2016/apr/08/global-inequality-may-be-much-worse-than-we-think

76   Isabel Ortiz, «Global Inequality: Beyond the Bottom Billion», *UNICEF*, Working Paper, abril, 2011. https://childimpact.unicef-irc.org/documents/view/id/120/lang/120_Global_Inequality_REVISED_-_5_July.pdf Véase en la Figura 7 la representación de las desigualdades en forma de «copa de champán», extraída del *Informe sobre Desarrollo Humano de las Naciones Unidas* publicado por Oxford University Press en 1992. En la Figura 1 del siguiente informe se muestra otra versión de dicha representación: «Extreme Carbon Inequality: why the Paris climate deal must put the poorest, lowest emitting and most vulnerable people first», *Oxfam Media Briefing,* 2 de diciembre, 2015. https://oi-files-d8-prod.s3.eu-west-2.amazonaws.com/s3fs-public/file_attachments/mb-extreme-carbon-inequality-021215-en.pdf?te=1&nl=climate-fwd:&emc=edit_clim_20191113?campaign_id=54&instance_id=13827&segment_id=18753&user_id=d0fffc2fc-b270a87206ab8a9cc08a01f&regi_id=63360062

77   *Ibid.* «Extreme Carbon Inequality», *Oxfam.*

78   «Climate Justice», *Wikipedia*, https://en.wikipedia.org/wiki/Climate_justice

79   Andrew Hoerner y Nia Robinson, «A Climate of Change: African Americans, Global Warming, and a Just Climate Policy for the US», *Environmental Justice & Climate Change Initiative*, 2008. https://www.reimaginerpe.org/cj/hoerner-robinson

80   Moira Fagan, *et al.*, «A look at how people around the world view climate change», *EW Research*, 18 de abril, 2019. https://www.pewresearch.org/fact-tank/2019/04/18/a-look-at-how-people-around-the-world-view-climate-change/

81   *Ibid.* Fagan, 2019.

82   Reconozco que esta terminología puede ser problemática porque asume que la dirección que han tomado las naciones «desarrolladas» (hacia el consumo excesivo y la hiperindividualización) es el objetivo acordado, y que las naciones «en desarrollo» tan solo se están quedando atrás en la consecución de ese objetivo.

83   «Scientific Consensus: Earth's Climate is Warming», *NASA: Global Climate Change, Vital Signs of the Planet*, 2019. Aquí se pueden ver los datos: https://climate.nasa.gov/evidence/ Véase el consenso científico sobre el cambio climático aquí: https://climate.nasa.gov/scientific-consensus/ También:

Alistair Woodward, «Climate change: Disruption, risk and opportunity», *Science Direct* (publicado originalmente en *Global Transitions*, Volumen 1, 2019). El estudio concluye: El cambio climático es disruptivo porque los seres humanos se han adaptado a unas condiciones ambientales muy específicas. El cambio es más arriesgado cuando es poco predecible, a gran escala, de inicio rápido e irreversible. https://doi.org/10.1016/j.glt.2019.02.001

«Global Warming Science: The science is clear. Global warming is happening», *Union of Concerned Scientists*, 2019. https://www.ucsusa.org/ our-work/global-warming/science-and-impacts/global-warming-science

84   Timothy M. Lenton, *et al.*, «Climate tipping point — too risky to bet against», *Nature*, 27 de noviembre, 2019. https://www.nature.com/articles/d41586-019-03595-0 También:

Arthur Neslen, «By 2030, We Will Pass the Point Where We Can Stop Runaway Climate Change», *HuffPost*, 5 de septiembre, 2018, https://www.huffingtonpost.com/entry/runaway-climate-change-2030-report_us_5b8ecba3e4b0162f4727a09f

La década de 2030 puede ser un periodo de gran inestabilidad de las tendencias climáticas, con un posible «latigazo» climático. Por ejemplo, un estudio de 2015 predijo un enfriamiento en lugar del calentamiento en esta década: «Solar activity predicted to fall 60 percent in 2030s, to mini-ice age levels: Sun driven by double dynamo», *Royal Astronomical Society*, publicado en *Science Daily,* 9 de julio, 2015. https://www.sciencedaily.com/releases/2015/07/150709092955.htm

Alexander Robinson, *et al.*, «Multistability and critical thresholds of the Greenland ice sheet», Nature Climate Change, 1 de marzo, 2012. «la capa de hielo de Groenlandia es más sensible al cambio climático sostenido de lo que se pensaba. Estimamos que el umbral de calentamiento que conduce a la desaparición del hielo está en el rango de 0,8 °C a 3,2 °C, con una mejor estimación de 1,6 °C».

Michael Marshall, «Major methane release is almost inevitable», *New Scientist*, 21 de febrero, 2013. «Nos encontramos en la cúspide de un punto de inflexión climático. Si el clima mundial se calienta unas décimas de grado más, una gran extensión del permafrost siberiano empezará a derretirse sin control» https:// www.newscientist.com/article/dn23205-major-methane-release-is-almost-inevitable/#ixzz5zQ199XTi

Jessica Corbett, «"Boiling with methane": Scientists reveal "truly terrifying" sign of climate change under the Arctic Ocean», *Common Dreams,* 9 de octubre, 2019. https://www.alternet.org/2019/10/boiling-with-methane-scientists-reveal-truly-terrifying-sign-of-climate-change-under-the-arctic-ocean/

85   «Temperature rise is "locked-in" for the coming decades in the Arctic», *Programa para el medioambiente de la ONU* , 12 de marzo, 2019. «Incluso si se alcanzan los objetivos del Acuerdo de París, las temperaturas de invierno en el Ártico aumentarán de 3 °C a 5 °C para 2050 en comparación con los niveles de 1986 a 2005. El deshielo del permafrost despertaría al "gigante dormido" de los gases de efecto invernadero, lo que podría descarrilar los esfuerzos climáticos globales». https://www.

unenvironment.org/news-and-stories/press-release/temperature-ri-se-locked-coming-decades-arctic También:

Steffen, *et al.*, «Trajectories of the Earth System in the Anthropocene», *PNAS*, 6 de agosto, 2018. Este estudio explora la Tierra-invernadero y cómo el calentamiento global descontrolado amenaza la habitabilidad del planeta para los humanos. https:// www.pnas.org/content/115/33/8252

86   «Un aumento inesperado del metano atmosférico amenaza con anular los avances previstos del Acuerdo de París sobre el cambio climático. Los niveles mundiales de metano, estables en el pasado, han aumentado de forma inesperada en los últimos años». Véase:

Benjamin Hmiel, *et al.*, «Preindustrial 14CH4 indicates greater anthropogenic fossil CH4 emissions», *Nature*, 19 de febrero, 2020. https://www.nature.com/articles/s41586-020-1991-8 Este estudio demuestra que los científicos y los gobiernos han subestimado en gran medida las emisiones de metano, un potente gas de efecto invernadero, procedentes de las explotaciones de petróleo y gas. También:

Nisbet, *et al.* «Very Strong Atmospheric Methane Growth in the 4 Years 2014– 2017: Implications for the Paris Agreement», *Global Biogeochemical Cycles,* marzo, 2019. https://doi.org/10.1029/2018GB006009 Véase el resumen del artículo en *Climate Nexus* aquí: https://climatenexus.org/climate-change-news/methane-surge/

87   Hubau Wannes, *et al.*, «Asynchronous carbon sink saturation in African and Amazonian tropical forests», *Nature*, 5 de marzo, 2020. https://www.nature.com/articles/s41586-020-2035-0 También:

Fiona Harvey, «Tropical forests losing their ability to absorb carbon, study finds», *The Guardian*, 4 de marzo, 2020. https://www.theguardian.com/environment/2020/mar/04/tropical-forests-losing-their-ability-to-absorb-carbon-study-finds

88   Stewart Patrick, «The Coming Global Water Crisis», *The Atlantic*, 9 de mayo, 2012. https://www.theatlantic.com/international/archive/2012/05/ the-coming-global-water-crisis/256896/ También:

William Wheeler, «Global water crisis: too little, too much, or lack of a plan?», *Christian Science Monitor*, 2 de diciembre, 2012. https://www.csmonitor.com/World/Global-issues/2012/1202/Global-water-crisis-too-little-too-much-or-lack-of-a-plan

89   Gilbert Houngbo, «Informe mundial de las Naciones Unidas sobre el desarrollo de los recursos hídricos 2018: soluciones basadas en la naturaleza para la gestión del agua», *UNESCO*, 2018. https://unesdoc.unesco.org/ark:/48223/pf0000261494

90   Stephen Leahy, «From Not Enough to Too Much, the World's Water Crisis Explained», *National Geographic*, 22 de marzo, 2018. https://www.nationalgeographic.com/news/2018/03/world-water-day-water-crisis-explained/

91   Paul Salopek, «Historic water crisis threatens 600 million people in India», *National Geographic*, 19 de octubre, 2018. https://www.

nationalgeographic.com/culture/water-crisis-india-out-of-eden/?cm-pid=org=ngp::mc=crm-email::src=ngp::cmp=editorial::add=Science_20200129&rid=51139F7FFEE4083137CDD6D1FF5C57FF

92   Dan Charles, «5 Major Crops In The Crosshairs Of Climate Change», *NPR*, 25 de octubre, 2018. https://www.npr.org/sections/thesalt/2018/10/25/658588158/5-major-crops-in-the-crosshairs-of-climate-change También:

Sean Illing, «The climate crisis and the end of the golden era of food choice», *Vox*, 4 de junio, 2019. https://www.vox.com/the-highlight/2019/6/17/18634198/food-diet-climate-change-amanda-little

Rachel Nuwer, «Here's how climate change will affect what you eat», *BBC*, 28 de diciembre, 2015. https://www.bbc.com/future/article/20151228-heres-how-climate-change-will-affect-what-you-eat

Nicholas Thompson, «The Most Delicious Foods Will Fall Victim to Climate Change», *Wired*, 13 de junio, 2019. https://www.wired.com/story/the-most-delicious-foods-will-fall-victim-to-climate-change/

Ian Burke, «29 of Your Favorite Foods That Are Threatened by Climate Change», *Saveur*, 7 de junio, 2017. https://www.saveur.com/climate-change-ingredients/

Daisy Simmons, «A brief guide to the impacts of climate change on food production», *Yale Climate Connections*, 18 de septiembre, 2019. https://www. yaleclimateconnections.org/2019/09/a-brief-guide-to-the-impacts-of-climate-change-on-food-production/

Ilima Loomis, «Get ready to eat differently in a warmer world», *Science News for Students*, 23 de mayo, 2019. https://www.sciencenewsforstu-dents.org/ article/climate-change-global-warming-food-eating

Peter Schwartzstein, «Indigenous farming practices failing as climate change disrupts seasons», *National Geographic*, 14 de octubre, 2019. https://www. nationalgeographic.com/science/2019/10/climate-change-killing-thousands-of-years-indigenous-wisdom/

Kay Vandette, «Climate change could make leafy greens, veggies less available», *Earth*, 11 de junio, 2018. https://www.earth.com/news/climate-change-could-make-leafy-greens-veggies-less-available/

93   Población mundial actual: https://www.worldometers.info/world-population/

94   «Nature's Dangerous Decline "Unprecedented"; Species Extinction Rates "Accelerating"», *Intergovernmental Science-Policy Platform on Biodiversity and Ecosystem Services (IPBES)*, 22 de mayo, 2019. https://www.ipbes.net/ news/Media-Release-Global-Assessment

95   «Ocean Deoxygenation», *International Union for Conservation of Nature*, 8 de diciembre, 2019. La vida marina y la pesca están cada vez más amenazadas a medida que los océanos pierden oxígeno. Incluso el más mínimo descenso de los niveles de oxígeno, cuando se acerca a los umbrales ya existentes, puede suponer problemas

importantes con implicaciones biológicas y biogeoquímicas de gran alcance y complejidad. https://www.iucn.org/resources/issues-brief/ocean-deoxygenation

96   Adaptado de John Fullerton, «Regenerative Capitalism How Universal Principles And Patterns Will Shape Our New Economy», *Capital Institute*, abril, 2015. https://capitalinstitute.org/wp-content/uploads/2015/04/2015-Regenerative-Capitalism-4-20-15-final.pdf?mc_cid=236080d2f0&mc_eid=2f41fb9d8d

97   Michael Savage, «Richest 1 % on target to own two-thirds of all wealth by 2030», *The Guardian*, 7 de abril, 2018. https://www.theguardian.com/business/2018/apr/07/global-inequality-tipping-point-2030

98   Duane Elgin, «Limits to Complexity: Are Bureaucracies Becoming Unmanageable», *The Futurist*, diciembre, 1977. https://duaneelgin.com/wp-content/uploads/2014/11/Limits-to-Large-Complex-Systems.pdf

99   «Transitions and Tipping Points in Complex Environmental Systems», informe del *National Science Foundation Advisory Committee for Environmental Research and Education*, 2009. https://www.nsf.gov/Ere/ereweb/ac-ere/nsf6895_ere_report_090809.pdf No se trata de un aviso específico, sino de una advertencia más general de 2009: «El mundo se encuentra en una encrucijada. La huella global del ser humano es tal que estamos forzando los sistemas naturales y sociales más allá de sus capacidades. Debemos hacer frente a estos complejos retos y mitigar el cambio medioambiental a escala global o asumir las probables consecuencias. El ritmo del cambio medioambiental está superando la capacidad de las instituciones y los gobiernos para responder con eficacia».

100   T. Schuur, «Arctic Report Card: Permafrost and the Global Carbon Cycle», *NOAA*, 2019. https://arctic.noaa.gov/Report-Card/Report-Card-2019/ArtMID/7916/ArticleID/844/Permafrost-and-the-Global-Carbon-Cycle

101   «Fighting Wildfires Around the World», *Frontline, Wildfire Defense Systems*, 2019. https://www.frontlinewildfire.com/fighting-wildfires-around-world/

102   *Op. cit.* «Carrying capacity estimates».

103   Iliana Paul, «Climate Change and Social Justice», *WEDO*, 2014. wedhttps://wedo.org/wp-content/uploads/wedo-climate-change-social-justice.pdf?utm_source=newsletter&utm_medium=email&utm_content=http%3A//d31hzlhk6di2h5.cloudfront.net/20161107/ce/11/85/a8/5d76d1fbe015e871ef155f93_386x486.png&utm_campaign=Emma%20Newslettero-climate-change-social-justice.pdf

104   Dmitry Orlov, *Reinventing Collapse: The Soviet Example and American Prospects*, (New Society Publishers, 2008). Véase también: *Op. cit.* Tainter, *The Collapse of Complex Societies*.

105   *Op. cit.* «Carrying capacity estimates».

106 «Nature's Dangerous Decline "Unprecedented"; Species Extinction Rates "Accelerating"», *Intergovernmental Science-Policy Platform on Biodiversity and Ecosystem Services (IPBES),* 22 de mayo, 2019. https://www.ipbes.net/news/Media-Release-Global-Assessment

107 Parece probable que las plantas experimenten estrés y trauma durante la gran mortandad. Véase: Nicoletta Lanese, «Plants "Scream" in the Face of Stress», Live Science, 6 de diciembre, 2019. https://www.livescience.com/plants-squeal-when-stressed.html

108 Mi valoración de que varios miles de millones de personas podrían perecer en el último tramo del marco temporal de este escenario (en el que el mundo ha dejado de funcionar con combustibles fósiles) ha sido calificada de optimista en exceso. Jason Brent (http://www.jgbrent.com/about-the-author.html) considera probable que las cifras de mortalidad sean mucho mayores. Véase su respuesta a mi artículo: «Existential threats, Earth Voice and the Great Transition», *Millennium Alliance for Humanity and the Biosphere,* MAHB, 21 de enero, 2020. https://mahb.stanford.edu/blog/mahb-dialogue-author-humanist-duane-elgin/ Brent escribe: «El colapso de la civilización se producirá porque la humanidad está en situación de sobrepaso, ya que utiliza los recursos equivalentes a 1,7 planetas Tierra. Cada segundo que pasa se adentra más en esta situación debido al crecimiento de la población, que se espera que aumente en 3200 millones hasta alcanzar los 10 900 millones en el año 2100 (lo que supone un crecimiento del 41,5 % en 80 años); y al creciente uso de los recursos per cápita en todo el mundo. Un cálculo simple muestra que para salir del sobrepaso la población humana tendría que disminuir hasta los 4470 millones de personas. Si alcanzara los 10 900 millones, para salir del sobrepaso sería necesaria una reducción de la población de 6430 millones (10,9-4,47= 6,43), sin tener en cuenta ninguna reducción por al aumento del uso de los recursos per cápita. Dicho de otra manera: es imposible que el control voluntario de la población consiga semejante reducción (de 6300 millones) antes de que suceda el colapso de la civilización y la muerte de miles de millones de personas».

109 El gran incendio comenzó en 2019. Véase: Laura Paddison, «2019 Was The Year The World Burned», *HuffPost,* 27 de diciembre, 2019. https://www.huffpost.com/entry/wildfires-california-amazon-indonesia-climate-change_n_5dcd3f4ee4b0d43931d01baf También:

Se calcula que al menos 1000 millones de animales murieron en 2020 a causa de los incendios forestales en Australia. Lisa Cox, «A billion animals: some of the species most at risk from Australia's bushfire crisis», *The Guardian*, 13 de enero, 2020. El ecologista Chris Dickman ha calculado que más de 1000 millones de animales han muerto en todo el país, una cifra que no contempla peces, ranas, murciélagos e insectos. «Esto es solo la punta del iceberg», afirma James Trezise, analista político de la Australian Conservation Foundation. «Es muy probable que el número de especies y ecosistemas que han sufrido un impacto devastador sea mucho mayor, sobre todo si se tienen en cuenta las especies menos conocidas de reptiles, anfibios e invertebrados».

https://www.theguardian.com/australia-news/2020/jan/14/a-billion-animals-the-australian-species-most-at-risk-from-the-bushfire-crisis

El gran incendio que se avecina se resume de forma contundente en el siguiente vídeo que muestra a una mujer rescatando de un incendio forestal australiano a un koala quemado de gravedad y llorando. Vieron el marsupial cruzando una carretera entre las llamas. Una mujer se apresuró a socorrerlo: lo envolvió en su camisa y una manta, le echó agua por encima y luego lo llevó a un hospital cercano. Es desgarrador ver sufrir a inocentes por razones ajenas a ellos y comprender que este es nuestro futuro si no reaccionamos de inmediato. https://www.youtube.com/watch?v=3x8JXQ6RTIU

110   «Se prevé que los incendios forestales en el Amazonas empeoren, y se duplique la superficie afectada de una gran parte de la selva para 2050. El resultado podría ser que pase de ser un sumidero de carbono a una fuente neta de emisiones de dióxido de carbono». Véase la noticia: «Burning of Amazon may get a lot worse», *New Scientist*, 18 de enero, 2020. También:

Herton Escobar, «Brazil's deforestation is exploding — and 2020 will be worse», *Science Magazine*, 22 de noviembre, 2019. https://www.sciencemag.org/news/2019/11/brazil-s-deforestation-exploding-and-2020-will-be-worse?utm_campaign=news_daily_2019-11-22&et_rid=510705016&et_cid=3086753

111   Stephen Pyne, «California wildfires signal the arrival of a planetary fire age», *The Conversation*, 1 de noviembre, 2019. https://theconversation.com/california-wildfires-signal-the-arrival-of-a-planetary-fire-age-125972

112   John Pickrell, «Massive Australian blazes will "reframe our understanding of bushfire"», *Science Magazine*, 20 de noviembre, 2019. https://www.science mag.org/news/2019/11/massive-australian-blazes-will-reframe-our-understanding-bushfire?utm_campaign=news_daily_2019-11-20&et_rid=510705016&et_cid=3083308 También: Damien Cave, «Australia Burns Again, and Now Its Biggest City Is Choking», *The New York Times*, 6 de diciembre, 2019. https://www.nytimes.com/2019/12/06/world/australia/ sydney-fires.html

113   Stephen Pyne, «The Planet is Burning», *Aeon*, noviembre, 2019. También:

Stephen Pyne, *Fire: A Brief History* (2019). https://aeon.co/essays/the-planet-is-burning-around-us-is-it-time-to-declare-the-pyrocene

David Wallace-Wells, «In California, Climate Change Has Turned Rainy Season Into Fire Season», *New York Magazine*, 12 de noviembre, 2018. https://nymag.com/intelligencer/2018/11/the-california-fires-and-the-threat-of-climate-change.html

Edward Helmore, «"Unprecedented": more than 100 Arctic wildfires burn in worst-ever season», *The Guardian*, 26 de julio, 2019. El artículo describe: «Las enormes llamaradas en Groenlandia, Siberia y Alaska han generado columnas de humo que pueden verse desde el espacio».

https://www.theguardian.com/ world/2019/jul/26/unprecedented-more-than-100-wildfires-burning-in-the-arctic-in-worst-ever-season

114   Hans Seyle fue un endocrinólogo de gran prestigio conocido por sus estudios sobre los efectos del estrés en el cuerpo humano. https://www.azquotes.com/author/13308-Hans_Selye

115   Francis Weller, *The Wild Edge of Sorrow* (North Atlantic Books, 2015). https://www.amazon.com/Wild-Edge-Sorrow-Rituals-Renewal/dp/1583949763

116   *Ibid.* Weller, https://www.amazon.com/Wild-Edge-Sorrow-Rituals-Renewal/dp/1583949763

117   Naomi Shihab Nye, *Words Under the Words: Selected Poems*, 1995. https://poets.org/poem/kindness

118   «Global Cities at Risk from Sea-Level Rise: Google Earth Video», *Climate Central*, 2019. https://sealevel.climatecentral.org/maps/google-earth-video-global-cities-at-risk-from-sea-level-rise También:

Scott Kulp, *et al.*, «New elevation data triple estimates of global vulnerability to sea-level rise and coastal flooding», *Nature Communications*, 29 de octubre, 2019. Es probable que algunas de las proyecciones previas sobre el desplazamiento de la población debido a la subida del nivel del mar sean demasiado bajas. Hay muchas posibilidades de que el mar suba más de lo previsto y que en los próximos 30 años, en lugar de producirse un desplazamiento de 50 millones de personas en todo el mundo, la diáspora costera sea al menos tres veces mayor. En 2100, el número de refugiados climáticos podría superar los 300 millones. https://www.nature.com/articles/s41467-019-12808-z Otras estimaciones plantean que ese número ascenderá a 2000 millones en 2100.

Charles Geisler y Ben Currens, «Impediments to inland resettlement under conditions of accelerated sea-level rise», *Land Use Policy*, 29 de marzo, 2017. Los autores extrapolan los datos desde 2060 para concluir que en el año 2100, unos 2000 millones de personas (cerca de una quinta parte de una población mundial de 11 000 millones) podrían convertirse en refugiados climáticos debido a la subida del nivel de los océanos https://doi.org/10.1016/j.landusepol.2017.03.029

Blaine Friedlander, «Rising seas could result in 2 billion refugees by 2100», *Cornell Chronicle*, 19 de junio, 2017. http://news.cornell.edu/stories/2017/06/rising-seas-could-result-2-billion-refugees-2100

119   Jennifer Welwood, «The Dakini Speaks», http://jenniferwelwood.com/poetry/the-dakini-speaks/

120   Todd May, «Would Human Extinction Be a Tragedy?», *The New York Times*, 17 de diciembre, 2018. https://www.nytimes.com/2018/12/17/opinion/human-extinction-climate-change.html

121   Wallace Stevens, *Goodreads*, https://www.goodreads.com/quotes/565035-after-the-final-no-there-comes-a-yes-and

122   Joanna Macy y Chris Johnstone, Active Hope: How to Face the Mess We're in Without Going Crazy (New World Library, 2012).

123 Para ilustrar la dificultad de cumplir los objetivos de emisiones netas cero de CO_2 para 2050, véase el *World Energy Outlook 2019*, que concluye que las emisiones mundiales de CO_2 seguirán aumentando durante décadas a menos que la ambición en materia de cambio climático sea mayor, a pesar de los «profundos cambios» que ya se están produciendo en el sistema energético mundial. Este es uno de los mensajes principales del informe de la Agencia Internacional de la Energía (AIE). https://www.iea.org/reports/world-energy-outlook-2019

124 Es muy preocupante que las emisiones mundiales acumuladas de CO_2 superen el umbral de 1 billón de toneladas de carbono, lo que según el IPCC elevará la temperatura de la superficie terrestre hasta 2 °C por encima del mínimo preindustrial y desencadenará «interferencias peligrosas» en el sistema climático de la Tierra. ¿Cuándo se superará el umbral de 1 billón de toneladas? Se estima que en algún momento entre 2050 y 2055, más allá del escenario de crecimiento demográfico que se utilice. Roger Andrews, «Global CO_2 emissions forecast to 2100», Blog de *Euan Mearns*, 7 de marzo, 2018. http://euanmearns.com/global-CO2-emissions-forecast-to-2100/

125 «Impacts of a 4 °C Global Warming», *Green Facts*, https://www.greenfacts.org/en/impacts-global-warming/l-2/index.htm También:

Existe un amplio consenso en que se alcanzarán los 4 °C a finales de siglo, o antes, si no se toman medidas importantes. «Según los científicos el cambio climático puede escalar tan deprisa que podría suponer el *"game over"*». De los cálculos publicados en la revista *Science Advances* se desprende una horquilla climática de entre 4,8 °C y 7,4 °C para 2100.

https://advances.sciencemag.org/content/2/11/e1501923

Ian Johnston, «Climate change may be escalating so fast it could be "game over", scientists warn», *Independent*, 9 de noviembre, 2016. https://www.independent.co.uk/news/science/climate-change-game-over-global-warming-climate-sensitivity-seven-degrees-a7407881.html

David Wallace-Wells, «U.N. says climate genocide is coming», *New York Magazine*, 10 de octubre, 2019. Afirma que el planeta sigue una trayectoria que «a finales de siglo nos llevará a superar los 4 °C». http://nymag.com/intelligencer/2018/10/un-says-climate-genocide-coming-but-its-worse-than-that.html

Roger Andrews, «Global CO_2 emissions forecast to 2100», Blog de *Euan Mearns*, 7 de marzo, 2018. http://euanmearns.com/global-CO2-emissions-forecast-to-2100/

«4 Degrees Hotter, A Climate Action Centre Primer», *Climate Code Red*, febrero, 2011. Melbourne, Australia. https://www.scribd.com/fullscreen/78620189 El estudio cita al profesor Kevin Anderson, director del Centro Tyndall para el Cambio Climático, que opina que «sólo alrededor del 10 % de la población del planeta (unos 500 millones de personas) sobrevivirá si la temperatura global aumenta 4 °C». Según él, las consecuencias serían «terroríficas». «Para la humanidad es una cuestión de vida o muerte», añade. «No haremos que todos los seres humanos se extingan, ya que unas pocas personas con los recursos adecuados podrían ubicarse en los lugares más favorables del mundo y sobrevivir. Pero veo muy probable una mortalidad masiva a 4 °C. En 2009, el profesor Hans Joachim Schellbhuber, director del Potsdam Institute y uno de los climatólogos más eminentes de Europa, dijo a su audiencia que a 4 °C «se estima que la capacidad de carga de la Tierra es inferior a 1000 millones de personas», 9.

Se puede encontrar otra estimación de la capacidad de carga del planeta en *New Scientist*, 1 de noviembre, 2014, 9. Corey Bradshaw y Barry Brook, (*op. cit.*) estiman que, dadas las actuales pautas de consumo y tecnologías occidentales, una población humana sostenible se situaría entre 1000 y 2000 millones de personas.

126 Los investigadores utilizaron la herramienta de modelado computacional *Integrated Global System Model Water Resource System (IGSM-WRS)* del MIT para evaluar los recursos hídricos y sus necesidades en todo el mundo. Véase: «Water Stress to Affect 52 % of World's Population by 2050», *Water Footprint Network*, https://waterfootprint.org/en/about-us/news/ news/ water-stress-affect-52-worlds-population-2050/

127 *Op. cit.* Informe mundial de las Naciones Unidas sobre el desarrollo de los recursos hídricos 2018: Soluciones basadas en la naturaleza para la gestión del agua. También:

Claire Bernish, «Water Scarcity Will Make Life Miserable for Nearly 6 Billion People by 2050», *The Mind Unleashed*, 23 de marzo, 2018. https://hemindunleashed.com/2018/03/water-scarcity-6-billion-2050.html Más de 5000 millones de personas podrían sufrir escasez hídrica en 2050 debido al cambio climático, al aumento de la demanda y a la contaminación de los suministros, según un informe de la ONU sobre el estado del agua en el mundo. Si no se producen cambios drásticos centrados en soluciones naturales, casi 6000 millones de personas sufrirán una penosa escasez de agua para 2050.

128 Joseph Hinks, «The World Is Headed for a Food Security Crisis», *TIME*, 28 de marzo, 2018. https://time.com/5216532/ global-food-security-richard-deverell/

129 Rebecca Chaplin-Kramer *et al.*, «Global modeling of nature's contributions to people», *Science*, Vol. 366, Número 6462, 11 de octubre, 2019. https://science.sciencemag.org/content/366/6462/255 También:

Miyo McGinn, «New study pinpoints the places most at risk on a warming planet», *Grist*, 17 de octubre, 2019. https://grist.org/article/ new-study-pinpoints-the-places-most-at-risk-on-a-warming-planet/

130 Francois Gemenne, «A review of estimates and predictions of people displaced by environmental changes», Global Environmental Change, en *Science Direct*, diciembre, 2011. https://www.sciencedirect.com/ science/article/abs/pii/S0959378011001403?via%3Dihub

131 Población mundial actual: https://www.worldometers.info/ world-population/

132   Véase, por ejemplo, Ishan Daftardar, «Why Bee Extinction Would Mean the End of Humanity», *Science ABC*, 3 de julio, 2015. https://www.scienceabc.com/nature/bee-extinction-means-end-humanity.html

133   «Russia 'meddled in all big social media' around U.S. election», *BBC*, 17 de diciembre, 2018. https://www.bbc.com/news/technology-46590890

134   Charles Geisler y Ben Currens, «Impediments to inland resettlement under conditions of accelerated sea-level rise», *Land Use Policy*, 29 de marzo, 2017. Los autores extrapolan los datos desde 2060 para concluir que en el año 2100, unos 2000 millones de personas (cerca de una quinta parte de una población mundial de 11 000 millones) podrían convertirse en refugiados climáticos debido a la subida del nivel de los océanos https://doi.org/10.1016/j.landusepol.2017.03.029

135   Martin Luther King, Jr. citado en la obra de Stephen B. Oates, *Let the Trumpets Sound: The Life of Martin Luther King, Jr.* (New American Library, 1982).

136   T. S. Eliot, *Cuatro Cuartetos (Little Gidding,* Trad: José Emilio Pacheco) (Alianza Editorial, 2017)

137   Drew Dellinger, "Hieroglyphic Stairway," (poema), 2008, https://www.youtube.com/watch?v=XW63UUthwSg

138   Malcolm Margolin, *The Ohlone Way: Indian Life in the San Francisco-Monterey Bay Area* (Berkeley: Heyday Books, 1978).

139   Véase el maravilloso corto de Louie Schwartzberg, *Gratitude,* https://movingart.com/portfolio/gratitude/ Texto y narración del hermano David Steindl-Rast. www.MovingArt.com

140   Joseph Campbell, *et al.*, *Changing Images of Man, Center for the Study of Social Policy, Stanford Research Institute,* Menlo Park, California. El estudio fue preparado para la Kettering Foundation, Dayton, Ohio, Contacto: URH (489)-2150, mayo de 1974, y posteriormente reeditado con el mismo título en 1982 por Pergamon Press.

141   Joseph Campbell y Bill Moyers, *The Power of Myth*, (Archer, 1988). https://www.goodreads.com/quotes/10442-people-say-that-what-we-re-all-seeking-is-a-meaning

142   Sean D. Kelly, «Waking Up to the Gift of "Aliveness"», *New York Times*, 25 de diciembre, 2017. https://www.nytimes.com/2017/12/25/opinion/ aliveness-waking-up-holidays.html

143   Howard Thurman, https://www.goodreads.com/quotes/6273-don-t-ask-what-the-world-needs-ask-what-makes-you

144   Joanna Macy, citada en la publicación de Jem Bendell, «Climate despair is inviting people back to life», publicado en su blog sobre adaptación profunda, 12 de julio, 2019. https://jembendell.com/

145   *Op. cit.* Anne Baring, 83.

146   *Op. cit.* Anne Baring, 21.

147 Simone de Beauvoir, Véase «Brainy Quotes»: https://www.brainy-quote.com/quotes/simone_de_beauvoir_392724

148 Véase, por ejemplo: https://www.goodreads.com/quotes/tag/mysticism También: http://www.gardendigest.com/myst1.htm

149 Henry Thoreau, https://www.goodreads.com/quotes/32955-heaven-is-under-our-feet-as-well-as-over-our

150 Predrag Cicovacki, *Albert Schweitzer's Ethical Vision A Sourcebook*, Oxford University Press, 2 de febrero, 2009.

151 John Muir, https://www.goodreads.com/quotes/7796963-and-into-the-forest-i-go-to-lose-my-mind

152 Haruki Murakami, https://www.goodreads.com/quotes/448426-not-just-beautiful-though-the-stars-are-like-the

153 Joseph Campbell , https://www.brainyquote.com/quotes/joseph_campbell_387298
Existe una sutil, aunque importante diferencia entre «consciencia» y «conciencia». A menudo se usan de manera indistinta, pero se pueden abordar de forma muy diferente. Dicho con sencillez:

La consciencia *refleja*, es decir, hay un objeto de atención consciente.

La conciencia *es*, pues no precisa un objeto de atención; una presencia viva tiene conciencia de su existencia.

Ser *consciente* hace referencia a la capacidad de distanciarse de la inmersión en el pensamiento y ser testigo u observar aspectos o elementos de la vida. La consciencia implica dos aspectos: la persona que conoce y aquello que es conocido; o un observador y aquello que observa. Existe una distancia reconocible entre la consciencia y el objeto de su atención.

La *conciencia* se puede describir como el conocimiento de algo sin un objeto. *La conciencia sabe que existe por su propia naturaleza, tan solo «es».* Es una presencia cuya naturaleza es conciencia. Es conocedora de sí misma; una presencia que se puede sentir, una vivencia directa de vitalidad en sí misma. No es la observación de la vitalidad, sino la experiencia en estado puro. No hay distancia ni separación, pues es una presencia única, vívida.

¿Cómo es posible una experiencia directa de vitalidad que se extiende más allá de nuestro cuerpo físico? Tanto la física como las tradiciones de sabiduría asumen que el universo entero resurge en cada momento en un proceso extraordinario de creación continua. La fuerza vital regeneradora que subyace y que eleva al universo una y otra vez es, por su propia naturaleza, vitalidad y conciencia. *Cuando nos rendimos a la experiencia directa de existir en el momento, nos entrelazamos con la fuerza vital que da origen a la totalidad de la existencia.* Nos reconocemos a nosotros mismos como esa fuerza vital, como una presencia viva e ilimitada. La vitalidad a escala cósmica es la fuerza regenerativa que sostiene al universo en cada momento, y puede reconocerse como una experiencia sentida, como la vitalidad en sí misma. La conciencia existe por sí misma cuando nuestro conocimiento consciente se refina hasta el punto en que desaparece la distancia entre el conocimiento y lo conocido.

Si *pensamos* que la consciencia es tan solo una capacidad de conocer o saber que surge en el cerebro como producto de complejas interacciones «biomateriales», creamos una imagen del proceso de saber que nos distancia de la experiencia directa de la vitalidad y de la fuerza vital de la consciencia sentida que sostiene el universo en cada momento. La vitalidad, como la conciencia simple y directa, es el objeto de nuestra búsqueda. *Cuando comprendemos que somos pura conciencia, ¡hemos llegado a nuestro destino! En el centro de nuestro ser se encuentra la simplicidad de la experiencia directa de estar vivos, y esa experiencia es conciencia en sí misma, y no es otra cosa que la fuerza vital de la creación a escala cósmica o «conciencia cósmica».*

Es importante permitir que la meditación repose en la continuidad de la conciencia, donde abandonamos el esfuerzo y la pelea por centrar nuestra atención en un objeto y nos dejamos llevar por el flujo de la conciencia de lo que «es». Cuando nos entregamos a la experiencia directa de ser la propia conciencia, navegamos la ola de la creación continua de la existencia. Si persistimos en la presencia precisa de la conciencia, esta se revelará como la fuerza vital en la danza cósmica de la regeneración continua. Por experiencia directa, sabemos que «somos eso». Somos la fuerza vital unida de la totalidad convirtiéndose en sí misma, y conocida como la experiencia directa de estar vivo.

154   Buddha, https://www.spiritualityandpractice.com/quotes/quotations/view/198/spiritual-quotation

155   Frank Lloyd Wright, https://www.brainyquote.com/quotes/frank_lloyd_wright_107515

156   Florida Scott-Maxwell, *The Measure of My Days*, (Penguin Books, 1979). https://www.goodreads.com/author/quotes/550910.Florida_Scott_Maxwell

157   Para aprender sobre esta época de gran transición y con vistas al futuro, mi compañera Coleen y yo hemos creado una comunidad de aprendizaje de varias docenas de personas en el último año. El aprendizaje colectivo ha sido muy valioso para fundamentar el trabajo descrito en este libro.

158   Richard Nelson, *Make Prayers to the Raven*, (Chicago: University of Chicago Press, 1983).

159   Luther Standing Bear, citado por J. E. Brown, «Modes of contemplation through actions: North American Indians», *Main Currents in Modern Thought*, New York, noviembre-diciembre, 1973.

160   Mathew Fox, *Meditations with Meister Eckhart* (Santa Fe, NM: Bear & Co., 1983)

161   Véase, por ejemplo, Coleman Barks, *The Essential Rumi*, (San Francisco: Harper San Francisco, 1995)

162   D. T. Suzuki, *Zen and Japanese Culture*, (Princeton, NJ: Princeton University Press, 1970)

163   S. N. Maharaj, *I Am That*. Part I. [trans.: Maurice Frydman] (Bombay, India: Chetana, 1973).

164   Lao Tse, *Tao Te Ching* [trans.: Gia-Fu Feng and Jane English], (Nueva York: Vintage Books, 1972)

165   E. C. Roehlkepartain, *et al.*, «With their own voices: A global exploration of how today's young people experience and think about spiritual development», *Search Institute*, 2008. www.spiritualdevelopmentcenter.org

166   «Many Americans Mix Multiple Faiths», *Pew Research Center, Religion & Public Life,* 9 de diciembre, 2009. Las experiencias místicas se muestran en la tercera figura, que hace referencia a la encuesta de 1962 emitida por Gallup y presentada en *Newsweek,* abril, 2006. Véase: https://www.pewforum.org/2009/12/09/many-americans-mix-multiple-faiths/ También:

       Andrew Greely y William McCready, «Are We a Nation of Mystics», *The New York Times Magazine*, 26 de enero, 1976.

167   «U.S. public becoming less religious», *Pew Research Center*, 3 de noviembre, 2015. Resultados de la encuesta sobre experiencias habituales de «paz y sensación de asombro». https://www.pewforum.org/2015/11/03/u-s-public-becoming-less-religious/

168   Tainya Clarke, *et al.*, «Use of Yoga, Meditation, and Chiropractors Among U.S. Adults Aged 18 and Over», *National Center for Health Statistics*, November 2018. https://www.ncbi.nlm.nih.gov/pubmed/30475686

169   Para ser honesto, mi comprensión personal de una ecología de la consciencia que impregna el universo se desarrolló y se documentó en una amplia serie de experimentos científicos durante un periodo de casi tres años, de 1972 a 1975, en el Stanford Research Institute (ahora SRI International), en Menlo Park, California. Aunque mi trabajo principal en aquella época era el de investigador social sénior en el grupo de investigación sobre los escenarios del futuro del SRI, durante casi tres años fui consultor de la NASA. En el laboratorio de ingeniería poníamos en práctica una amplia variedad de experimentos relacionados con las capacidades intuitivas, a menudo tres días a la semana en tramos de dos o tres horas, según las actividades del momento, con diversas formas de retroalimentación. Los experimentos incluían visión remota de diferentes lugares y tecnologías; clarividencia, con un generador de números aleatorios; influencia sobre el movimiento de un reloj de péndulo medido con un rayo láser; interacción con un magnetómetro cuya sonda sensible estaba sumergida en un recipiente lleno de helio líquido; permanecer fuera de una habitación cerrada y presionar una balanza que se encontraba en su interior; o influir en el crecimiento de las plantas comparándolas con un grupo controlado, entre otros muchos. Abandoné estos fascinantes experimentos en 1975, cuando pasaron a manos de la CIA y fueron declarados secretos (al parecer, esta investigación continuó durante otros 20 años, según la Ley de Libertad de Información. Véase: Hal Puthoff, «CIA-Initiated Remote Viewing Program at Stanford Research Institute», *Journal of Scientific Exploration,* Vol. 10, N°. 1, 1996). Gracias a mi experiencia en estos experimentos científicos, aprendí varias cosas:

En primer lugar, que todos estamos conectados con el universo de alguna manera. La conexión empática con el cosmos no se limita a unos pocos afortunados, sino que es parte del funcionamiento normal del universo y es accesible a todo el mundo.

En segundo lugar, que nuestro ser no termina en los límites de nuestra piel, sino que se prolonga en el universo y es inseparable de él. Estamos conectados con la ecología profunda del universo y todos tenemos la capacidad de expandir la consciencia mucho más allá de los límites de los sentidos físicos.

En tercer lugar, que es fácil pasar por alto nuestra conexión intuitiva con el cosmos. Las pequeñas corrientes de intuición aparecen de manera súbita y, a continuación, desaparecen. En mi caso, daba por hecho que formaban parte de mi experiencia corporal, pero de forma progresiva llegué a apreciar hasta qué punto estaba experimentando mi participación en un nivel de vitalidad superior.

En cuarto lugar, aprendí que el funcionamiento psíquico no consiste en dominar algo (la mente sobre la materia), sino en aprender a participar con ese algo en una coreografía de intercambio y transformación mutuos. Se trata de un proceso bidireccional en el que ambas partes cambian gracias a la interacción mutua. En una frase, la dominación no funciona, pero la colaboración sí.

En quinto lugar, que al igual que estos experimentos me mostraban cómo la conciencia es una propiedad intrínseca del universo, también me hicieron mucho más escéptico sobre la necesidad de una canalización, de cristales, de péndulos, de pirámides y de otros intermediarios para acceder a nuestra intuición. Es importante aplicar una ciencia crítica y reflexiva en esta investigación.

En sexto lugar, que durante décadas se han recopilado pruebas científicas de la existencia del funcionamiento psíquico, y en la actualidad son tan abrumadoras que la tarea de refutarlas pesa sobre aquellos que niegan su existencia. Ha llegado el momento de dejar atrás la visión limitada de la consciencia basada en el cerebro, pues esta ya no explica todas las pruebas científicas importantes y restringe nuestra forma de pensar acerca del alcance y la profundidad de la conexión con el universo.

En séptimo lugar, que por muy interesante que sea el funcionamiento psíquico o intuitivo, lo importante de verdad es su relación con la naturaleza del universo; es decir, que este está conectado consigo mismo a través del tejido de la consciencia de una forma general, que trasciende las diferencias relativistas.

Estos experimentos dejaron claro que *apenas hemos comenzado a desarrollar una alfabetización de la consciencia mediante tecnologías sofisticadas que nos proporcionan una retroalimentación o* feedback (similar al aprendizaje con *biofeedback*, pero se trata de un *feedback* biocósmico). Estos experimentos demostraron que nuestro ser no se termina en los límites de nuestra piel, sino que se prolonga y es inseparable del universo unificado. La descripción de algunos de los experimentos del SRI puede consultarse en:

Russell Targ, Phyllis Cole y Harold Puthoff, «Development of Techniques to Enhance Man/Machine Communication», *Stanford Research Institute*, Menlo Park, California, creado para la NASA, contrato 953653. Bajo NAS7-100, junio, 1974. También:

Harold Puthoff y Russell Targ, «A Perceptual Channel for Information Transfer Over Kilometer Distances», publicado en *Proceedings of the I.E.E.E. (Institute of Electrical and Electronics Engineers)*, vol. 64, n°. 3, marzo, 1976.

Russell Targ y Harold Puthoff, *Mind-Reach: Scientists Look at Psychic Ability*, (Delacorte Press/Eleaonor Friede, 1977).

170 *Op. cit.* Duane Elgin, *The Living Universe*. Otra forma de considerar la cuestión de la vitalidad es explorar las características operativas de los sistemas biológicos y ver si el universo presenta capacidades similares. Por lo general, un sistema debe incluir al menos cuatro capacidades clave para que pueda considerarse como algo vivo:

1) Metabolismo: la capacidad de descomponer la materia y sintetizarla. Desde su formación, el universo ha estado sintetizando materia simple (helio e hidrógeno) y convirtiéndola mediante supernovas en carbono, nitrógeno, oxígeno y azufre, componentes esenciales en nuestra estructura. *2) Autorregulación*: la capacidad de mantener la estabilidad en su funcionamiento. El universo ha perdurado y evolucionado durante miles de millones de años como un sistema unificado que produce sistemas autoorganizados a todas las escalas, desde la atómica a la galáctica y que pueden persistir durante miles de millones de años. *3) Reproducción*: la capacidad de crear copias. Algunos cosmólogos sostienen que al otro lado de los agujeros negros hay agujeros blancos que dan lugar a nuevos sistemas cósmicos. *4) Adaptación*: capacidad de evolucionar y adaptarse a entornos cambiantes. El universo ha evolucionado a lo largo de miles de millones de años para producir sistemas de complejidad y coherencia crecientes, entretejidos en un todo autoconsistente. Dado que estos cuatro criterios se encuentran, no sólo en plantas y animales, sino también en el funcionamiento del universo, parece correcto describir el universo como un tipo único de sistema vivo.

171 Albert Einstein escribió la famosa cita en 1950 en una carta a Robert S. Marcus, quien estaba angustiado por la muerte de su hijo pequeño a causa de la poliomielitis. Escrita originalmente en alemán, se tradujo al inglés y esta versión es la más difundida. Sin embargo, la versión original revela con mayor precisión el significado que Einstein buscaba. Véase: https://www.thymindoman.com/einsteins-misquote-on-the-illusion-of-feeling-separate-from-the-whole/

172 Clara Moskowitz, «What's 96 Percent of the Universe Made Of? Astronomers Don't Know», *Space.com*, 12 de mayo, 2011. https://www.space.com/11642-dark-matter-dark-energy-4-percent-universe-panek.html

173 Brian Swimme, *The Hidden Heart of the Cosmos*, (Orbis Books, mayo, 1996). https://www.amazon.com/Hidden-Heart-Cosmos-Humanity-Ecology/dp/1626983437

174 Phillip Goff, «Is the Universe a Conscious Mind?», *Aeon*, 2019. https://aeon.co/essays/cosmopsychism-explains-why-the-universe-is-fine-tuned-for-life. El físico y cosmólogo Freeman Dyson escribió: «Parece que la mente, manifestada como la capacidad de hacer elecciones, es hasta cierto punto, inherente a cada electrón»

175 Véase, por ejemplo, el libro clásico de Richard Bucke: Cosmic Consciousness, 1901. ISBN 978-0-486-47190-7. https://www. penguinrandomhouse.ca/books/321631/cosmic-consciousness-by-richard-maurice-bucke/9780140193374

176 Max Planck, entrevista en *The Observer*, 25 de enero, 1931. https://en.wikiquote.org/wiki/Max_Planck

177 John Gribbin, *In the Beginning: The Birth of the Living Universe*, (Nueva York: Little Brown, 1993).

Véase también: David Shiga, «Could black holes be portals to other universes?», *New Scientist*, 27 de abril, 2007.

178 Thomas Berry, *The Dream of the Earth*, (Sierra Club Books, 1988).

179 Robert Bly (trad.), *The Kabir Book,* (Boston: Beacon Press, 1977), 11.

180 Cynthia Bourgeault, *The Wisdom Way of Knowing*, (Jossey-Bass, 2003), 49. https://inwardoutward.org/aliveness-sep-22-2021/

181 Santa Teresa de Ávila, *Brainy Quote.* https://www.brainyquote.com/quotes/saint_teresa_of_avila_105360

182 Véase el sitio web de Dziuban: www.PeterDziuban.com

183 Peter Dziuban, «The Meaning of Life Is Alive», *Excellence Reporter*, 26 de noviembre, 2017. https://excellencereporter.com/2017/11/26/peter-dziuban-the-meaning-of-life-is-alive/

184 La declaración de Carl Sagan: https://www.youtube.com/watch?v=Wp-WiNXH6hI

185 Henri Nouwen, *The Way of the Heart: Connecting with God through Prayer, Wisdom, and Silence*, (Harper Collins, 1981).

186 Ted MacDonald y Lisa Hymas, «How broadcast TV networks covered climate change in 2018», *Media Matters*, 11 de marzo, 2019. https://www.mediamatters.org/donald-trump/how-broadcast-tv-networks-covered-climate-change-2018

187 Ted MacDonald, «How broadcast TV networks covered climate change in 2020», *Media Matters*, 10 de marzo, 2021. https://www.mediamatters.org/broadcast-networks/how-broadcast-tv-networks-covered-climate-change-2020

188 Gene Youngblood, «The Mass Media and the Future of Desire», *The CoEvolution Quarterly*, Sausalito, CA, invierno 1977/78.

189 Martin Luther King, Jr. citado en la obra de Stephen B. Oates, *Let the Trumpets Sound: The Life of Martin Luther King, Jr.*, (New American Library, 1982).

190 En EE. UU., los derechos del público respecto al uso de las ondas de radio y televisión están muy definidos. Estos derechos constan en la

Carta de Derechos y en la Ley Constitucional. La Primera Enmienda de la Carta de Derechos establece que: «El Congreso *no puede aprobar ninguna ley [...] Que coarte la libertad de expresión [...] o el derecho del pueblo a reunirse pacíficamente y a solicitar al Gobierno la compensación por agravios».* Dicho de otro modo, no se aprobará ninguna ley que limite el derecho de los ciudadanos a reunirse de forma pacífica, hablar con libertad y solicitar al gobierno la compensación por agravios. Esto es exactamente lo que implica una asamblea ciudadana electrónica en la era moderna: los ciudadanos se reúnen en paz, hablan con libertad, y si hay consenso, pueden solicitar al gobierno la reparación de agravios, la solución de los problemas o la toma de las medidas necesarias).

Si pasamos del derecho constitucional al derecho de los medios de comunicación en Estados Unidos, nos encontramos con que **el público a nivel local es el propietario de las ondas utilizadas por las emisoras de televisión. El objetivo de la huella mediática de las emisoras de radiodifusión es el nivel local, que suele ser a escala metropolitana.** Aunque las emisoras utilicen internet para emitir gran parte de su programación, si también utilizan las ondas, tienen la obligación legal estricta de «servir al interés público, la conveniencia y la necesidad».

Hace casi un siglo, la Ley de Radio de 1927 estableció las normas básicas para operar utilizando las ondas públicas, y declaraba que: «el Gobierno de los Estados Unidos no concede a las estaciones de radiodifusión estos grandes privilegios para el beneficio principal de los anunciantes. El beneficio obtenido por los anunciantes debe ser incidental y secundario al interés del público». La Comisión declaró además que: *«El énfasis debe ponerse ante todo en el interés, la conveniencia y la necesidad del público oyente, y no en el interés, la conveniencia o la necesidad de la entidad de radiodifusión o el anunciante individual».*

En 1966, un Tribunal Federal de Apelación aclaró el papel de la población: «En nuestro sistema, prevalecen los intereses del público [...] Por lo tanto, los ciudadanos individuales y las comunidades que estos componen tienen el deber ante sí mismos y ante sus iguales de interesarse de manera activa por el alcance y la calidad del servicio de televisión que prestan las emisoras y las redes[...] Tampoco es necesario que el público sienta que al intervenir en la *radiodifusión está interfiriendo indebidamente en los asuntos privados de otros. Al contrario, su interés en la programación televisiva es directo y sus responsabilidades importantes. La audiencia es propietaria de los canales de televisión, de hecho, de toda la radiodifusión»* [énfasis añadido].

Una decisión del Tribunal Supremo de 1969 definió todavía más las responsabilidades de los organismos de radiodifusión. El tribunal dictaminó que: *«Lo que prima es el derecho de los telespectadores y los oyentes, no el de los radiodifusores»*[énfasis añadido]. La Ley de Comunicaciones de 1934 fue actualizada por el Congreso de Estados Unidos en 1996. La Ley de Telecomunicaciones resultante tiene más de 300 páginas y, en todas ellas, afirma el principio de que las ondas deben utilizarse *«para servir al interés, la conveniencia y la necesidad públicos»*. Las emisoras de televisión no tienen derechos de propiedad sobre el uso de las ondas; tienen el privilegio de utilizarlas sólo mientras sirvan al interés, la conveniencia y la necesidad públicos. [énfasis añadido].

Es importante destacar que hemos superado la época de servir al «interés público». Dado que las comunidades locales se ven amenazadas por el cambio climático y la viabilidad del planeta, *hemos pasado a una norma mucho más estricta para los organismos de radiodifusión; a saber, que sirvan al «interés público» y a la «necesidad pública»* [énfasis añadido].

En términos prácticos, esto significa que si el público local (la escala metropolitana de la huella mediática de la emisora) pide que se dedique una cantidad razonable de tiempo de emisión al desafío climático (que amenaza a la comunidad local, así como a toda la Tierra), entonces el público debe esperar el apoyo del gobierno (la Comisión Federal de Comunicaciones) para respaldar esas peticiones que, sin duda, sirven al interés y la necesidad públicos.

Del mismo modo, *si el público solicita tiempo de antena para celebrar asambleas ciudadanas electrónicas para estudiar amenazas como el cambio climático, estas solicitudes de uso de las ondas de radiofrecuencia (que pertenecen al conjunto de la población) son legítimas y se basan tanto en el derecho constitucional como en casi un siglo de legislación federal.*

191 Duane Elgin y Peter Russell en «Pete and Duane's Window», *Take Back the Airwaves part 2,* 19 de enero, 2011. https://www.youtube.com/watch?v= a53hL5Z1WHE&feature=youtu.be

192 «Number of Olympic Games TV viewers worldwide from 2002 to 2016», *Statista,* 2020. https://www.statista.com/statistics/287966/olympic-games-tv-viewership-worldwide/

193 Sobre el acceso a la televisión: según el informe anual de la Unión Internacional de Telecomunicaciones (UTI), *Measuring the Information Society, 2013,* «por primera vez, más de la mitad de la población mundial que dispone de aparatos de televisión se encuentra en el rango de alcance de una señal de televisión digital. En 2012, la cifra se situaba en torno al 55 % , frente al 30 % en 2008». También:

Tom Butts, «The State of Television, Worldwide», *TV Technology,* 6 de diciembre, 2013. https://www.tvtechnology.com/miscellaneous/the-state-of-television-worldwide En cuanto a los hogares con televisión: la implantación de la televisión digital en el mundo pasó del 40,4 % de los hogares a finales de 2010 al 74,6 % a finales de 2015, según la última edición del *Digital TV World Databook.* Entre 2010 y 2015 se añadieron unos 584 millones de hogares con televisión digital en 138 países. Esto duplicó el total de hogares con televisión digital a 1170 millones.

En la actualidad, tres cuartas partes del total de aparatos de televisión en los hogares a nivel global son digitales, según *Digital TV Research,* «Three Quarters of global TV households are now digital», 12 de mayo, 2016 https://www.digitaltvnews.net/?p=27448

Se prevé que el número de hogares con televisión en todo el mundo aumente de 1630 millones de 2017 a 1740 millones en 2023.

«Number of TV households worldwide from 2010 to 2018», *Statista*, 4 de diciembre, 2019. https://www.statista.com/statistics/268695/number-of-tv-households-worldwide/

Como contexto adicional: en julio de 2012, había en el mundo 7000 millones de personas, en 1900 millones de viviendas, con una media de 3,68 personas en cada domicilio. De esos 1900 millones de viviendas, solo 1400 millones disponían de televisión, sin mencionar internet. https://www.theguardian.com/media/blog/2012/jul/27/4-billion-olympic-opening-ceremony

194 Estadísticas mundiales de Internet https://www.internetworldstats.com/stats.htm

195 A. W. Geiger, «Key Findings about the online news landscape in America», *Pew Research Center*, 11 de septiembre, 2019. https://www.pewresearch.org/fact-tank/2019/09/11/key-findings-about-the-online-news-landscape-in-america/ Un estudio de Pew Research sobre la perspectiva desde la experiencia en Estados Unidos reveló que, en 2019, el 49 % de la población estadounidense se informaba de las noticias a través de la televisión, el 33 % a través de sitios web en línea, el 26 % gracias a la radio, el 20 % usaban las redes sociales y el 16 % se informaba por los periódicos impresos.

196 Maya Angelou, *Letter to My Daughter* (Random House, 2008).

197 Toni Morrison, «2004 Wellesley College commencement address» publicado en *Take This Advice: The Best Graduation Speeches Ever Given*, (Simon & Schuster, 2005).

198 Christopher Bache, *Dark Night, Early Dawn: Steps to a Deep Ecology of Mind* (Nueva York: SUNY Press, 2000).

199 Véase, por ejemplo: Joseph V. Montville, «Psychoanalytic Enlightenment and the Greening of Diplomacy», *Journal of the American Psychoanalytic Association*, Vol. 37, N°. 2, 1989. También:

Roger Walsh, *Staying Alive: The Psychology of Human Survival* (Boulder Colorado: New Science Library, 1984).

200 Martin Luther King, Jr., https://www.brainyquote.com/quotes/martin_luther_king_jr_101309

201 Alan Paton, https://www.azquotes.com/author/11383-Alan_Paton

202 Véase, por ejemplo: Donella Meadows, *et al.*, *Beyond the Limits,* (Chelsea Green Publishing Co., 1992).

203 Tatiana Schlossberg [una entrevista con Narasimha Rao, profesor en Yale], «Taking a Different Approach to Fighting Climate Change», *The New York Times*, 7 de noviembre, 2019. https://www.nytimes.com/2019/11/07/climate/narasimha-rao-climate-change.html También:

Environmental and Climate Justice Program, *NAACP,* https://www.naacp.org/environmental-climate-justice-about/

«Climate justice», *Wikipedia*, «Una proposición fundamental de la justicia climática es que los que menos responsabilidad tienen por el cambio climático sufren sus consecuencias más graves» https://en.wikipedia.org/wiki/Climate_justice

204   Pedro Conceição, *et al.*, «Human Development Report: Beyond income, beyond averages, beyond today: Inequalities in human development in the 21st century», *UNDP*, 2019 https://hdr.undp.org/content/human-development-report-2019

205   «Obligadas a abandonar sus hogares: desplazamientos provocados por el clima», *Informe para medios de Oxfam*, 2 de diciembre, 2019. https://oxfamilibrary.openrepository.com/bitstream/handle/10546/620914/mb-climate-displacement-cop25-021219-es.pdf Es muy probable que los países que menos contribuyen a las emisiones de gases de efecto invernadero sigan sufriendo las mayores consecuencias debidas al cambio climático. El mayor impacto del cambio climático se producirá en los países pobres . También:

Barry Levy, *et al.*, «Climate Change and Collective Violence», *Annual Review of Public Health*, 11 de enero, 2017. doi: 10.1146/annurev-publhealth-031816-044232

«Environmental & Climate Justice», *NAACP*, 2019. https://www.naacp.org/issues/environ mental-justice

206   El concepto del alma del universo desde la perspectiva de un arquetipo femenino ha sido desarrollado con gran belleza por la académica Anne Baring. Véase su magnífico libro: *The Dream of the Cosmos*, (Archive Publishing, 2013). https://www.amazon.com/Dream-Cosmos-Anne-Baring/dp/1906289247

207   La evolución desde la perspectiva de la «Diosa-Tierra» a la perspectiva del «Dios-Cielo» y la aparición de la «Diosa Cósmica» se explora en mi libro *Awakening Earth*, *op. cit*, 1993. https://duaneelgin.com/wp-content/uploads/2016/03/AWAKENING-EARTH-e-book-2.0.pdf

208   Desmond Tutu citado en la obra de Terry Tempest Williams, *Two Words*, Orion, (Great Barrington, MA, Invierno 1999).

209   Parte de estos ejemplos han sido extraídos de: Emily Mitchell, «The Decade of Atonement», *Index on Censorship*, (mayo-junio, 1998, Londres) y reimpreso en *Utne Reader*, (marzo-abril, 1999).

210   John Bond, «Aussie Apology», *Yes! A Journal of Positive Futures*, Bainbridge Island: WA, otoño, 1998.

211   *Ibid.*

212   Eric Yamamoto, *Interracial Justice: Conflict and Reconciliation in Post-Civil Rights America*, (New York University Press, 1999).

213   Christopher Alexander, The Timeless Way of Building. (Oxford University Press, 1979). ISBN: 978-0-19-502402-9.

214   Ecoaldeas; véase: https://en.wikipedia.org/wiki/Ecovillage También:

«Global Ecovillage Network», https://ecovillage.org/ https://www.ic.org/directory/ecovillages/

En Estados Unidos: https://www.transitionus.org/transition-towns

Ecodistritos. https://ecodistricts.org/ «Cada barrio (o distrito) tiene la oportunidad de crear soluciones innovadoras y aplicables a algunos de los principales retos a los que se enfrentan los gobiernos locales hoy en día: la disparidad en los ingresos, en la educación y en la salud; el deterioro y la degradación ecológica; la creciente amenaza del cambio climático; y el rápido crecimiento urbano. Los ecodistritos plantean un nuevo modelo de desarrollo urbano para potenciar vecindarios justos, sostenibles y resilientes. [Los ecodistritos son] . . . un enfoque colaborativo, holístico y a escala de barrio del diseño comunitario con el fin de obtener unos resultados con buen rendimiento y significado para los habitantes y el planeta»

215 Las comunidades de transición son proyectos comunitarios populares cuyo objetivo es aumentar la autosuficiencia para reducir los posibles efectos de la escalada del petróleo, la destrucción del clima y la inestabilidad económica. Véase: https://en.wikipedia.org/wiki/Transition_town También: https://transitionnetwork.org/ Aquí se puede acceder a la lista de *transition hubs* o núcleos de transición, en el mundo: https://transitiongroups.org/hub-list/

216 Véase: https://en.wikipedia.org/wiki/Sustainable_city Véase cómo se ajustan las ciudades sostenibles a los «objetivos de desarrollo sostenible» de las Naciones Unidas. https://www.un.org/sustainabledevelopment/es/cities/

Para ver las ciudades sostenibles en Europa, véase: http://www.sustainablecities.eu/

217 Ecocivilizaciones: Véase: https://en.wikipedia.org/wiki/Ecological_civilization

La presión para adoptar medidas radicales de descarbonización de la economía es cada vez mayor, pues la ventana para la mitigación se está cerrando. Es necesaria una reducción sustancial de las emisiones antes de 2030 si queremos mantener el calentamiento global por debajo de 2 ºC. Varios países han empezado a cambiar sus políticas y están a punto de convertirse en ecocivilizaciones, con cambios respaldados por beneficios que van más allá de la mitigación del cambio climático (por ejemplo, beneficios para la salud). China es el líder mundial. También:

«Eco-civilization: China's blueprint for a new era». https://thediplomat.com/2015/09/chinas-new-blueprint-for-an-ecological-civilization/

218 Alan AtKisson, *Life Beyond Growth,* AtKisson Group, Estocolmo, Suecia, 2012. https://wachstumimwandel.at/wp-content/uploads/presentations/ AtKisson_GrowthinTransition_Vienna_Oct2012_v1.pdf Incluso estas estimaciones podrían subestimar el coste del cambio climático. También:

Naomi Oreskes y Nicholas Stern, «Climate Change Will Cost Us Even More Than We Think», *The New York Times*, 23 de octubre, 2019. https://www.nytimes.com/2019/10/23/opinion/climate-change-costs.html

219 Véase, por ejemplo, la palabra sueca *lagom*, que significa «lo justo», «en equilibrio», «perfecto-simple». https://en.wikipedia.org/wiki/Lagom

220 Arnold Toynbee, *A Study of History* [Abridgement of Vol's I-VI, by D.C. Somervell], (Nueva York: Oxford University Press, 1947), 198.

221 Robert McNamara, expresidente del Banco Mundial, definió la pobreza absoluta como: «una condición de vida caracterizada por la malnutrición, el analfabetismo, la enfermedad, la elevada mortalidad infantil y la baja esperanza de vida, hasta tal punto que se sitúa por debajo de cualquier definición razonable de decencia humana».

222 Para ver varias definiciones, véase: Elgin, *Voluntary Simplicity*, (primera edición, 1981), 29. https://www.amazon.com/Voluntary-Simplicity-Toward-Outwardly-Inwardly/dp/0061779261

223 Buckminster Fuller describe este proceso como "efimerización". Sin embargo, a diferencia de Toynbee, Fuller hacía hincapié en el diseño de sistemas materiales para hacer más con menos en lugar de la evolución simultánea de la materia y la consciencia. Véase, por ejemplo, su libro, *Critical Path*, (Nueva York: St. Martin's Press, 1981).

224 Matthew Fox, *Creation Spirituality,* (San Francisco: Harper San Francisco, 1991)

225 Francis J. Flynn, «Where Americans Find Meaning in Life» Pew Research Center, 20 de noviembre, 2018, https://www.pewforum.org/2018/11/20/where-americans-find-meaning-in-life/ También:

«Research: Can Money Buy Happiness?», *Stanford Business*, 25 de septiembre, 2013. https://www.gsb.stanford.edu/insights/research-can-money-buy-happiness

Andrew Blackman, «Can Money Buy You Happiness?», *Wall Street Journal*, 10 de noviembre, 2014. La investigación que demuestra cómo las experiencias vitales nos proporcionan un placer más duradero que los bienes materiales se encuentra aquí: https://www.wsj.com/articles/can-money-buy-happiness-heres-what-science-has-to-say-1415569538

Sean D. Kelly, «Waking Up to the Gift of 'Aliveness», *New York Times*, 25 de diciembre, 2017. https://www.nytimes.com/2017/12/25/opinion/ aliveness-waking-up-holidays.html

226 *Op. cit.* Andrew Blackman, «Can Money Buy You Happiness?».

227 Ronald Inglehart, Roberto Foa, *et al.* «Development, Freedom, and Rising Happiness: A Global Perspective (1981–2007)», julio, 2008. Association for Psychological Science, Vol. 3, Nº. 4, 2008. En PubMed: https://doi.org/10.1111/j.1745-6924.2008.00078.x También:

Ronald Inglehart, «Changing Values among Western Publics from 1970 to 2006», *West European Politics*, enero-marzo, 2008. https://www.tandfonline.com/doi/abs/10.1080/01402380701834747

228 Ralph Waldo Emerson. Véase: https://philosiblog.com/2013/06/10/the-only-true-gift-is-a-portion-of-yourself/

229 Roger Walsh, «Contributing Effectively In Times of Crisis», 16 de
     noviembre, 2020. https://www.whatisemerging.com/opinions/
     contributing-effectively-in-times-of-crisis